《成渝地区双城经济圈建设研究报告（2022）》编委会

编 著

成渝地区双城经济圈建设研究报告（2022）

RESEARCH REPORT ON THE CONSTRUCTION OF
THE CHENGDU-CHONGQING ECONOMIC CIRCLE IN
SOUTHWEST CHINA（2022）

共筑中国经济第四增长极

Jointly build the fourth growth pole of China's economy

社会科学文献出版社
SOCIAL SCIENCES ACADEMIC PRESS (CHINA)

重庆市江津滨江新城全景。立足建设江津"城市会客厅"定位，滨江新城紧扣"高质量建设同城化发展先行区"的总体目标，打造宜居城市核心区和"滨江公园城市"。

供图：重庆市江津区发展改革委

金科·美邻汇购物公园是重庆市江津区首个一站式购物中心，近 130 个商家签约入驻，为江津区及周边地区市民带来品质消费体验。

供图：重庆市江津区发展改革委

江津白沙工业园是重庆市级特色工业园和国家农产品加工基地、全国农村创业创新园区、重庆市机械加工基地，拥有"水公铁"等联运优势，重点发展酒水饮料、农副产品深加工、机械制造等产业。

供图：重庆市江津区发展改革委

重庆江津德感工业园益海嘉里面粉生产数字化车间中控室

供图：重庆市江津区发展改革委

一粒花椒香飘全国，2020 年以来，江津花椒纳入国家地理标志农产品保护工程，江津花椒产业在推广良种良法、提升加工能力、推动科技创新、拓展品牌营销等方面成效显著，成为江津农业主要支柱和成渝地区双城经济圈现代高效特色农业带的引领产业。图为重庆市江津区花椒种质资源圃。

供图：重庆市江津区发展改革委

四川省泸州市是川渝滇黔结合部区域中心城市和成渝地区双城经济圈南翼中心城市、重要的商贸物流中心，长江上游重要的港口城市。图为泸州城市全景。

牟科 摄

成渝地区双城经济圈川南公共实训基地

供图：张流斌

西南医科大学科技大楼、国家大学科技园大楼

供图：何双

成都天府大道

供图：郑正真

成都双流国际机场

黄尚斐 摄

中国特色商业步行街成都宽窄巷子

李杨 摄

天府新区眉山片区围绕"西部（成都）科学城"等核心创新资源，打造天府大道科创走廊。

供图：眉山天府新区融媒体中心

成都太古里是开放式、低密度的街区形态购物中心，重现了成都市井风貌，众多国际化的时尚、餐饮、文化等品牌机构入驻，带来"快耍"与"慢活"双重生活体验。图为夜晚太古里。

供图：郑正真

天府新区眉山片区在天府大道布局加州智慧城、四川天府乐高乐园、川港合作示范园等项目。

供图：眉山天府新区融媒体中心

成渝地区双城经济圈研究院致力于打造具有全国影响力的"新型智库＋产融平台"。图为运营团队组织的西财川渝同学会联谊活动。

成渝地区双城经济圈研究院致力于打造具有全国影响力的"新型智库＋产融平台"。图为运营团队组织的西财光华同学会成立庆典。

成渝地区双城经济圈研究院专家团队智库成果发布会（北京大学）

成渝地区双城经济圈研究院专家团队智库成果发布会（国家会议中心）

美丽的成都平原

李杨 摄

《成渝地区双城经济圈建设研究报告（2022）》
编 委 会

目　录

主报告

专题报告

序1
成渝地区双城经济圈建设为
全球经济复苏提供中国方案

邬贺铨[*]

当今世界正经历百年未有之大变局，地缘政治局势处于深度调整状态，国际社会不稳定性、不确定性明显增加，新冠肺炎疫情影响持续，经济全球化遭遇逆流，世界进入动荡变革期。同时，新一轮科技革命和产业变革加速推进，国际科技竞争愈演愈烈，发展与安全两大"赤字"不断凸显。面对这一趋势，世界上主要国家都在调整发展战略，加快数字化转型以应对不确定性，同时做强区域经济，发挥城市群引领带动效应，为经济包容性复苏注入新动能。

工业化、城镇化是发达国家经济发展的经验，也是中国改革开放以来的成功实践，特大型城市及以其为中心的都市圈已经成为重要的经济增长极和创新要素集聚高地。例如，纽约、东京、巴黎、伦敦等都市圈，普遍以不足5%的国土集聚了所在国20%左右的人口和30%左右的经济总量。但是，发达国家中心城市都市圈发展也有一些值得重视的问题，如虹吸效应高于辐射效应，拉大了与周边地区经济发展的差距。

中国改革开放40多年来，城镇化率从1978年的17.9%增长到2021年的64.7%，GDP从全球第11位跃升为全球第二位。中国改革开放的重要

特色是东中西部梯次开放，先行先试形成成熟经验，再向其他区域复制和扩散，因而陆续形成了一批经济强市城市群。为了扩大城市群的辐射作用，近年来，我国又陆续启动了粤港澳大湾区建设、长三角一体化发展、京津冀协同发展等区域发展战略，以跨行政区域的"增长极"引领周边地区乃至全国的经济高质量发展。值得关注的是，无论是发达国家的中心城市都市圈，还是中国的粤港澳大湾区建设、长三角一体化发展、京津冀协同发展，均在全球知名城市、经济发达地区谋篇布局，以实现要素资源叠加的乘数效应。

2020 年我国将成渝地区双城经济圈建设上升为国家战略，定位为具有全国影响力的重要经济中心、科技创新中心、改革开放新高地、高品质生活宜居地，将这一西部内陆地区城市群提升到国家经济"第四增长极"的战略高度。从两年多的实践看，通过制度创新、机制创新，成渝地区双城经济圈主要经济指标总体高于全国平均水平，在全国的位次和比重持续上升，区域协同联动高质量发展态势显著。

成渝地区双城经济圈位于长江上游，地处四川盆地，东邻湘鄂、西通青藏、南连云贵、北接陕甘，除了重庆和成都两个国家中心城市外，还有宜宾、达州、绵阳、德阳、乐山、泸州、南充等七个区域中心城市。与周边区域相比较，成渝地区双城经济圈是中国西部地区发展水平最高、发展潜力较大的城镇化区域，也是实施长江经济带发展战略和"一带一路"倡议的重要组成部分。但重庆和成都与北上广深相比仍有差距，成渝地区双城经济圈其他区域中心城市与东部发达地区城市群相比差距更大，面临人才短缺、要素开发难度较大、重点产业竞争力不足等困难。因此，成渝地区双城经济圈承载了以龙头效应带动后发地区同步发展和高质量发展的重大使命任务，期待创造跨越发展的模式。

成渝地区双城经济圈建设是我国在社会主义发展新阶段区域发展战略的重要组成部分，要提高到贯彻习近平总书记新发展理念和构建新发展格局的战略部署来认识和落实。成渝地区双城经济圈建设不仅对川渝地区发展有重要带动作用，而且对我国中西部地区和发展中国家也有示范意义。

选择后发地区的中心城市发力，依托文化同源、要素联动、产业协同的优势，通过打破行政区划限制，推进区域内基础设施一体化建设，释放市场腹地潜力，打造区域联动发展的内生动力源，形成可持续的带动效能，这是促进均衡高质量发展和共同富裕之路。

《成渝地区双城经济圈建设研究报告（2022）》包括一份主报告和五份专题报告，全景式呈现了成渝地区双城经济圈建设顶层设计、战略布局及经济发展、社会民生的主要成效，尤其是通过纵向梳理、横向比较，解读了成渝地区双城经济圈建设的地方实践和成果经验，并提出了一系列政策建议和工作举措。这既是对正在进行的成渝地区双城经济圈建设工作的阶段总结，也是对下一步工作的展望。

成渝地区双城经济圈的建设正在进行，伟大的工程展现了广阔的探索和创新空间，期待城市管理者和有关智库机构及专家学者持续深入跟踪研究成渝地区双城经济圈建设，在实践中总结更多可复制的经验与制度创新成果，加快推进成渝双城经济圈建设和高质量发展，做强我国经济第四增长极，并为国内外类似地区提供更多借鉴和参考。

序 2
为成渝地区双城经济圈打造中国经济
第四增长极提供创新智库成果

唐任伍[*]

2020 年 1 月，习近平总书记在中央财经委员会第六次会议上提出，要推动成渝地区双城经济圈建设，在西部形成高质量发展的重要增长极。2021 年，成渝地区双城经济圈实现地区生产总值 73919.2 亿元，占全国的比重为 6.5%，占西部地区的比重为 30.8%，同比增长 8.5%，经济增速较上年提高 4.5 个百分点，比西部地区平均水平高 1.1 个百分点。成渝地区双城经济圈呈现经济恢复稳中向好、引领作用持续增强、产业发展支撑有力、需求引领带动强劲、协同创新成效显著和多领域合作纵深推进等特点，稳中加固、稳中提质、稳中向好的中国经济第四增长极效应初显。

粤港澳大湾区、长三角地区、京津冀地区是我国经济发展最活跃、开放程度最高、创新能力最强的区域，构建了引领东部地区、带动全国高质量发展的三个经济增长极。按照国家有关规划，粤港澳大湾区要建成充满活力的世界级城市群、具有全球影响力的国际科技创新中心、"一带一路"建设的重要支撑、内地与港澳深度合作的示范区和宜居宜业宜游的优质生活圈；长三角地区要建成全国发展强劲活跃增长极、全国高质量发展样板

---

* 唐任伍，北京师范大学二级教授、博士生导师，北京师范大学政府管理研究院院长。

区、率先基本实现现代化引领区、区域一体化发展示范区、新时代改革开放新高地；京津冀协同发展的核心是京津冀三地作为一个整体协同发展，以疏解非首都核心功能、解决北京"大城市病"为基本出发点，调整优化城市布局和空间结构，构建现代化交通网络系统，扩大环境容量生态空间，推进产业升级转移，推动公共服务共建共享，加快市场一体化进程，打造现代化新型首都圈，努力形成京津冀目标同向、措施一体、优势互补、互利共赢的协同发展新格局。

与上述三个经济增长极不同，成渝地区双城经济圈建设则强调要突出重庆、成都两个中心城市的"双核"协同带动功能，注重体现区域特色和比较优势，建成具有全国影响力的重要经济中心、科技创新中心、改革开放新高地、高品质生活宜居地，打造带动全国高质量发展的重要增长极和新的动力源。

作为中国经济第四增长极，成渝地区双城经济圈历史渊源深厚，地缘相接、人缘相亲、文化同宗、交往协同、空间适宜，为实现优势互补、协同发展提供了良好条件，加之重庆3000多万人口和成都超过2000万人口，以及区位交通优势、城镇化潜力、乡村振兴势能和人才、技术、资本、土地等高价值要素资源，腹地带动效能显著，使成渝地区双城经济圈有望率先成为西部地区高质量发展的增长极和示范区。同时，成渝地区双城经济圈既有经济发达城区，也有脱贫地区、革命老区、民族地区等欠发达地区，大城镇和大农村交织，呈现西部地区典型的发展不平衡不充分问题，加之以双城为龙头的经济圈建设在国内外尚无成熟经验可供借鉴和复制，成渝地区双城经济圈建设上升到国家战略后，亟待破解跨行政区划的要素资源布局、重点产业协同、人才对接、金融服务协作等挑战，实现"1+1＞2"的示范引领效应。

《成渝地区双城经济圈建设规划纲要》《重庆四川两省市贯彻落实〈成渝地区双城经济圈建设规划纲要〉联合实施方案》等政策规划颁布后，中国国际经济合作学会、北京师范大学政府管理研究院、成渝地区双城经济圈研究院、北京京师润教育科技研究院、重庆羽盛商务信息咨询有限公司等机构即组织专家，启动编撰《成渝地区双城经济圈建设研究报告（2022）》，历时数月完稿出版。

这是一本深入研究、剖析、解读、建言成渝地区双城经济圈建设的智库成果，具有如下显著特点。

一是成果总结。2020 年国家启动成渝地区双城经济圈建设以来，以重庆和成都为双核的成渝地区双城经济圈经济社会文化交流合作日趋频繁并迈上新台阶，取得了一系列丰硕成果。《成渝地区双城经济圈建设研究报告（2022）》编写专家通过资料收集、问卷调查、实地考察、网络调研、专题研究、实效评估等多种研究方法，全面梳理成渝地区双城经济圈启动建设两年多来的主要成效，系统总结其作为我国第四经济增长极的高质量发展经验，进一步丰富了国内外区域经济、都市圈发展等有关领域的智库成果。

二是决策参考。随着《成渝地区双城经济圈建设规划纲要》及系列专项规划、地方法规政策规划的陆续颁布，成渝地区双城经济圈建设"四梁八柱"的顶层设计基本构建，发展目标和路线图日益清晰。同时，从微观层面看，成渝地区双城经济圈建设既要遵循国家战略，也要把握地方特色精准施策，《成渝地区双城经济圈建设研究报告（2022）》总结当前成渝地区双城经济圈建设面临的瓶颈和现实挑战，并提出系列针对性对策建议，为各级党委政府、企事业单位、社会组织、新闻媒体等提供了决策参考和理论依据。

三是示范探路。围绕现代产业、科技创新、消费经济、生态环境、内陆改革开放、公共服务等主题，《成渝地区双城经济圈建设研究报告（2022）》通过数据分析、现状总结、挑战梳理、对策建议等实证研究，形成了一系列高质量、具有影响力的智库成果，也为成渝地区双城经济圈建设有关问题研究提供了理论框架和素材，围绕成果出版、发布、传播、研讨、活动、项目等系列工作的推进，打造服务成渝地区双城经济圈建设的"新型智库＋产融平台"。发起成立成渝地区双城经济圈研究院及开展的有关工作，就是有益的探索。

　　2020～2022 年,"成渝地区双城经济圈建设"一词已连续 3 年写入四川省、重庆市及其相关市县(区)政府工作报告,成渝地区双城经济圈建设成势见效,区域协调发展格局加快形成,川渝两省市及周边地区协同联动持续深化,成渝地区双城经济圈建设进入纵深推进和全面提速的新阶段。期待《成渝地区双城经济圈建设研究报告》编撰机构、编委会专家及更多学者持续开展相关理论研究、实践总结、对策建议等智库工作,推出更多有影响力的智库成果,助力成渝地区双城经济圈高质量发展。

序 3
中国经济高质量发展新增长极：成渝地区双城经济圈引领新时代西部大开发

刘 洋 方 宁[*]

2000 年 1 月，国务院成立西部地区开发领导小组，2000 年 3 月，国务院西部开发办开始运作，"西部大开发"正式上升为国家战略，目的是"把东部沿海地区的剩余经济发展能力，用以提高西部地区的经济和社会发展水平、巩固国防"，辖区面积占全国 2/3、人均生产总值仅相当于全国平均水平 3/5 的西部地区，迎来了大开发、大发展的大机遇。20 多年来，西部地区加速腾飞，与全国其他地区同步完成脱贫攻坚任务和全面建成小康社会。

同时，西部地区发展不平衡不充分问题依然突出，巩固脱贫攻坚成果和乡村振兴任务依然艰巨，与东部地区发展差距依然较大，维护民族团结、社会稳定、国家安全任务依然繁重，仍然是实现社会主义现代化、推进共同富裕的攻坚克难地区。党的十八大以来，习近平总书记多次到西部地区考察调研，发表了一系列重要讲话，为新时代西部大开发指明了方向。2020 年，中共中央、国务院发布《关于新时代推进西部大开发形成新格局的指导意见》，提出形成大保护、大开放、高质量发展的新格局，翻

* 刘洋，《成渝地区双城经济圈建设研究报告（2022）》编委会主任、主编；方宁，中国国际经济合作学会理事、数字经济工作委员会副主任、成渝地区双城经济圈研究院执行院长、北京京师润教育科技研究院副院长。

开了西部大开发的新时代新篇章。

而要实现"到2035年，西部地区基本实现社会主义现代化，基本公共服务、基础设施通达程度、人民生活水平与东部地区大体相当，努力实现不同类型地区互补发展、东西双向开放协同并进、民族边疆地区繁荣安全稳固、人与自然和谐共生"的目标要求，龙头的引领示范带动作用极其重要。近年来，重庆、成都、西安、贵阳、昆明等西部地区直辖市和省会城市陆续提出打造区域经济增长极的发展战略，但是受限于单一城市的经济体量和带动辐射能力的不足，单一城市对西部地区乃至全国的经济增长极效应相对有限。

成渝地区双城经济圈：高质量发展的重要增长极

2020年1月召开的中央财经委员会第六次会议，明确提出推动成渝地区双城经济圈建设，在西部地区形成高质量发展的重要增长极，这标志着成渝地区双城经济圈建设上升为国家战略。成渝地区双城经济圈位于"一带一路"和长江经济带交汇处，是西部陆海新通道的起点，具有连接西南西北，沟通东亚与东南亚、南亚的独特优势。区域内生态禀赋优良、能源矿产丰富、城镇密布、风物多样，是我国西部人口最密集、产业基础最雄厚、创新能力最强、市场空间最广阔、开放程度最高的区域，在国家发展大局中具有独特而重要的战略地位。

推动成渝地区双城经济圈建设，是构建以国内大循环为主体、国内国际双循环相互促进的新发展格局的重大举措，对推动高质量发展具有重要意义，有利于在西部地区形成高质量发展的重要增长极，增强人口和经济承载力；有助于打造内陆开放战略高地和参与国际竞争的新基地，助推形成陆海内外联动、东西双向互济的对外开放新格局；有利于吸收生态功能区人口向城市群集中，使西部地区形成优势区域重点发展、生态功能区重点保护的新格局，保护长江上游和西部地区生态环境，增强空间治理和保护能力。

回顾历史，成渝地区地缘相近、人文相亲，一直是中国的重要发展区域。改革开放以来，党中央、国务院高度重视成渝地区的发展，尤其是西部大开发启动后，成渝地区的重要性持续凸显，在历年的国家重大发展战略和政策规划中均有明确部署，承担了保障国家战略安全、培育打造腹地重点优势产业、大宗物资供应、建设长江上游生态安全屏障等重要职责。

比如，《国家发展改革委关于印发成渝经济区区域规划的通知》（发改地区〔2011〕1124号）提出，努力把成渝经济区建设成为西部地区重要的经济中心、全国重要的现代产业基地、深化内陆开放的试验区、统筹城乡发展的示范区和长江上游生态安全的保障区，在带动西部地区发展和促进全国区域协调发展中发挥更重要的作用。《国家发展改革委 住房城乡建设部关于印发成渝城市群发展规划的通知》（发改规划〔2016〕910号）明确提出，到2020年，成渝城市群要基本建成经济充满活力、生活品质优良、生态环境优美的国家级城市群。《国家发展改革委关于印发〈2019年新型城镇化建设重点任务〉的通知》（发改规划〔2019〕617号）将成渝城市群与京津冀协同发展、长江三角洲区域一体化发展、粤港澳大湾区建设并列为重要增长极，明确要求出台成渝城市群高质量发展的政策举措。

值得关注的是，尽管提法上经历了从成渝经济区到成渝城市群，再到成渝地区双城经济圈的变化，但是该地区承载西部大开发重要增长极的战略使命一脉相承，且空间范围总体一致；同时，重庆和成都双核引领的战略地位不断强化，合作意愿持续增强，相向发展、联动引领区域高质量发展的良好态势日益形成，辐射带动作用持续提升，重庆都市圈、成都都市圈及区域内中小城市加快发展，基础设施更加完备，产业体系日渐完善，科技实力显著增强，内需空间不断拓展，对外交往功能进一步强化，常住人口规模、地区经济总量占全国的比重持续上升，已经成为西部地区经济社会发展、生态文明建设、改革创新和对外开放的重要引擎。

近年来，重庆、成都的综合实力和国际影响力显著提高，在全球化与世界级城市研究小组与网络（GaWC）排名等国内外城市评价体系中的位次不断上升，人口规模、经济总量都已经进入全国城市前10位。2019年成渝地区双城经济圈常住人口为9600万人，地区生产总值近6.3万亿元，分别占全国的 6.9%、6.3%，已经成为西部地区经济综合竞争力最强的区域。可以说，成渝地区双城经济圈上升为中国第四经济增长极顺理成章，水到渠成。

从空间范围看，成渝地区双城经济圈包括重庆市的中心城区及万州、涪陵、綦江、大足、黔江、长寿、江津、合川、永川、南川、璧山、铜梁、潼南、荣昌、梁平、丰都、垫江、忠县等 27 个区（县）以及开州、云阳的部分地区，四川省的成都、自贡、泸州、德阳、绵阳（除平武县、北川县）、遂宁、内江、乐山、南充、眉山、宜宾、广安、达州（除万源市）、雅安（除天全县、宝兴县）、资阳等 15 个市。

进一步看，按照重庆市有关政策规划，其中心城区包括渝中区、大渡口区、江北区、沙坪坝区、九龙坡区、南岸区、北碚区、渝北区、巴南区9 区，主要围绕"强核提能级"，加快集聚国际交往、科技创新、先进制造、现代服务等高端功能，重点发展现代服务业和先进制造业，做靓城市名片，提升城市发展能级，不断增强国际影响力和竞争力。因此，重庆市中心城区和成都是成渝地区双城经济圈的"双核"。

作为中国经济第四增长极，与粤港澳大湾区、长三角地区的城市群相对均衡发展不同，成渝地区双城经济圈面临的一大挑战是第二梯队城市断档问题，较大的经济落差并不利于区域综合能级及竞争力的提升。比如，2021 年成都的 GDP 为 19917.00 亿元，而四川省 GDP 排名第二的绵阳为3350.29 亿元，成都 GDP 是绵阳的 5.94 倍，比 2020 年的差距稍有拉大（2020 年为 5.89 倍）。

重庆、成都作为国家中心城市的核心经济指标与国内一线城市仍有一定的差距，这决定了成渝地区双城经济圈并不是重庆主城区和成都简单化疏解功能、减量增效，其现实路径首先是自身做大做强提升带动辐射能力，围绕重庆主城区和成都培育现代化都市圈，带动中心城市（城区）周边地区加快发展，培育区域性中心城市，进而逐步推动区域的均衡发展。

可以说，重庆和成都"双核引领"成为成渝地区双城经济圈建设的核心重点。比如，2021 年 12 月，重庆、成都党政部门签署《落实成渝地双城经济圈建设重大决策部署唱好双城记建强都市圈战略合作协议》，双方将合力推动国际性综合交通枢纽、世界级先进制造业集群、西部金融中心、西部科学城、现代化国际都市建设，围绕科技创新、汽车产业、文旅发展等方面展开全方位、深层次合作。

2020年5月，重庆市召开主城都市区工作座谈会，宣布重庆主城区由9区扩容到21区，占重庆市辖区县的55.3%，除了前述的中心城区外，新增了12个主城新区（涪陵区、长寿区、江津区、合川区、永川区、南川区、綦江区、大足区、璧山区、铜梁区、潼南区、荣昌区）。2020年7月，中共四川省第十一届委员会第七次全体会议通过《中共四川省委关于深入贯彻习近平总书记重要讲话精神加快推动成渝地区双城经济圈建设的决定》，提出培育壮大七大区域中心城市（绵阳、德阳、乐山、宜宾、泸州、南充、达州）。同时，遂潼川渝毗邻地区一体化发展先行区、川渝高竹新区、明月山绿色发展示范带、泸永江融合发展示范区、内江荣昌现代农业高新技术产业示范区等川渝毗邻地区合作功能平台也在全面启动建设。

再者，未纳入成渝地区双城经济圈的川渝市、区（县），以及云南、贵州、湖南、湖北、青海、西藏、陕西、甘肃等川渝毗邻省区也陆续提出了全面融入成渝地区双城经济圈建设的战略部署。比如，四川省广元市为主动融入成渝地区双城经济圈建设，成立专门领导小组，提出建设成渝地区北向重要门户枢纽、高品质生态康养"后花园"、绿色产品供给地、产业协作配套基地的战略目标；四川省攀枝花市设立推动成渝地区双城经济圈建设驻渝联络处，负责深化攀渝合作中的项目促进、经济交流、政商协调等事项，并与重庆市大足区签署《加强特种钢材、高端装备、专用汽车等领域协同发展合作协议》，与渝北区、江北区签署《推动区域协同发展合作协议》①；贵州省遵义市与重庆市綦江区、南川区及四川省泸州市接壤，正大力推进与成渝地区双城经济圈的通道和物流一体化建设，参与黔

---

① 《推动成渝地区双城经济圈建设攀枝花与重庆多地开展合作》，潇湘晨报百度百家号，https://baijiahao.baidu.com/s? id=1679404765622746766&wfr=spider&for=pc，2020年10月2日。

川两省共建"六大产业带"①；遵义市桐梓县在县级政务服务中心和与成渝毗邻、成渝游客较多的乡镇政务服务大厅开设"成渝通办"服务专窗，为成渝群众异地办理工作调动、户口迁移、电子社会保障卡申领、失业保险金申领、购房提取住房公积金等148项事项。

成渝地区双城经济圈建设：超常规、加速度

2020年以来，成渝地区双城经济圈建设由国家战略部署迅速成为川渝两省市的中心工作，已连续3年写入川渝各级政府工作报告。比如，重庆市政府工作报告中关于这项国家战略的工作部署由最初的开好局、起好步、走深走实到2022年的向纵深发展；四川省政府工作报告中的相关部署也由全面推动到加快推动及至2022年的全面提速。

川渝两省市的国民经济和社会发展第十四个五年规划和二〇三五年远景目标纲要均将成渝地区双城经济圈建设放在突出位置，并围绕"川渝一盘棋、一体化发展、唱好双城记"的总体原则，提出自身的区域发展战略和政策举措，作为立足新发展阶段、践行新发展理念、构建新发展格局、推进高质量发展的重要目标任务。其中，重庆提出着力构建"一区两群"协调发展格局，有效推动重庆主城都市区、渝东北三峡库区城镇群、渝东南武陵山区城镇群协同发展；四川提出实施"一干多支"② 发展战略，强化川渝互动、极核带动、干支联动，加快形成优势互补、错位发展、同频共振的区域经济布局。

重庆市和四川省的政府网站还开辟专栏"推动成渝地区双城经济圈建设 打造内陆开放战略高地"，系统介绍成渝地区双城经济圈建设的政策规划、新闻资讯、典型案例、工作指南，推进两地网上政务服务的协同开展。

---

① 六大产业带：农业、制造业、大数据、特色轻工业、物流业、旅游业。

② 一干多支："一干"是指成都加快建设全面体现新发展理念的国家中心城市，发挥带动全省发展的"主干"作用；"多支"是指打造各具特色的区域经济板块，推动环成都经济圈、川南经济区、川东北经济区、攀西经济区竞相发展，成为支撑全省发展的"支点"。

2020 年 3 月，在推进成渝地区双城经济圈建设四川重庆党政联席会议第一次会议上，川渝两省市确立"四级合作机制"，包括：建立推动成渝地区双城经济圈建设重庆四川党政联席会议机制和常务副省（市）长协调会议机制，组建人员互派、一体运行的联合办公室，设立交通互联、产业协作、协同创新、国土空间、生态环境、体制创新、公共服务共 7 个联合专项工作组。

2020 年 4 月，川渝两省市政府共同成立推动成渝地区双城经济圈建设联合办公室。联合办公室实行干部互派挂职、教育培训协作、专家资源共享，日常工作由川渝两省市发展改革委下设处室承担，为合作提供体制保障。重庆市、四川省的发展改革委分别在合作处、地区处加挂推动成渝地区双城经济圈建设统筹处，新设推动成渝地区双城经济圈建设政策协同处、项目推进处。该举措是京津冀协同发展、长江三角洲区域一体化发展、粤港澳大湾区建设都未曾有过的尝试。

据《重庆日报》报道，2020 年 7 月，川渝两省市共同实施的 31 个重大项目名单正式推出，总投资额为 5562.5 亿元。2021 年，川渝合作重大项目扩大到 67 个[①]，总投资额达 1.57 万亿元（完成年度投资 1030.9 亿元），并且两地民间投资同比增长 9.9%，投资复苏势头强劲。2022 年，共建成渝地区双城经济圈重大项目增加至 160 个，估算总投资额约为 2.04 万亿元。

总的看，截至 2021 年末，成渝地区双城经济圈建设取得了一系列突破性进展，从夯基垒台迈向整体成势。

一是互联互通更加深入。

据《重庆日报》报道，成渝地区双城经济圈基础设施"一张网"越织越密，"成渝地区双城经济圈交通一体化发展"的交通强国建设试点加快推进：成渝中线高铁开工，郑万高铁重庆段、绵泸高铁内自泸段等建设完

---

① 数据来源：《总投资 1.57 万亿元　川渝推出 2021 年合作共建重大项目 67 个》，潇湘晨报百度百家号，https://baijiahao.baidu.com/s?id=1698341683235822579&wfr=spider&for=pc，2021 年 4 月 29 日。

成，成达万高铁、渝昆高铁川渝段等项目加快建设，渝黔高速公路复线建成通车，四川南充至重庆潼南等高速公路正加快建设，川渝间高速公路出口通道已达 16 个，长江上游首个万吨级码头重庆新生港开港运营，川渝共建万州新田港二期开工建设，涪江双江航电枢纽、嘉陵江利泽航运枢纽等项目建设加快推进，成都天府国际机场建成投运，重庆新机场推荐场址已通过民航局行业审查，重庆江北国际机场 T3B 航站楼及第四跑道工程正加快建设，川渝累计建设 5G 基站超 13 万个①，全国一体化算力网络成渝国家枢纽节点、量子通信网络"成渝干线"等加快建设，成都超算中心已纳入国家超算中心序列。

以成渝中线高铁②项目为例，从 2020 年 1 月进入勘察设计招标阶段，到 2021 年 8 月国家发展改革委批复可行性研究报告，再到 9 月全面启动建设，成渝中线高铁仅用一年多时间就落地建设，并将在建成后成为中国建设标准最高、运行速度最快的高等级高速铁路，这样的推进速度在国内高铁项目中较为少见，可见川渝合作的坚定决心与强大合力。

二是协同建设现代产业体系。

四川省统计局发布的数据显示，2021 年，川渝两省市工业增加值达到 21272.4 亿元，同比增长 10%，增速比全国高 0.4 个百分点，工业化率为 28.8%，比上年提高 0.8 个百分点；两省市服务业增加值达到 39465.5 亿元，同比增长 9.3%，增速比全国高 1.1 个百分点，现代服务业加快发展，信息传输、软件和信息技术服务业增加值，租赁和商务服务业增加值分别增长 21.9%、10.8%。③

---

① 数据来源：《川渝基础设施"一张网"越织越密》，人民资讯百度百家号，https://baijia-hao.baidu.com/s? id=1721067118557345565&wfr=spider&for=pc，2022 年 1 月 5 日。

② 成渝中线高铁是沿江高铁通道的重要组成部分，自重庆枢纽重庆北站向西引出，经重庆科学城、铜梁区、大足区进入四川省境内，经安岳县、乐至县、简州新城接入成都枢纽成都东，正线全长为 292 公里，设计时速为 350 公里，全线设八座车站，其中新建车站六座，项目总投资额为 693 亿元，建设总工期为 5 年。

③ 数据来源：《增长 8.5%！2021 年成渝地区双城经济圈实现地区生产总值 73919.2 亿元》，封面新闻百度百家号，https://baijiahao.baidu.com/s? id=1728534682902874619&wfr=spider&for=pc，2022 年 3 月 28 日。

川渝上市公司受益于成渝地区双城经济圈建设，总体业绩实现较快增长。2021年，227家川渝A股上市公司合计实现营业收入17792.02亿元，同比增长19.97%；合计实现净利润1284.7亿元，同比增长7.86%。198家川渝上市公司披露了研发投入相关数据，投入总额为362.01亿元，同比增长18.01%。[①]

川渝两省市联合成立汽车、电子产业工作专班，共建产业链供需信息对接平台，联合对外招商，共建产业合作园区，两大产业全域配套率已达80%以上；携手推动汽车产业向新能源、智能网联，电子产业向芯、屏、器、核、网全产业体系转型升级；共建高水平汽车产业研发生产制造基地和联手打造具有国际竞争力的电子信息产业集群，使之成为推动川渝装备制造业高质量发展的重点。[②]

在共同夯实产业合作载体方面，川渝两省市聚焦平台共建、政策互利、资源共享，推动四川、重庆80余个产业园区签订合作协议。在此基础上，围绕电子信息、汽车摩托车、装备制造、消费品、材料、生物医药6个重点产业，着力发展功能共建、产业共建、产业配套、资源开发、飞地经济5类园区，启动首批20个产业合作示范园区[③]创建，覆盖成都、资阳、宜宾、广安、达州、荣昌、綦江、江津、开州等20余个成渝地区双城经济圈重点城市，形成"1个工作方案+1个合作园区创建管理办法+一批产业合作示范园区"的模式。

---

① 数据来源：《解析川渝上市公司2021年"成绩单"：营收增长近两成，研发投入在加码》，上游新闻，https://www.cqcb.com/shuangchengfabu/2022-05-12/4878870_pc.html，2022年5月12日。

② 《协同建设现代产业体系》，四川省人民政府门户网站，https://www.sc.gov.cn/10462/12771/2021/11/4/e0360b2a7a194024a70cd61a7c5944a4.shtml，2021年11月4日。

③ 首批20个成渝地区双城经济圈产业合作示范园区：重庆市包括綦江工业园区、空港工业园区、江津工业园区、荣昌高新技术产业开发区、两江新区鱼复工业开发区、开州工业园区、合川高新技术产业开发区、大足高新技术产业开发区、潼南高新技术产业开发区、永川高新技术产业开发区；四川省包括自贡高新技术产业开发区、德阳经济技术开发区、隆昌经济技术开发区、宜宾三江新区、遂宁高新技术产业园区、合江临港工业园区、开江经济开发区、资阳高新技术产业园区、中德（蒲江）中小企业合作区；川渝高竹新区。

川渝两省市携手大力发展数字经济，共建国家数字经济创新发展试验区、国家新一代人工智能创新发展试验区、工业互联网一体化发展示范区，以"一城多园"方式共建西部科学城。重庆市构建"芯屏器核网"全产业链，集聚"云联数算用"全要素群，塑造"住业游乐购"全场景集，促进数字经济和实体经济融合发展，2021年数字经济增加值占地区生产总值的比重达到27.2%。① 四川省加快构建"5+1"现代工业体系②，把数字经济作为关键引领，连续多年在"数字中国"综合实力省级评估中居全国第6位、中西部第1位，"芯屏存端软智网"等数字经济核心产业集群不断集聚、规模持续壮大。四川省统计局的统计数据显示，2021年数字经济核心产业增加值为4012.2亿元，占地区生产总值的比重为7.5%，比上年提高0.7个百分点。

川渝两省市协同加快培育发展现代服务业。共建西部金融中心，金融机构跨区域协作、金融特色产业创新发展、区域金融市场互联互通等各项工作有序推进。成立电子商务、直播、会展等现代服务业联盟，互相支持举办智博会、西洽会、西博会、科博会等重点展会。川渝有关机构联合举办民营企业线上引才服务月活动，开展"蓉漂人才日""重庆英才大会"等招才引智活动，共同发布成渝地区双城经济圈重点产业急需紧缺人才目录。

川渝两省市持续加强农业农村工作交流合作，共建现代高效特色农业带。截至2021年12月，川渝两省市有关机构已联合举办相关大型活动120余次，共同实施重点项目50余个，联合举办西部农交会、茶业博览会，组建酱腌菜、茶叶、龙眼荔枝等多个跨区域产业联盟。荣昌与隆昌、大足与安岳、梁平与开江等川渝毗邻地区现代农业合作示范园区已经启动建设，国家级重庆（荣昌）生猪大数据中心实现运营，内江、自贡、泸州等地建成智慧养猪场，实现川渝生猪大数据信息库共建共享共用，为全国

---

① 数据来源：《重庆在全国率先建成三级数据共享交换体系》，潇湘晨报百度百家号，https://baijiahao.baidu.com/s? id = 1737150958755864070&wfr = spider&for = pc，2022年7月1日。
② "5+1"现代工业体系："5"为电子信息、装备制造、食品饮料、先进材料、能源化工；"1"为数字经济。

生猪产业提供了多维度的"风向标"和"晴雨表"。

三是民生保障和改善协同推进。

截至 2021 年 12 月，川渝两省市实现政务数据共享平台跨区域联通、政务数据目录互挂、首批政务数据资源跨省市共享，144 个部门单位的数据已互挂共享，公共服务效能持续提升，210 项"川渝通办"事项全面实施，涵盖交通、就业、医疗、生育等两地群众的"身边事"，累计办理超 430 万件。生态环境保护扎实推进，"两岸青山·千里林带"生态治理工程加快实施，两地累计创建 10 个"两山"实践创新基地、19 个国家生态文明建设示范区县。出台川渝两省市教育协同发展行动计划，加快推进成渝地区城乡义务教育一体化发展试验区等建设，推动川渝两地研学基地共建共享，打造"成渝双城"校园足球文化交流等系列活动，组建 30 个教育联盟，实现近 3 万名科技专家资源共享。开启川渝两省市电子健康卡"一码通用"等智慧医疗融合，建立健康中国四川－重庆行动专家库，执业医师经审批后可在川渝多个医疗机构执业，推进川渝示范性基层医疗卫生机构建设。在 2021 年首届川渝住房城乡建设博览会（见图 1）上，川渝两省

图 1　首届川渝住房城乡建设博览会现场

注：首届川渝住房城乡建设博览会吸引了来自英国、意大利、新加坡等 8 个国家和地区，成都、自贡、合川、万州等 40 个市（州）、县（区）的近 300 家企业参加。

（供图：搜狐网）

市住建部门联合发布 5300 亿元城市更新、小城镇建设等领域机会清单。川渝两省市人社部门联合开通线上求职招聘信息系统，共有 1 万余家企业在该平台发布招聘岗位 60 余万个。成渝城际动车日均开行达到 78.5 对等等。

四是改革开放持续深化。

川渝两省市共同做强中欧班列（成渝）品牌，高水平共建川渝自贸试验区协同开放示范区，通过经济区与行政区适度分离等改革推动川渝毗邻地区一体化发展。2021 年，中欧班列（成渝）号（图 2 为其首列班车发车现场）开行折算列超 4800 列，开行量约占全国的 30%，开行量和货值均领跑全国。以川渝为主要支撑点的西部陆海新通道，2021 年目的地已拓展至 107 个国家（地区）的 315 个港口，铁海联运班列、跨境公路班车、国际铁路联运班列开行量同比分别增长 60%、17%、30%。长江黄金水道不断优化，重庆开通渝甬班列，货物直抵宁波舟山港，再通达世界各地。2021 年川渝外贸进出口总值均创历史新高，其中重庆市达 8000.6 亿元，同比增长 22.8%；四川省达 9513.6 亿元，同比增长 17.6%。

图 2　2021 年 1 月 1 日，中欧班列（成渝）号首列班车从重庆团结村站发车
（唐奕　摄）

川渝两省市之间、毗邻地区之间、非毗邻地区之间的交流合作也在加快推进，共签订各类合作协议数百份。比如，重庆市生态环境局与四川省生态环境厅签署《深化川渝两地大气污染联合防治协议》《联合执法工作机制》《危险废物跨省市转移"白名单"合作机制》，协同推进生态环境共保共建；重庆市江津区与四川省德阳市签订缔结友好城市合作协议，在产业发展、文化旅游、社会事业、招商引资、干部人才交流等方面携手合作；重庆市潼南区与四川省遂宁市签署《推进遂宁潼南一体化发展合作协议》，共同建设遂潼川渝毗邻地区一体化发展先行区，其中遂潼涪江创新产业园区①为两市区合作打造的重点园区；重庆市北碚区与四川省绵阳市签署《推动成渝地区双城经济圈建设合作框架协议》，印发三年行动计划，开展两地重大战略协同、交通路网互联互通、产业发展联动协同、科教创新优势互补、新型基建提速增效、文化旅游交流融合、商贸会展合作交流、生态文明建设经验共享、干部人才互派交流、公共服务共建共享 10 项行动、26 项重点任务，并且每项重点任务均列出了牵头领导、牵头单位、责任单位、联系人，确保合作事项的高效推进；重庆市梁平区、垫江县与四川省达州市达川区、广安市邻水县、开江县、大竹县等六区县签署共建明月山绿色发展示范带合作协议，构建自然和谐生态环境、绿色低碳产业体系、舒适宜居生活空间，打造践行"绿水青山就是金山银山"理念的新样板。

目前，成渝地区双城经济圈已形成了多项全国首创的改革举措。比如，城乡融合深入推进，成都西部片区、重庆西部片区国家城乡融合发展试验区加快建设，两省市 39 个县（市、区）有序开展改革试点；建立跨行政区域民营企业和外商投资企业投诉处理协作机制；建立长江流域川渝

---

① 遂潼涪江创新产业园区包括遂宁市荷叶乡、老池镇、西眉镇、三家镇、磨溪镇、玉丰镇、凤凰街道和重庆市潼南区崇龛镇、双江镇、花岩镇、玉溪镇、米心镇、田家镇、大佛街道、桂林街道、梓潼街道等乡镇（街道）部分地区，规划面积约为 450 平方公里（遂宁约为 238 平方公里，潼南约为 212 平方公里），将构建"一心两带五组团"一体化空间发展格局。其中，"一心"即"遂潼之心"，布局天然气综合利用（绿色化工）功能区、文化旅游功能区、综合服务功能区，打造产业融合发展示范区；"两带"即涪江农文旅融合发展示范带、琼江现代农业示范带；"五组团"即遂宁高新区南部组团、老池临港组团、安居组团和潼南高新区东部组团、双江－大佛坝组团，布局天然气综合利用（绿色化工）、新材料新能源、电子信息、装备制造、特色消费品、节能环保和绿色建材等特色产业。

横向生态补偿机制，设立跨省市联合河长办（川渝河长制联合推进办公室），实现跨界河流治理"一盘棋"谋划实施；在四川省广安市邻水县高滩镇与重庆渝北区茨竹镇交界处建设首个跨省域省级新区——川渝高竹新区，实施行政区与经济区适度分离改革。

成渝地区双城经济圈建设：进入高质量发展的攻坚期

新冠肺炎疫情发生以来，尽管全球抗疫已经取得重要进展，但疫情反复延宕，给人民群众的生命安全和身体健康带来严重威胁，加之俄乌冲突等地缘政治挑战，全球产业链供应链紊乱、大宗商品价格持续上涨、能源供应紧张、复合型通胀等风险相互交织，南北差距、复苏分化、发展断层、技术鸿沟、债务增加等问题更加突出，加剧了世界经济复苏进程的不确定性。成渝地区双城经济圈建设在上述宏观环境下启动，并在两年多时间里较快完成顶层设计和协同机制建设，取得了重大阶段性成果。

值得关注的是，成渝地区双城经济圈发展不平衡不充分问题仍然较为突出，综合实力和竞争力仍与东部发达地区存在较大差距（相关指标见表1），特别是基础设施瓶颈依然明显，城镇规模结构不尽合理，区域中心城市发育不足，部分产业链分工协同程度不高，科技创新支撑能力偏弱，城乡发展差距仍然较大，生态环境保护任务艰巨，民生保障改善和乡村振兴还存在不少短板，因而成渝地区双城经济圈建设需要久久为功式纵深攻坚，方能逐步破解短板弱项和达成预期目标。

表1 2021年四川省涉及成渝地区双城经济圈相关城市的经济社会发展主要指标比较

序号	城市	常住人口（万人）	GDP（亿元）	社会消费品零售总额（亿元）	全社会固定资产投资比上年增长率（%）	进出口总额（亿元）	城镇居民人均可支配收入（万元）	农村居民人均可支配收入（万元）
1	成都	2119.2	19917.00	9251.80	10.0	8222.00	5.20	2.88
2	绵阳	486.82	3350.29	1652.16	11.0	250.55	4.32	2.13

续表

序号	城市	常住人口（万人）	GDP（亿元）	社会消费品零售总额（亿元）	全社会固定资产投资比上年增长率（%）	进出口总额（亿元）	城镇居民人均可支配收入（万元）	农村居民人均可支配收入（万元）
3	宜宾	458.88	3148.08	1209.95	12.2	236.53	4.28	2.06
4	德阳	345.90	2656.56	1010.10	11.7	143.70	4.28	2.19
5	南充	556.20	2601.98	1448.73	12.0	52.07	3.96	1.83
6	泸州	425.90	2406.08	1204.28	11.2	129.53	4.30	2.00
7	达州	538.54	2351.70	1281.50	11.3	50.34	3.92	1.86
8	乐山	316.02	2205.15	891.12	11.6	91.92	4.23	2.00
9	内江	314.07	1605.53	660.51	11.5	29.72	4.18	1.98
10	自贡	246.70	1601.31	691.04	10.2	42.23	4.24	2.09
11	眉山	295.90	1547.87	629.72	11.8	80.27	4.21	2.18
12	遂宁	278.20	1519.87	548.70	11.2	49.38	4.08	1.99
13	广安	325.49	1417.80	651.40	10.2	23.80	4.13	1.98
14	资阳	230.86	890.50	445.20	11.0	27.40	4.06	2.10
15	雅安	143.10	840.56	301.01	11.4	12.94	4.05	1.76

注：①四川省其他地市与成都的经济发展规模差距明显，GDP排名第2的绵阳GDP仅为成都的16.82%，GDP排名第15的雅安GDP仅为成都的4.22%。各城市的全社会固定资产投资增长率差距并不显著（最高的为宜宾，最低的为成都，差距为2.2个百分点），且常住人口、社会消费品零售总额等其他经济指标仍然是成都遥遥领先。因此，需要进一步强化成都的协同辐射带动作用，加快培育区域中心城市和较强经济发展实力的中小城市，以城带乡、有效促进乡村振兴，形成特色鲜明、布局合理、集约高效的城市群发展格局。

②绵阳和宜宾的GDP均超过3000亿元，且宜宾GDP与排名第4的德阳有491.52亿元的差距，因而绵阳和宜宾有望率先成为成渝地区双城经济圈的次中心城市。GDP在2000亿～3000亿元的城市有德阳、南充、泸州、达州、乐山，这些城市的经济发展、常住人口、区位交通等经济指标具备打造区域性中心城市的基础。

③从居民人均可支配收入看，成都与其他城市的差距相对其他经济指标明显收窄。城镇居民人均可支配收入中排名第2的城市是绵阳，其数值为成都的83.08%（排名第15的城市达州则为成都的75.38%）。农村居民人均可支配收入中排名第2的城市是德阳，其数值为成都的76.04%（排名第15的城市雅安则为成都的61.11%）。如果折算为实际购买力，成都与其他城市的人均可支配收入差距更小。由此可见，成都也客观上面临区域、城乡、群体等发展不平衡不充分的挑战，单一依靠"强省会"战略，并不能迅速实现带动全省其他城市同步发展的目的，因而提升成都的中心城市综合能级和国际竞争力亦是成渝地区双城经济圈建设的重要任务。

数据来源：根据有关城市2021年国民经济和社会发展统计公报和公开资料整理计算。

成渝地区双城经济圈建设：亟待智库成果
总结经验和提供决策建议

2020 年成渝地区双城经济圈建设启动以来，迅速成为学术界的重点研究领域，相关智库成果陆续发表和出版。通过中国知网检索篇名关键词"成渝地区双城经济圈"，截至 2022 年 7 月 15 日，累计有 773 篇文献，其中学术期刊有 502 篇，报纸有 180 篇。通过当当网检索书名关键词"成渝地区双城经济圈"，截至 2022 年 7 月 28 日，累计有 18 本以成渝地区双城经济圈为题材的专著，另有多部著作的部分内容涉及成渝地区双城经济圈。总的来看，系统、全面研究、分析、总结、解读成渝地区双城经济圈建设的政策规划、创新实践、主要成效、典型案例、问题挑战，以及为各级党委政府、企事业单位、高校科研院所等提供针对性和实操性决策建议等的智库成果仍显不足，智库研究总体落后于实践探索。

《成渝地区双城经济圈建设研究报告》致力于打造高质量、具有国际影响力的智库成果，由中国国际经济合作学会、北京师范大学政府管理研究院、成渝地区双城经济圈研究院、北京京师润教育科技研究院、重庆羽盛商务信息咨询有限公司等机构组建编委会，联络有关机构和专家共同编撰，以《成渝地区双城经济圈建设规划纲要》及相关战略部署为纲领，计划每年围绕一个主题，通过数据分析、成效总结、挑战分析、对策建议等实证研究和对策研究，出版一部报告，并在国内外媒体发布系列智库成果，为读者描绘波澜壮阔的成渝地区双城经济圈建设史、发展史和靓丽画卷，为各级党委政府、企事业单位更好部署和参与成渝地区经济圈建设提供工具指南和参考建议，为国内外城市群和都市圈建设提供实践方案。《成渝地区双城经济圈建设研究报告（2022）》以"共筑中国经济第四增长极"为主题，包括主报告、专题报告两大板块。

主报告由中国国际经济合作学会、北京京师润教育科技研究院、成渝地区双城经济圈研究院课题组编写，聚焦分析成渝地区双城经济圈在协同建设现代产业体系、共建具有全国影响力的科技创新中心、打造富有巴蜀特色的国际消费目的地、共筑长江上游生态屏障、联手打造内陆改革开放高地、公共服务共建共享等领域的实践探索、改革创新、主要成效、典型案例、问题挑战与对策建议。专题报告部分邀请了相关领域专家和实务工作者参与，围绕成渝地区双城经济圈建设的重点领域和城市实践编写了 5 份专题报告。

《成渝地区双城经济圈建设研究报告（2022）》有关素材选取、案例分析和理论研究截稿于 2022 年 8 月，较为全面、系统、完整地呈现了成渝地区双城经济圈建设的制度设计、发展历程、主要成效、典型案例、实践特色、问题挑战和对策建议，为各级党委政府、企事业单位、高校科研院所、社会组织、新闻媒体以及广大读者提供具有时效性、针对性的高质量智库成果。

需要说明的是，《成渝地区双城经济圈建设研究报告（2022）》在编写过程中，参考借鉴了一些学者、专家、机构的研究实践成果和数据资料，课题组在参考文献部分予以列出，在此表示真诚感谢。由于部分资料来源于未标明出处的公开网络，请相关版权所有人与编委会联系（邮箱：158950711@qq.com，微信号：18612399807），以便致奉谢意和薄酬。如有争议内容，也请有关人员及时与我们联系，在本报告再版时予以调整。本报告提供的所有资料、数据和案例分析，系基于公开资料研究分析得出，仅供研究、学习等参考，并不构成任何专业性决策意见。

由于有关数据资料引用自公开媒体报道、转载，以及编写人员的实地调研和资料收集，可能存在信息不准确的地方，加之时间仓促和作者知识面有限，《成渝地区双城经济圈建设研究报告（2022）》存在编写错误与疏漏之处在所难免，希望各位读者及时给我们反馈意见。我们也非常愿意与读者及有关机构就成渝地区双城经济圈建设的各项议题进行广泛深入的交流、探讨和合作。

主 报 告

　　自古以来，中国东南地狭人稠，西北地广人稀，东部地区经济发展和城镇化水平普遍高于西部地区。占全国总面积 70.6% 的西部地区 12 个省区市尽管要素资源丰富，但在我国区域经济发展中总体相对滞后。国家统计局公布的 2021 年国民经济和社会发展统计公报显示，西部地区 GDP 总量为 239710.09 亿元，同比增长 7.4%，占全国 GDP 的比重为 20.96%。东西部发展不均衡成为制约我国高质量发展的重要挑战。成渝地区双城经济圈坐拥重庆和成都两座中心城市，位于"一带一路"和长江经济带交汇处，是西部陆海新通道的起点，具有连接西南西北，沟通东亚与东南亚、南亚的独特优势，且地缘相近、人文相亲，历史上就是我国经济相对发达地区，区域内生态禀赋优良、能源矿产丰富、城镇密布、风物多样，是我国西部人口最密集、产业基础最雄厚、创新能力最强、市场空间最广阔、开放程度最高的区域，在国家发展大局中具有独特而重要的战略地位。

　　2020 年 1 月，习近平总书记主持召开中央财经委员会第六次会议，做出推动成渝地区双城经济圈建设、打造高质量发展重要增长极的重大决策部署，为新时代成渝地区双城经济圈的发展提供了根本遵循和重要指引。2021年 10 月，中共中央、国务院发布《成渝地区双城经济圈建设规划纲要》，这是指导当前和今后一个时期成渝地区双城经济圈建设的纲领性文件，标志着成渝地区双城经济圈建设路上了加快推动高质量发展的新征程。自 2020 年 1月以来，成渝地区双城经济圈坚持"川渝一盘棋"思维，牢记使命、相向而行，发挥优势、错位发展，统一谋划、一体部署，相互协作、共同实施，优化整合区域要素资源，加强交通、产业、科技、环保、民生等重点领域的协同对接，辐射带动周边地区联动发展、同步发展，唱好"双城记"，共建经济圈，显著提升了区域整体竞争力，服务国家战略大局的能力不断增强。

第1章
协同建设现代产业体系的主要成效、挑战与建议

协同建设现代产业体系是《成渝地区双城经济圈建设规划纲要》提出的首要任务，也是经济圈内相关城市的重点战略。比如，《重庆市国民经济和社会发展第十四个五年规划和二○三五年远景目标纲要》提出"壮大现代产业体系，着力推动经济体系优化升级"，重点任务包括加快制造业高质量发展、提升服务业发展水平、推动数字经济和实体经济深度融合、推动基础设施高质量发展；《成都市国民经济和社会发展第十四个五年规划和二○三五年远景目标纲要》提出"持续深化经济组织方式转变，构筑产业竞争比较优势"，重点任务包括加快建设具有全球显示度的产业生态圈和产业功能区、加快构建具有国际竞争力和区域带动力的现代产业体系、大力发展数字经济、提升产业高质量发展核心竞争力、加快推进新型基础设施布局建设。

《成渝地区双城经济圈建设规划纲要》提出，到2025年，成渝地区双城经济圈现代经济体系初步形成：区域协同创新体系基本建成，研发投入强度达到2.5%左右，科技进步贡献率达到63%，科技创新中心核心功能基本形成；优势产业区域内分工更加合理、协作效率大幅提升，初步形成相对完整的区域产业链供应链体系，呈现世界级先进制造业集群雏形；数字经济蓬勃发展；西部金融中心初步建成；现代服务业优势明显增强。

为了达成目标，成渝地区双城经济圈有关城市要进一步明确在全国、区

域及经济圈的现代产业体系分工定位，发挥比较优势，错位发展、协同发展、联动发展，推进产业配套链、要素供应链、产品价值链、技术创新链"四链"融合，建立一体化产业政策体系，共同打造世界级优势产业集群。

第1节　成渝地区双城经济圈先进制造业协同发展主要成效、面临挑战和对策建议

先进制造业是成渝地区双城经济圈协同发展的重中之重。2022年2月，推动成渝地区双城经济圈建设联合办公室印发《关于做好共建成渝地区双城经济圈2022年重大项目实施有关工作的通知》（双城办〔2022〕7号），明确2022年川渝共建重大项目达160个，其中数量最多的为协同建设现代产业体系项目，共72个，估算总投资为5402亿元（见表1-1），其中78%投向制造业，重点共建电子信息、汽车、装备制造等世界级先进制造业集群。

表1-1　成渝地区2022年协同建设现代产业体系项目情况

项目类别	项目数量（个）	总投资（亿元）	2022年计划投资（亿元）
制造业项目	49	4197	580
数字经济（产业）项目	10	954	113
现代服务业项目	7	150	20
现代高效特色农业项目	6	101	15
合计	72	5402	728

一　电子信息产业协同发展的主要成效和面临的挑战

1. 川渝地区电子信息产业历史悠久、基础扎实、实力雄厚

川渝两省市电子信息产业发展历史悠久。1968年，国防科工委在重庆永川建立了我国首个集成电路专业研究所——中国人民解放军一四二四研究所，中华人民共和国第一块大规模集成电路在这里诞生，并创造了我国集成电路行业的多项第一。1953年，国家决定把成都确定为全国重点建设

的三个电子工业基地之一，成都国营红光电子管厂诞生了我国第一支黑白显像管、第一支投影显像管、第一支彩色显像管。

如今，川渝两省市电子信息产业基础扎实、实力雄厚，成为两地总量最大、增速较快、贡献最多的第一大支柱产业。

四川集聚了华为、京东方、清华紫光、英特尔、微软、IBM、德州仪器等一批具有全球影响力的世界500强企业和行业龙头企业，形成了涵盖集成电路、新型显示与数字视听、终端制造、软件研发、移动互联网应用等较为完整的电子信息产业体系，全球50%的苹果平板电脑在四川生产，微型计算机年产量占全国的1/5以上。2019年四川电子信息产业的主营业务收入达10259.9亿元，同比增长13.8%，其成为该省首个超万亿元产业。2019年四川电子信息制造业主要产品累计实现出口2596.6亿元，占全省出口总额的66.7%，同比增长21.2%。

重庆则围绕构建"芯-屏-器-核-网"产业链，形成计算机整机及配套、通信设备、集成电路、新型显示、汽车电子、智能家电、LED及光伏、电子材料和新型元器件等在内的电子信息产业体系。到2019年底，重庆拥有规上电子信息企业639家，主营业务收入居全国电子信息产业省级行政区排名第七位，是全球最大的笔记本电脑生产基地、重要的手机生产基地，2019年电子信息产业增加值占当年重庆GDP的16.6%，对重庆经济增长的贡献率为33.9%。2020年尽管受新冠肺炎疫情影响，但重庆电子信息产业链比较完整，承接了不少海外转移过来的订单，当年重庆电子信息产业进出口达4668亿元，同比增长16.3%，占同期重庆外贸总值的71.7%，进一步加固了其外贸第一产业的地位。

2. 成渝地区双城经济圈协同打造世界级万亿元电子信息产业集群主要成效

总的来看，成渝地区双城经济圈电子信息产业优势明显，产业链条趋于完善，创新能力不断提升，资本运作能力持续向好，重点行业在成渝地区双城经济圈的全域配套率已提升至80%以上。通过建立机制、优化平台、协同创新等方面的举措，促进要素资源流动融通和产业协同互补发展，有望打造世界级电子信息产业集群。图1-1为重庆两江新区水土新城两江半导体产业园。

图1-1 重庆两江新区水土新城两江半导产业园

注：重庆两江新区水土新城两江半导体产业园致力于建设成为以半导体产业为核心，集成电路设计为重点，辐射汽车电子、人工智能、物联网、智能终端等产业，承载公共服务平台、产业创新孵化、研发设计总部、产业应用延伸等功能的特色园区。

（陈昕 摄）

制度设计和机制建设不断完善

自2020年成渝地区双城经济圈启动建设以来，川渝两省市推动电子信息产业率先融合，成立工作专班，共同印发《成渝地区双城经济圈电子信息产业高质量协同发展实施方案》《川渝电子信息产业"十四五"发展布局及产业链全景图》等政策规划，提出共同构建富有活力的集成电路生态圈、共同提升新型显示产业协作配套能力、共同促进智能终端产品更大规模集聚、共同促进软件产品特色发展、共同布局建设新一代信息技术设施等系列举措，并上线川渝电子信息产业重点产品产业链供需对接平台，组建电子产业联盟，建立成渝电子信息产业人才招聘专区和高新区跨区域共享员工机制。

结合本地产业发展基础和要素资源禀赋，成渝地区双城经济圈有关城市还出台5G、集成电路、传感器、存储等细分行业专项政策规划。比如，四川省绵阳市拥有两家电子信息全国百强企业（长虹、九洲），智慧家庭、电子元器件、新型显示等行业的实力较强，2021年6月出台的《绵阳市集中精力大抓工业 24 条措施》即进一步强调了电子信息产业在工业强市建设中的支柱地位。四川省宜宾市提出打造以手机整机产品为中心的千亿级智能终端产业链,建设全国乃至全球电子信息产业重镇(图 1 - 2 为宜宾智能终端产业示范园的现代化标准厂房)。重庆市綦江工业园区与四川省自贡高新技术产业开发区共建产业合作示范园区,双方在电子信息等产业领域共建公共技术服务平台、公共检测检验平台等,联合设立"双创"基金,促进要素资源和创新平台的交流、联建和共享。

图 1 - 2 宜宾智能终端产业示范园的现代化标准厂房
(供图:《四川经济日报》)

协同创新和优化布局快速推进

成渝地区双城经济圈建设启动后,区域内电子信息产业的协同发展进一步加强,尤其是在重庆、成都"双核"布局的重点企业、龙头企业的产业布局更加倾向于经济圈配套及辐射周边地区。比如,2020 年以来,重庆引进了一批集成电路制造及工艺平台、新一代显示技术等领域的重大项目,包括华润微电子 12 英寸功率半导体晶圆制造项目、中国电子科技集团联合微电子中心、京东方第 6 代 AMOLED[①] 面板项目、紫光存储芯片项目

---

① AMOLED:英语为 Active - matrix organic light - emitting diode,中译为有源矩阵有机发光二极体或主动矩阵有机发光二极体,是一种显示屏技术,主要用于智能手机,并朝低功耗、低成本、大尺寸方向发展。

等，这些重大项目将惠及成渝地区双城经济圈电子信息产业的整体迭代升级。2014年，重庆市政府与中国电子信息产业集团签订战略合作框架协议，在渝合作打造电子信息产业基地，发展集成电路、平板显示等产业；2020年，双方再次签订战略合作协议，聚焦数字经济和现代数字城市建设两大方向，合作建设西南信息技术应用创新产业示范中心、软件产业园、现代数字城市西南研发中心、数据中心等面向西南地区的产业载体。成都则签下了一批聚焦先进计算、高端封装测试、新一代显示技术等领域的重大项目，包括海光服务器芯片全产业链项目、高端半导体技术研发制造中心项目、Micro－LED先进显示技术研发及产业化验证项目等。这些项目为成渝地区双城经济圈电子信息产业科技自立自强起到了重要的支撑作用。

案例1－1　京东方在成渝地区双城经济圈协同打造全球领先的柔性显示生态圈

京东方科技集团股份有限公司是一家全球创新型物联网公司和半导体显示产品研发制造龙头企业。2007年，京东方在成都高新区投资设厂，目前在成都拥有全球第二条、国内第一条柔性AMOLED生产线。2013年，重庆京东方光电科技有限公司在北碚区水土高新技术产业园（属于两江新区）成立，主要生产屏幕面板及相关触控面板，在中国企业联合会、中国企业家协会联合发布的"2019中国企业500强榜单"中名列第368位，在重庆市企业联合会（企业家协会）发布的"重庆企业100强榜单"中排名第33位。绵阳京东方光电科技有限公司成立于2016年，主要生产第6代新型AMOLED。

京东方主要采取就近配套的方式布局上下游产业链。京东方成都工厂已成为国内技术先进、工艺成熟、产能巨大的柔性显示OLED（有机发光二极管）研发生产基地。成都高新区管委会和成都京东方协同推动上下游企业在周边集聚，吸引了50多家企业入驻成都高新区。比如，京东方的一家上游供应商——出光电子材料（中国）有限公司在成都高新区实现量产，两家公司之间的车程仅为 5 分钟，相比从国外采购同类产品，京东方节省了高昂的运费，缩短了生产周期，降低了海外供应链存在的不确定风险，出光电子则获得了京东方的稳定订单，双方实现了共赢发展。

但是就近配套如果只是限于周边狭小空间，必然面临配套能力有限和土地、人才等要素资源不足的瓶颈，因而京东方选择了进一步推动在成渝地区双城经济圈的供应链优化配置，提升产供销配套能力和总体竞争力。重庆宇隆光电科技有限公司是为重庆京东方项目配套而新成立的电子元器件生产加工企业，如果仅为重庆京东方供货，则会面临收益来源单一、订单不规律、产能过剩的挑战，通过重庆两江新区和成都天府新区联合成立的成渝地区双城经济圈电子产业联盟的牵线搭桥，宇隆光电成功为成都京东方和联盟内其他企业供货，拓展了营收来源。

2020 年，京东方分别与重庆两江新区管委会和成都高新区管委会签约，在两地建设京东方智慧系统创新中心，设立软硬融合技术开发、新型材料与装备转化、产品与服务营销推广展示、国际人才交流与培训、开放技术与市场合作五大平台，在智慧车联、智慧零售、智慧金融、智慧医工、工业互联网、智慧城市公共服务等领域，联手打造全球领先的智慧系统创新中心。图 1-3 为京东方成都工厂。

图 1-3　京东方成都工厂

（供图：《成都商报》）

3. 成渝地区双城经济圈电子信息产业协同发展面临的挑战

尽管成渝地区双城经济圈电子信息产业已经形成了"芯－屏－存－软－智－网－端"完整的产业链，产值规模已达万亿级，是川渝两省市的支柱产业，但是也面临产业布局和要素资源过于集中在重庆和成都的部分产业园区、核心技术"卡脖子"、受中美贸易摩擦和新冠肺炎疫情等外部因素影响严重、中高端供应链不健全、部分行业附加值低、辐射带动性不强等挑战。

成都市经信局数据显示，四川省电子信息产业的空间布局呈现高度集中性，成都"一家独大"。2020 年成都电子信息产业规模达 10065.7 亿元，成为成都首个产值破万亿元的产业，占全省电子信息产业产值（12684.8亿元）的 79.35％。2020 年绵阳市电子信息产业规模超过 1600 亿元（2019年为 1380 亿元）。成都和绵阳合计占全省电子信息产业产值的比重超过91.97％，可见四川省其他城市的电子信息产业发展较为滞后，尚不能完全承担成渝地区双城经济圈的电子信息产业分工与配套，尤其是承接重庆、成都的技术、产业等转移，因而难以形成供应链的区域化配套。

《川南经济区"十四五"一体化发展规划》等四川省近年来发布的政策规划提出，打造成渝地区重要的电子信息产业集群，依托宜宾临港电子信息（智能终端）产业园、自贡高新区电子信息产业园、中国电子信息产业集团（泸州）产业园、内江大数据产业园，引进高端优质资源和知名品牌企业，重点发展智能终端、大数据、北斗、信息安全等产业，培育壮大半导体、新一代网络技术、智能终端软件等产业。但从当前的产值规模看，宜宾、自贡、泸州、内江等城市尚不具备较强的电子信息产业配套能力和竞争力。尽管西南（内江）新型触控显示模组生产基地、遂宁经开区康佳电子电路产业项目、南充市临江新区电子信息产业项目等被纳入"共建成渝地区双城经济圈 2022 年重大项目"，但这些项目尚处于招商引资、基础设施建设等前期阶段，还未形成重大项目带动产业发展的效能。换言之，成渝地区双城经济圈电子信息产业协同发展和布局优化在一段时间内仍然是重庆与成都的"双城记"，以及与绵阳市、部分城市重点项目和企业的对接合作。

另外，重庆、成都本土的电子信息企业多以军工配套产品和民用产品的初深加工、代工为主，对核心技术、研发设计等高附加值环节的掌控力不足，行业利润普遍不高，专精特新"小巨人"企业不多，大中小微企业融通发展布局尚需优化。英特尔、戴尔、惠普等外引龙头企业多以集团内配套生产为主，已经形成了较稳定的供应链，对外辐射能力相对不强，在传统利益机制下，对周边地区的带动效能有限。

二　汽车产业协同发展的主要成效和面临的挑战

1. 川渝地区是中国汽车产业重镇

汽车产业是川渝两省市共同的支柱产业，据《重庆日报》报道，截至2021年，川渝两地现有汽车整车企业45家，汽车零部件企业1600多家，年产值超过6000亿元，汽车年产量近300万辆，占全国总量的近12%，是我国六大汽车产业基地之一，具备打造世界级万亿汽车产业集群的坚实基础。

重庆制造汽车的历史可以追溯到20世纪50年代，第一辆汽车出自长安机器制造厂。改革开放40多年来，经过不懈的努力，到2020年底，重庆共有汽车生产企业41家，其中整车生产企业21家，改装车生产企业20家，具备年产400万辆的综合生产能力。重庆还有汽车零部件企业上千家，具备发动机、变速器、制动系统、转向系统、车桥、内饰系统、空调等各大汽车总成①较完整的供应链体系，是我国自主品牌前三位（长安、长城、吉利）集聚发展的唯一城市，具有70%以上的汽车零部件本地配套化率。2020年重庆规上汽车制造业完成产值3672亿元，同比增长12%；生产汽车158万辆，同比增长13%，占全国总产量的6.3%。

在新能源和智能网联等领域，重庆是全国第三个开放自动驾驶测试、

---

① 汽车总成：由若干零件、部件、组合件或附件组合装配而成，并具有独立功能的汽车组成部分，如发动机、变速器、转向器、前桥、后桥、车身、车架和驾驶室等。在汽车制造、装配或维修工作中，通常把各总成分别作为独立的结构单元组织生产。

第四个建设国家级车联网先导区的省级行政区域，在全国率先开放城市快速路开展自动驾驶道路测试。重庆提出打造全国重要的新能源汽车和智能网联汽车研发制造基地的战略定位，出台《重庆市加快新能源和智能网联汽车产业发展若干政策措施（2018—2022年）》《重庆市人民政府办公厅关于加快汽车产业转型升级的指导意见》《重庆市支持新能源汽车推广应用政策措施（2018—2022年）》《打造全国一流新能源和智能网联汽车应用场景三年行动计划（2021—2023年）》等政策规划。长安汽车加快向科技出行公司转型，小康集团与华为深度合作。重庆已成为中国智能网联汽车产业发展应用场景丰富、产业基础良好、产销规模较大、技术水平领先的先发城市。2020年重庆生产新能源汽车5万辆，占全市汽车产量的3.2%，已形成"9+3+5+30"新能源汽车产业体系（9家乘用车企业、3家客车企业、5家专用车企业以及约30家核心配套企业）。2020年重庆生产智能网联汽车24万辆，同比增长28.3%，占全市汽车产量的15.2%，总体处于国内先进水平。

1997年重庆成为直辖市后，大部分原属四川省的汽车企业因行政区划调整划归重庆。而后四川省以招商引资的形式重新将汽车业培育打造为重点产业，《四川省工业"7+3"产业发展规划（2008—2020年）》将汽车业纳入三大重点潜力产业之一。成都是四川省汽车业规模最大、产业链最完整的城市，贡献了全省绝大部分产能，先后引进一汽－大众、一汽丰田、吉利、沃尔沃等龙头企业，形成了整车及发动机、变速器等核心部件的较强生产能力。以一汽－大众有限公司成都分公司为例，其于2009年成立，是一汽－大众的首个异地工厂，也是一汽－大众全国布局的"开篇之作"，到2021年3月底，累计实现整车生产500万辆，总产值超过4000亿元，被德国大众和一汽集团誉为"成都速度"。

近年来，四川省同样将新能源与智能网联汽车作为重点培育产业，出台《四川省支持新能源与智能汽车产业发展若干政策措施》《关于推进智能网联汽车产业发展的通知》《新能源与智能汽车产业培育方案》《四川省氢能产业发展规划（2021—2025 年）》等政策规划，成都、资阳、绵阳、南充、泸州、达州等城市均在重点发展新能源与智能网联汽车相关业态。到 2020 年末，四川省已建成年产 10 万辆新能源汽车生产能力的多条生产线，初步形成较完整的产业链，累计推广应用新能源汽车近 15 万辆，建成充电站 300 多座、充电桩 3.2 万多个。

2. 成渝地区双城经济圈协同推进汽车业转型升级

2020 年以来，川渝两省市政府部门签订《成渝地区双城经济圈汽车产业协同发展战略合作协议》，组建工作专班，在产业配套聚集、技术创新协作、应用示范融合、检测资源共享等方面协同发力，积极推动重点整车企业扩大开放跨行政区域采购市场，支持整车厂商、零配件企业、经销商、服务商、出行企业等在川渝地区拓展市场，共建高水平汽车研发生产制造基地。

2020 年 6 月，川渝两省市经信部门上线运行成渝地区双城经济圈汽车产业链供需信息对接平台，到 2021 年末，已有超过 3000 家产业链上的企业在该平台注册，促成合作超过 300 家。目前，重庆已有 26 个区县的 103 家零部件企业参与成都车企的整车配套，产品涵盖底盘、线索、空调、玻璃、差速器、模具、灯具等 89 类产品；成都则有毓恬冠佳、西菱动力、天兴仪表、华鼎国际、博世传感等企业参与重庆车企的整车配套。

比如，得益于成渝两地便捷的交通物流，成都华川电装有限责任公司日均向重庆车企供应交流发电机、雨刮电机等汽车零部件超过 3 万套，当天生产的产品在第二天即可出现在重庆车企的生产线上；四川省广安市邻水县高滩产业园区超过 70% 的企业为重庆车企生产配套产品；四川建安工业有限责任公司是长安汽车的配套商，每年对长安汽车的销售额达 10 亿元，占建安公司年销售额的 40%；成都毓恬冠佳汽车零部件有限公司深度参与长安逸动、CS75、睿骋 CC 等系列车型的配套；重庆戴卡捷力轮毂制造有限公司为一汽 - 大众、一汽丰田、吉利等车企的在川工厂生产定制轮毂；小康集团与成都莲洲科技有限公司在模型制作材料领域展开密切合作等等。

成渝地区双城经济圈汽车业上下游对接活动频繁开展。以"2021 第七届成都国际汽车零配件及售后服务展览会"为例，该展览会由四川省贸促会等主办，设有成渝地区双城经济圈专区，重庆市贸促会组织了 13 家汽车零配件企业携紧固件、密封胶、摩擦材料、橡胶制品、减震器等产品参展，并组织重庆采购商与四川参展企业现场对接；广安市贸促会组织了 21 家汽配企业参展，推出 11 个汽车产业对外合作项目，投资总额达 139 亿元；南充市贸促会也组织了 28 家汽配企业参展。

川渝两省市经信部门还整合新能源汽车支持政策，开放两地推广应用市场，推动吉利汽车等车企发展换电型新能源汽车，联合申报国家氢燃料示范城市，共同打造"成渝氢走廊"，加快汽车业绿色化转型。同时，加快川渝智能网联汽车竞合发展，推动两地共建成渝高速自动驾驶测试示范线路，实现两地智能网联发展资源的全面链接，加快汽车业智能化转型。

案例 1-2　两江新区和天府新区携手打造汽车制造产业联盟

重庆两江新区云集了长安汽车、上汽红岩、北京现代等 10 个整车制造企业以及 200 余家核心配套厂商，产业链、供应链完善。据《成都商报》报道，成都天府新区与重庆两江新区相距不到 300 公里，聚集了一汽-大众、一汽丰田、沃尔沃等整车制造企业 11 家，2019 年整车产量超过 100 万辆、产值突破 2000 亿元，汽车产量占四川省的90%、成都市的 98%。① 两江新区、天府新区作为成渝地区双城经济圈汽车产业核心区，享有国家级新区的政策叠加优势，双方率先推动两地汽车业协同发展、深度融合，以更好地发挥两江新区产业链配套优势和天府新区新能源及智能科技优势，推动两地汽车业共同做大做强。

2021 年，在"两江新区、天府新区共同打造内陆开放门户助力成渝地区双城经济圈建设第三次联席会议"上，汽车产业旗舰联盟成

---

① 《整车产量占全国18%　双循环格局下成渝汽车产业如何"一山容二虎"?》，中国网四川频道，http://sc.china.com.cn/2020/yaowen_0831/380939.html，2020 年 8 月 31 日。

立。联盟的重点工作是促进两地汽车汽配企业在技术研发、生产制造、示范应用、市场开拓等领域的交流合作，提升两地整车制造企业在成渝地区双城经济圈的零部件采购占比。对比 2019 年成立的两江新区汽车产业联盟，汽车产业旗舰联盟的覆盖范围更广，联盟企业数量更多，更有利于跨区域的产业链垂直整合和创新资源的优化组合。

比如，作为两江新区汽车业龙头企业和汽车产业旗舰联盟盟主单位，长安汽车积极帮扶和支持成渝地区双城经济圈供应商，提升其技术、产品质量、物流等核心能力。图 1-4 为坐落在重庆两江新区的长安汽车全球研发中心。在共享检验检测资源方面，两江新区依托重庆市中国汽车工程研究院股份有限公司、重庆车辆检测研究院有限公司具备的国家级整车和零部件检验检测能力优势，支持成渝地区双城经济圈整车企业将产品送重庆检验检测，缩短产品检验检测和上市周期，促进汽车及关键零部件产品开发的更快更好定型。

图 1-4　坐落在重庆两江新区的长安汽车全球研发中心

注：中心拥有设计、试验、管理等 7 大功能，涉及仿真分析、噪声振动、被动安全等 12 大领域，设置有混合动力、空调系统、非金属材料等 180 个实验室，同时也是运用云计算等数字科技打造的全球领先的数据中心。

（供图：《汽车与运动》杂志）

3. 成渝地区双城经济圈汽车产业协同发展面临的挑战

我国汽车产业经过 20 多年的持续增长后进入了深度调整期，国内传统能源汽车产能过剩，大量核心技术和高端零部件、品牌被发达国家车企掌控，加之中美贸易摩擦、新冠肺炎疫情等综合因素的叠加影响，近年来汽车业遭遇严峻挑战。由于汽车业链条长、涉及行业广、集成了大量先进技术，受疫情影响，面临供需端的双重压力，存在芯片短缺、成本上涨、工厂停摆、消费不振等诸多难题。

在汽车市场景气周期，重庆自主品牌车企以低价汽车切入和占领市场，并通过大力扩张产能实现规模效应和竞争能力。随着消费者对低端汽车需求量的下滑，长期徘徊在汽车业价值链中低端的重庆车企面临巨大的产能过剩、品牌重振、技术升级等压力。据《重庆日报》报道，尽管近年来重庆加大了汽车业转型升级力度，售价 10 万元以上的中高端整车产品占比从 2017 年的 30% 提升至 2021 年的 42%，但"高端汽车供给不足"仍是短板。①

培育新能源和智能网联汽车新业态，满足用户的绿色出行需求，以产业转型和技术升级实现"换道超车"，推进节能减排和碳达峰碳中和，成为成渝地区双城经济圈不少地方政府、车企的战略选择。比如，《共建成渝地区双城经济圈 2022 年重大项目名单》涉及新能源电池的项目就有 8 个，项目地包括重庆、成都、遂宁、宜宾等多个城市。但是，新能源和智能网联汽车在国内外尚无成熟经验可借鉴，面临更复杂的产业融合、社会协调、技术快速迭代、市场割裂等挑战，不确定性风险较大。

三 装备制造业协同发展的主要成效和面临的挑战

1. 川渝是全国重要的装备制造基地

经过多年发展，四川已成为全国重要的动力设备、航空装备、轨道交

---

① 《重庆汽车保有量超过 500 万辆 规模全国前三》，重庆日报百度百家号，https://baijiahao. baidu. com/s？ id = 1721716437633092857&wfr = spider&for = pc，2022 年 1 月 22 日。

通、能源环保等装备制造基地。比如，据德阳市人民政府网站介绍，德阳重大装备制造业集群具有全球影响力，全国 60% 以上的核电产品、40% 的水电机组、30% 以上的火电机组和汽轮机、50% 的大型轧钢设备和大型电站铸锻件、20% 的大型船用铸锻件都是"德阳制造"，制造业占地区生产总值的比重位居全省第一，2021 年入选全国先进制造业百强市；成都航空装备、轨道交通、智能制造、节能环保等高端装备研发制造居全国一流；眉山是全国最大的传动件、小型压缩机和木工机床生产基地；资阳是全国最大的出口内燃机车、新能源机车和调车机车研制基地。2018 年，四川将装备制造业纳入全省 5 个重点发展的万亿级现代支柱产业，2020 年四川装备制造业产值达 7327.8 亿元。[①] 图 1-5 为德阳东方电机有限公司定子冲片"无人车间"。

图 1-5 德阳东方电机有限公司定子冲片"无人车间"

注：2021 年 7 月，德阳东方电机有限公司定子冲片"无人车间"正式揭牌，标志着发电装备行业国内首个"无人车间"正式建成投产。

（供图：德阳网）

重庆的装备制造业发展历史悠久，长安、建设、川仪、重汽、嘉陵等

---

① 《四川：建设万亿世界级重大装备制造产业集群》，四川经济网百度百家号，https://baiji-ahao.baidu.com/s? id=1714836400414898953&wfr=spider&for=pc，2021 年 10 月 28 日。

装备制造企业经历和见证了"中国制造"的发展历程。如今，重庆已形成风电装备、轨道交通、数控机床、机器人等多个"整机＋配套＋系统集成"特色装备制造行业，其中江津区的齿轮箱、减速器、内燃机等装备产品行业领先，永川区是全国最大的中高端皮卡生产基地。2020年，重庆1094家规模以上装备制造企业实现工业总产值2101亿元，首次突破2000亿元，同比增长6％；实现出口交货值111亿元，同比增长15.8％。按照《重庆市装备制造业高质量发展行动计划（2021—2025年）》，到2025年，重庆的装备制造业将初步形成产业规模大、核心竞争力强、配套供给优、支撑体系全、有较强影响力的现代产业体系，成为制造强市建设的重要支撑；全市装备制造业主营业务收入将超过3000亿元，年均增速将超过8％，高于工业产值的增速。[①]

2. 成渝地区双城经济圈协同共建世界级装备制造产业集群

总的来看，成渝地区双城经济圈装备制造业基础良好，关联程度较高、互补性较强，具备高质量一体化协同发展的基础条件。

2020年以来，川渝两省市聚焦智能装备、航空航天、轨道交通、发电设备、节能环保等领域，打造德阳经济技术开发区、重庆空港工业园区、重庆江津工业园区、四川隆昌经济开发区、四川宜宾三江新区等多个成渝地区双城经济圈产业合作示范园区。比如，德阳经济技术开发区是工信部授予的全国首批"国家新型工业产业化（装备制造业）示范基地"、联合国"清洁技术与新能源装备制造业国际示范城市"挂牌园区，是德阳打造"重装之都"的核心产业载体。重庆市江津区以建设先进制造业基地为目标，发力打造江津工业园区，升级壮大装备制造集群，力争到2026年，规上工业企业数量超600家，工业总产值超2200亿元。

2021年6月，成渝地区八方协同建设世界级先进装备制造产业集群暨地方产品（德阳）推介会召开，四川省成都市、德阳市、眉山市、资阳市

---

① 《重庆装备制造规模以上企业去年总产值首次突破2000亿元》，光明网，https：//m.gmw.cn/baijia/2021 - 02/01/1302084806.html，2021年2月1日。

和重庆市渝北区、江北区、江津区、永川区八个成渝地区双城经济圈装备制造业重镇共同发布《成渝地区八方地方产品目录》，签署装备制造业协同发展合作宣言，共同打造多方参与、多平台合作、产学研结合、技术转移和成果转化的装备制造产业链创新机制。

2021年12月，在推动成渝地区双城经济圈建设重庆四川党政联席会议第四次会议上，两地党政部门审议通过《成渝地区双城经济圈共建世界级装备制造产业集群实施方案》，提出将装备制造业打造为继电子信息产业、汽车业之后的第三个世界级万亿元产业集群。该实施方案提出川渝共同构建装备制造产业生态圈的九大任务：一是共建"两核一带"①装备制造产业生态圈；二是共同打造具有国际竞争力的清洁能源装备产业；三是共同打造世界级航空航天产业发展高地；四是共同培育轨道交通装备协同发展体系；五是共同推动智能制造装备突破发展；六是共同突破具有地域特色的专用装备；七是共同夯实装备制造产业创新发展基础；八是共同提升装备制造产业智能制造水平；九是共同构建多层次开放式产业协同体系。

以德阳市装备制造业融入成渝地区双城经济圈为例，近年来，德阳积极推动成德眉资同城化发展，加速交通、产业、营商环境等方面的深度融合。2013年，成都、德阳两市政府签署同城化发展框架协议，装备制造等产业协作是其中的重要内容。2019年，成都、德阳两市经信部门共同印发《成德工业同城化发展规划（2019—2022年）》，从分工、创新、布局、要素、机制、绿色发展六个方面提出具体措施，其中装备制造是两市同城化发展的重点。中国二重、东方电气等德阳装备制造龙头企业已形成"总部研发在成都、生产制造在德阳"的协同发展格局。

3. 成渝地区双城经济圈装备制造业协同发展面临的挑战

装备制造业产业链长，受国内外宏观经济波动影响严重。同时，与江

---

① 两核一带："两核"为成都德阳地区、重庆中心城区，"一带"为G93成渝环线高速产业协作发展示范带，布局发展能源装备、航空航天装备、轨道交通装备、智能制造装备等高端装备制造产业。

苏、浙江、广东等东部装备制造强省相比，成渝地区双城经济圈的装备制造业面临企业总体效益不高、创新能力不足、产业协同和配套不完善、高端装备制造竞争力亟待提升等挑战。比如，四川装备制造业规上企业利润增速比全省、全国工业平均增速低10个百分点以上，而亏损企业占比则高出全省、全国工业平均水平，呈现大而不强的特点。

成渝地区双城经济圈的装备制造产业布局主要集中在市场竞争激烈、利润较低的行业，而在航空航天、先进轨道交通、新能源汽车等高端装备制造领域中的占比相对不高。部分高端装备制造的关键共性技术、先进工艺、核心装备、基础原材料、零部件等受制于发达国家、技术领先企业，导致高端数控机床、高端工业机器人、增材制造装备、智能传感及检测设备、电子生产成套设备、激光生产成套设备等具备条件在成渝地区双城经济圈布局的高端装备制造发展滞后，甚至处于空白。

四 成渝地区双城经济圈先进制造业协同发展对策建议

1. 优化先进制造业要素配置和区域布局

聚焦电子信息、汽车、装备制造等重点产业、重点领域，结合成渝地区双城经济圈要素资源禀赋、市场功能定位、产业发展基础、总体比较优势，通过提质、引强、补链、建链、强链、延链、建圈等协同发展，在集成电路、新型显示、智能终端、新能源和智能网联汽车、航空航天、轨道交通、能源装备、工业机器人、仪器仪表、数控机床等领域培育世界级先进制造产业集群。

发挥"双引擎引领""周边区域联动"作用，积极推进经济区与行政区适度分离改革，做强重庆都市圈和成都都市圈的创新要素集聚能力，形成研发在中心、制造在周边、配套在区域，圈层推进、梯度布局、错位发展、多点支撑、相互融合、集群集约的都市圈先进制造业分工体系和空间布局。

2. 建好先进制造业合作产业载体

发挥重庆两江新区、四川天府新区两大国家级新区的示范引领作用，加快推进成渝地区双城经济圈各类开发区和产业集聚区的政策叠加、服务体系共建，提升产业承载能力。发挥龙头企业的产业集聚和辐射功能，围绕先进制造业龙头企业，规划和配置成渝地区双城经济圈供应链和产业生态圈。

结合资源禀赋、产业基础、交通区位等条件，按照功能共建型、产业共建型、产业配套型、资源开发型、飞地经济型等多种方式，在川渝毗邻地区灵活打造先进制造业合作示范园区。例如，重庆两江新区鱼复新城已形成"5+X"汽车产业布局，依托长安汽车、北京现代、金康新能源、长安新能源、瑞驰新能源五大整车厂，引进100多家全球知名的汽车零部件配套企业，形成了完备的汽车产业链条。四川宜宾三江新区汽车产业园集聚了宁德时代、凯翼汽车、奇瑞新能源汽车等几十家新能源企业，已形成"内有完善产业链、外有品牌影响力"的龙头带动的锂电全产业链融合发展格局。重庆两江新区鱼复新城与四川宜宾三江新区共建产业合作示范园区，双方共同搭建先进制造业产业链供需信息对接平台，引导两地企业在产品配套加工、产品订单、技术交流、产品销售服务等方面加强合作，协同打造以新能源汽车、锂电产业为重点的国家新型工业化产业示范基地。

3. 协同优化承接域内外先进制造业产业转移

发挥要素成本、市场、通道、物流等综合比较优势，增强成渝地区双城经济圈先进制造业的政策规划、产业链合作的协同性，"补链条""集群化"承接我国东部地区和发达国家的产业转移，聚焦关键节点的引领突破突围，提升先进制造业重点领域的国际竞争力。有关城市要摒弃传统的"零和博弈"竞争思维，避免唯GDP的小而全本地化招商配套，做好先进制造业的科学规划布局，协同完善信息对接、权益分享、税收分成等跨区域产业转移政策体系和协调机制，共建产业转移集中承载园区，有序承接重庆"向西"、成都"东进"的先进制造业生产加工、零部件配套等产业的梯度转移。推动产业转移地和承接地政府部门发起设立区域产业协同发展投资基金等产融平台，以市场化方式促进重大产业项目落地，建立园区开发、要素配置、产业转移、产业链合作等一体化协作共赢机制。

第2节　成渝地区双城经济圈数字经济协同发展主要成效、面临挑战和对策建议

　　当今世界，科技革命和产业变革正在深刻改变着人类的生产生活方式，新一代信息技术不断推动数字经济迅猛发展，为受百年变局与重大疫情交织叠加影响的全球经济注入了新动能，拓展了新空间。党的十八大以来，党中央高度重视发展数字经济，将其上升为国家战略。数字产业化和产业数字化加速推进，数字经济和实体经济加快融合，具有竞争力的数字产业集群不断涌现，数字技术在新冠肺炎疫情防控和复工复产复商复市中发挥了重要作用。数字经济已成为中国经济高质量发展、推动新旧动能转换、布局新兴产业的重要支撑。国家互联网信息办公室发布的《数字中国发展报告（2021年）》数据显示，2017～2021年，我国数字经济规模从27.2万亿元增至45.5万亿元，年均复合增长率达13.6%，占GDP的比重从32.9%提升至39.8%，数字经济规模总量连续多年位居世界第二。

　　数字经济是指以使用数字化知识和信息作为关键生产要素、以现代信息网络作为重要载体、以信息通信技术有效使用作为效率提升和经济结构优化重要推动力的经济活动，包括软件、网络、终端，以及各行业、领域的数字化、网络化、智能化应用及服务，简而言之就是"数字产业化、产业数字化和城市数字化"。总的来看，以数据为生产要素、技术为动力引擎、算力为基础设施、场景为商业逻辑，万物感知、万物互联、万物智能的数字新世界正在加速到来。

　　成渝地区双城经济圈数字经济协同发展基础良好，形成重庆、成都"双核引领、联动辐射、多点发展"的数字经济总体格局，尤其是川渝两省市较高相似度的数字产业结构和产业数字化进程，有利于两地联动形成

数字经济规模优势并产生数字化赋能倍增效应。2021年12月新华三集团发布的《成渝地区双城经济圈城市数字经济指数蓝皮书》显示，成都保持数字经济一线城市，重庆、绵阳保持数字经济新一线城市，成都、重庆、绵阳形成了成渝地区双城经济圈数字经济"金三角"。腾讯发布的《数字中国指数报告（2020）》显示，近年来成渝城市群数字化发展赶超态势显著，数字指数同比增速达79.4%，绵阳、南充、宜宾等城市的数字指数增速超过100%。

一　成渝地区双城经济圈数字经济发展现状

1. 重庆数字经济发展现状

据《重庆市数字经济"十四五"发展规划（2021—2025年）》，近年来，重庆持续推进"智造重镇""智慧名城"建设，实施以大数据智能化为引领的创新驱动发展战略行动计划，构建"芯屏器核网"全产业链，集聚"云联数算用"全要素群，塑造"住业游乐购"全场景集，加快推动数字产业化、产业数字化，促进数字经济和实体经济的融合发展，数字经济呈现加速发展的良好态势，2020年数字经济增加值占地区生产总值的比重上升到25.5%。[①]

"十三五"期间，重庆累计建成并开通5G基站4.9万个，跻身全国第一梯队。两江国际云计算产业园形成1.9万架机柜、24万台服务器的数据存储能力，数据中心规模位居西部地区各省区市的前列。建成全国首条、针对单一国家、点对点的国际数据专用通道——中新（重庆）国际互联网数据专用通道。2020年，重庆数字产业增加值达1824亿元，软件和信息服务业营业收入规模突破2000亿元，两江数字经济产业园、中国智谷（重庆）科技园、渝北仙桃国际大数据谷、重庆高新软件园等战略平台集

---

① 《重庆市人民政府关于印发重庆市数字经济"十四五"发展规划（2021—2025年）的通知》（渝府发〔2021〕41号），重庆市人民政府门户网站，http://www.cq.gov.cn/zwgk/zfxxgkml/szfwj/qtgw/202112/t20211208_10107836.html，2021年12月8日。

聚大数据智能化企业 7000 余家，集聚电商（网商）近 66 万家。"十三五"期间，实施 2780 个智能化改造项目，建成 67 个智能工厂和 359 个数字化车间，打造十大工业互联网平台，累计服务企业"上云"7.1 万余家、连接设备 150 多万台，实施智慧工地 2630 个，数量居全国第一。数字治理不断强化，全面实施"云长制"，上云率达到 98.9%，"渝快办"政务服务平台已融入全市 20 个市级部门的 51 套自建系统、462 个事项，市级行政许可事项"最多跑一次"比例达到 99%。①

2. 四川数字经济发展现状

近年来，四川加快构建"5+1"现代工业体系，把数字经济作为关键引领，与五大支柱产业统筹谋划、融合推进，制定指导意见、建立推进机制，连续多年在"数字中国"综合实力省级评估中位居全国第六、中西部第一。引进落地华为成都鲲鹏生态基地、中电熊猫第 8.6 代液晶面板生产线、惠科第 8.6 代液晶面板生产线、京东方第 6 代柔性面板生产线、信利高端显示等一批百亿级重点项目。"芯屏存端软智网"等数字经济核心产业集群集聚、规模持续壮大，腾讯、阿里巴巴、京东等互联网巨头均在四川设立区域总部，全国百强网络零售企业超过 80% 在四川落户。

四川省统计局发布的数据显示，2021 年四川数字经济核心产业增加值达 4012 亿元，占地区生产总值的比重为 7.5%，同比增长约 18%，高出地区生产总值增速 9.8 个百分点。到 2021 年末，四川建成 5G 基站超 6.6 万个、规模位居西部省区市第一。成都、绵阳、泸州、眉山入选全国首批"千兆城市"，入选数量位居全国省区市第一。成都超算中心（一期）建成投运，工业互联网标识解析节点累计注册量达 31.1 亿条、解析量达 21.2 亿次，注册量与解析量均居全国前列。②

---

① 《重庆市人民政府关于印发重庆市数字经济"十四五"发展规划（2021—2025 年）的通知》（渝府发〔2021〕41 号），重庆市人民政府门户网站，http://www.cq.gov.cn/zwgk/zfxxgkml/szfwj/qtgw/202112/t20211208_10107836.html，2021 年 12 月 8 日。
② 《"东数西算"工程全面启动，四川数字经济如何"算"？》川观新闻，https://cbgc.scol.com.cn/news/3146469，2022 年 2 月 17 日。

二　川渝协同共建数字双城经济圈主要成效①

2019 年 10 月的第六届世界互联网大会上，重庆、四川同时被确定为国家数字经济创新发展试验区，川渝两省市均跑出了数字经济发展的加速度。国家发展改革委对川渝建设"国家数字经济创新发展试验区"的要求是：重点探索数字产业集聚发展模式，完善新型基础设施，开展超大城市智慧治理，加强数字经济国际合作，以智能化应用为重点，促进互联网、大数据、人工智能和实体经济深度融合，实现成渝城市群高质量发展。2020 年 3 月，推动成渝地区双城经济圈建设四川重庆党政联席会议第一次会议提出，成渝地区双城经济圈将"共建国家数字经济创新发展试验区"。《重庆建设国家数字经济创新发展试验区工作方案》《国家数字经济创新发展试验区（四川）建设工作方案》均将"共建数字双城经济圈"作为重点任务。

2020 年以来，川渝有关政府部门签订《川渝网信领域协作框架协议》《成渝工业互联网一体化发展示范区战略合作协议》《川渝信息通信业双向推动成渝地区双城经济圈建设战略合作协议》《深化成渝地区双城经济圈大数据协同发展合作备忘录》等一系列合作协议，出台《共建成渝地区工业互联网一体化发展示范区实施方案》《重庆市建设国家新一代人工智能创新发展试验区实施方案》等政策文件，数字双城经济圈建设各层面的制度设计日益完善。到 2021 年 8 月，川渝有关部门陆续签署数字经济相关领域合作协议 78 份，组建川南渝西大数据产业联盟、西南数据治理联盟、成渝地区区块链应用创新联盟、万达开数字经济产业联盟等多个数字经济联盟组织。

2022 年 3 月 30 日，重庆市五届人大常委会第三十三次会议表决通过《重庆市数据条例》（2022 年 7 月 1 日起施行），提出，重庆与四川共同开

---

① 备注：由于前文对成渝地区双城经济圈电子信息产业协同发展做了阐述，本部分对该产业不做分析。

展川渝地区数据标准化体系建设，共同建立数据基础性标准和规范，促进数据资源的共享和利用；重庆与四川协同建设全国一体化算力网络国家枢纽节点，优化数据中心和存算资源布局，引导数据中心的集约化、规模化、绿色化发展，推动算力、算法、数据的集约化和服务创新，加快融入全国一体化大数据中心协同创新体系。

1. 数字产业集聚发展的主要成效

大数据产业协同发展加快推进。2020 年 5 月，川渝两省市大数据部门签署《深化川渝合作推动成渝地区双城经济圈大数据协同发展合作备忘录》，联合成立工作协调小组，在协同推进数据要素高效流通、智能应用共连共享、建设数字产业集群、建立长效工作制度等多个领域开展深度合作。2021 年 8 月，川渝两省市大数据部门再次签署合作协议，进一步在数字基建、政务数据共享、信用数据创新应用、大数据立法、大数据标准化体系建设、"互联网＋监管"、数字经济发展等九个领域开展重点合作。

目前，部分大数据合作项目已见成效。例如，四川雅安川西大数据产业园（见图 1－6）与重庆仙桃国际大数据谷形成战略合作，双方互为对方

图 1－6　川西大数据产业园

注：位于雅安经开区的川西大数据产业园依托雅安丰富的水电资源，定位于"超大规模数据中心"，由大数据产业区、数字小镇和创意公园等板块组成。

（供图：《四川经济日报》）

的大数据栽培基地，并协作招商，已建成数据机房超 11 万平方米，机架交付能力达 1 万个，功能定位从"产业园"升级为成渝地区双城经济圈大数据产业基地和雅安数字新城，园区规划面积扩展近 10 倍。重庆市万州区、开州区和四川省达州市共同推进国家级大数据骨干直联点扩容，统筹建设区域大数据资源中心和"城市大脑"。重庆市江津区、永川区、荣昌区和四川省自贡市、泸州市、内江市、宜宾市 7 市区发起成立川南渝西大数据产业联盟，推进大数据人才共育、平台共建、资源共享、产业共融。

人工智能协同发展进一步提速。2020 年 3 月，重庆、成都同时成为科技部支持的建设国家新一代人工智能创新发展试验区，"有力推动成渝地区双城经济圈创新发展"是两座城市的共同任务，重庆要"发挥产业链优势，提升人工智能对经济社会发展的支撑能力"，成都要"依托重大应用场景和科教资源，加强人工智能研发创新"。以此为契机，两地的人工智能协同发展互动频繁。比如，成都大数据产业技术研究院与重庆渝隆集团联合成立重庆大数据人工智能创新中心，推动大数据智能化产业落地与应用实践；重庆科创职业学院、四川城市职业学院、重庆云谷·永川大数据产业园、重庆大数据产业人才联盟、重庆市人工智能职教集团联合发起成立成渝地区双城经济圈人工智能职业教育联盟，共同开展人才培养、就业创业、科学研究、社会服务、产教融合等项目合作。

智慧城市建设加快推进。比如，成都市数字城市运营管理有限公司负责成都"城市大脑"的建设运营，具备构建"全感知""会思考""速响应"智能化城市运行管理体系的运营经验，业务已延伸到乐山、广安、雅安等多个成渝地区双城经济圈相关城市；德阳光控特斯联人工智能城市项目由光大控股投资运营，是德阳市 2020 年的一号项目，写入了 2020 年德阳市政府工作报告，入选《共建成渝地区双城经济圈 2022年重大项目名单》，该项目聚焦人工智能、5G、工业互联网、大数据中心、智能制造、新消费、新金融等七大产业在德阳落地发展，形成智能产业集群，通过新基建、数据融合、数字治理、产业服务、数字民生服务"五位一体化"，打造"优政、兴业、惠民"的成渝地区双城经济圈数字城市样板。

数字经济园区载体交流合作全面深入。重庆两江新区和四川天府新区作为成渝地区双城经济圈数字产业发展的核心区，双方确定以两江新区数字经济产业园、成都科学城为主要载体，加强人工智能、5G、智能制造等领域的合作。同时，共同倡议成立成渝数字经济产业联盟，依托猪八戒网、成都超算中心、两江国际数据港等，打造数字经济资源对接平台，带动两地科研院所、高校和企业资源的集聚和科技创新、产业发展、人才选育等方面的互补共享。以"中国软件名园"创建工作为契机，在招商引资、产教融合等方面互学互鉴。

网络安全产业"差异化错位突破、跨地域协同发展"快速推进。近年来，川渝两省市网络安全产业年均销售收入超过千亿元，形成了涵盖网络安全技术研发、产品生产和运营服务的全产业链体系，在工控安全、密码产品、电磁防护、大数据安全等多领域处于国际一流水平。2022年5月，国家网络安全产业园区（成渝）获批，这是全国首个获批的跨省域国家级网络安全产业园区，川渝将进一步携手加强网络安全的技术创新，培育新型网络安全服务，建设网络安全人才高地，完善网络安全产业生态，将园区打造成引领西部网络安全产业创新发展的高地。

案例1-3　重庆猪八戒网：建设成渝地区双城经济圈数字经济产业服务中心

重庆猪八戒网是中国领先的企业服务平台和数字化产业服务平台，现有注册用户2800万人（其中成渝地区双城经济圈用户超过200万人），在全国布局线下数字化创业园区超过100个，累计有10多万名个人创业者通过平台孵化创办市场主体，超过100万人通过平台实现灵活就业，千万企业通过平台解决了专业服务需求。

2020 年，猪八戒网成立成渝地区产业招商中心，为当地政府提供"定、找、引、育、服、管"招商运作第三方服务。猪八戒网在成都打造成渝地区双城经济圈协同创新产业服务总部，线上搭建成渝地区双城经济圈产业服务共享平台，线下打造总部基地和产业园区，实现服务要素、创新要素、企业资源、专业人才的聚集、互通和共享。

猪八戒网还成立了成渝地区双城经济圈数字经济产业服务中心，2020 年首先在重庆和四川各选择 10 个城市（城区）进行试点，并在 2022 年实现数字经济产业服务中心区县全覆盖。其目标是推动成渝地区双城经济圈 100 万名数字产业人才的孵化，服务 100 万家企业数字化转型。

猪八戒网成渝地区双城经济圈数字经济产业服务中心是社会力量参与地方招商引智公共服务的有益尝试，以战略性新兴产业、高新技术产业、文旅产业等为主要建设内容，通过打造一个线下数字产业服务中心、三个数字化体系（包括数字化平台、数字化运营和数字化服务），以及一系列数字化产业解决方案，助力当地产业数字化、数字产业化。

2. 新型基础设施①建设主要成效

川渝两省市均将新型基础设施建设作为数字经济的重点任务部署，出台专项规划，明确提出到 2035 年要全面建成覆盖全域、智能泛在、融合高效、全国领先的新型基础设施体系，为经济社会高质量发展提供数字底座和强劲动能。可以说，"新基建先行"成为推动成渝地区双城经济圈重大项目建设的一大亮点。例如，中国电信四川公司、重庆公司联合制订《中国电信四川、重庆公司围绕成渝地区双城经济圈建设规划纲要加快合作行动计划》，紧密围绕新基建，共建两地信息新通路，已在成渝

---

① 新型基础设施：简称"新基建"，主要包括 5G 基站、特高压、城际高速铁路和城市轨道交通、新能源汽车充电桩、大数据中心、人工智能、工业互联网七大领域，涉及诸多产业链，是以新发展为理念，以技术创新为驱动，以信息网络为基础，面向高质量发展需要，提供数字转型、智能升级、融合创新等服务的基础设施体系。

双城经济圈区域建成一张低时延、超高速、一跳直达的 ROADM 光网络。四川电信建设的中国西部信息中心、川西大数据中心与重庆电信建设的水土云计算基地已形成两地互为灾备的能力，有力促进了成渝地区双城经济圈信息化和数字产业的融合。

在 2020 年成渝地区双城经济圈建设重大项目中，新基建项目有 2 个，当年全部开工，完成投资 150.8 亿元，5G 网络覆盖项目累计建成站点 8 万余个，人工智能融合应用平台项目的平台算法及设备适配工作基本完成。2022 年的重大项目中，数字经济（产业）项目有 10 个，其中新基建项目有 6 个，占比为 60%，是 2020 年的 3 倍。例如，中国移动成渝大数据平台是中国移动首个跨省域的大数据平台，由中国移动重庆、四川两家属地公司联动开发，可以分析川渝两地人口流动数据，获取两地的迁移人口数量及画像特征，并可以将川渝两省市需要统一宣传共享的政策和信息同步推送给在地人员，为两地政府部门、企事业单位在城市管理、人员出行、旅游发展、项目开发等方面提供数据参考和建议。

值得关注的是，成渝地区双城经济圈算力基础设施及算力经济协同发展正在提速融合。四川水电资源丰富，是全国清洁能源示范省，也是中国最大的水电开发和西电东送基地，可为成渝地区双城经济圈数据中心运营提供充足的能源保障和低成本电价支持。"成德绵眉泸雅"大数据产业集聚区建设则是区域协同发展的典型案例。

2022 年 2 月，国家发展改革委等四部门正式复函同意在成渝地区启动建设全国一体化算力网络国家枢纽节点，规划设立天府数据中心集群和重庆数据中心集群①，优化数据中心和存算资源布局，引导数据中心集群高密度、高能效、规模化、绿色化发展，推动算力、算法、数据的集约化和服务创新，实现大规模算力部署与土地、用能、水、电等资源的协调可持续，高质量满足"东数西算"业务和成渝地区双城经济圈建设的需要。

---

① 天府数据中心集群起步区为成都市双流区、郫都区、简阳市；重庆数据中心集群起步区为两江新区水土新城、西部（重庆）科学城璧山片区、重庆经济技术开发区。

案例1-4　成都超算中心：打造成渝地区双城经济圈 "算力+数据+算法"超算创新应用生态体系

2019年8月，成都超算中心（见图1-7）在四川天府新区启动建设，2020年9月正式建成投运，是中国西部第一个国家级超算中心、成渝地区双城经济圈唯一的国家级超算中心。成都超算中心以安全可控的新一代超级计算机系统为核心，最高运算速度达10亿亿次/秒，主机性能排名进入全球前十，现已探索出"超算+大数据""超算+大健康"等业务模式，不仅服务于传统科学工程计算，还重点围绕科技创新、城市治理、产业发展、社会服务四大方向，为算力经济和智慧城市提供底座支撑。

图1-7　成都超算中心

（供图：图虫网）

截至2022年2月，成都超算中心已为全国35个城市的600余家用户提供超算服务，部署学科计算软件200余个，完成量子生物信息系统等12个超大体系课题项目，服务涵盖航空航天、人工智能、生物医药、先进材料等数十个领域，其中与重庆130余家用户达成生物医药、智能制造、新型材料、人工智能、大数据、气象环境等领域合作。

目前，成都超算中心在成渝地区双城经济圈的重点工作有以下几个方面。一是数据要素流通，为数据要素创新协同应用基地、跨地市数据要素流通实验室、成渝数据要素流通实验室等研究平台提供数据服务；二是基础研究，为成渝地区双城经济圈国家实验室、国家重大科技基础设施、国家科研机构及科技领军企业等国家战略科技力量提供算力服务；三是技术研发，为成渝地区双城经济圈新构型动力、结构功能材料、精准医学、能量转换技术、高分辨光学成像、新型燃料与材料、软件与智能技术、智能芯片设计、碳中和技术、前沿生物技术等创新行业和科创领域提供算力、数据、算法等支持服务。

3. 推进工业互联网一体化发展

自 2018 年起，重庆两江新区开始率先布局工业互联网，先后建成工业互联网标识解析国家顶级节点、星火·链网超级节点、域名根服务器镜像节点、中新专用数据通道、中新国际超算中心、两江新区云计算数据中心等，形成全国唯一的"四节点一通道两中心"。截至 2021 年底，工业互联网重庆顶级节点已接入二级节点 20 个、企业节点 1936 个；累计标识注册量突破 60.7 亿个、解析量达 34.7 亿次，二者增速均位列全国第一；建成5G 基站、数字化车间和智能工厂的数量位列全市第一。①

2020 年 5 月，川渝两省市经济和信息化、通信管理部门签署《成渝工业互联网一体化发展示范区战略合作协议》，携手构建一张"工业互联网"。2021 年 4 月，工信部批复支持重庆市、四川省建设成渝地区工业互联网一体化发展示范区，以新型基础设施互联互通、共建共用，平台资源合作互补，安全监管信息共享等为重点，推动两地产业、科技、人才、数据、生产要素等资源汇聚，打造网络、平台、安全、产业、应用、生态六

---

① 《两江新区两个项目入围 2021 年工业互联网试点示范项目名单》，重庆两江新区百度百家号，https://baijiahao.baidu.com/s? id = 1725093039139793804&wfr = spider&for = pc，2022年 2 月 18 日。

大体系，赋能成渝地区双城经济圈制造业数字化转型。

截至 2021 年 8 月，四川已有 2 个二级节点（四川郎酒和四川长虹）接入重庆顶级节点，并接入企业节点 86 个。2021 年 12 月，川渝经信部门发布成渝地区工业互联网及智能制造资源池服务商名单，共有 208 家川渝企业入选（重庆为 131 家、四川为 77 家），涵盖标识解析服务、网络改造升级服务、第三方云平台服务、软件和信息服务、工业互联网安全服务、工业互联网评测服务、虚拟现实和数字孪生集成服务等 13 个服务方向。

三　成渝地区双城经济圈数字经济协同发展面临的主要挑战

尽管成渝地区双城经济圈的数字经济在西部地区已具备规模比较优势，但是在资源环境约束更趋强化，土地、资本、数据等要素红利边际效益增长趋缓的现实下，成渝地区双城经济圈数字经济要完成 2035 年与全国同步达到中等发达国家水平的战略目标，既需要在规模结构上提升其占地区生产总值的比重（中国信息通信研究院发布的《全球数字经济白皮书》数据显示，2020 年全球数字经济占 GDP 的比重为 43.7%，其中发达国家数字经济规模占 GDP 的比重为 54.3%，[①] 川渝两省市与之存在较大差距。），也需要在质量效益上破解"高端回流""中低端分流"双向挤压、发展不平衡不充分、融合协同一体化不足、"缺芯少魂"原始创新卡脖子、大中小微企业数字化融通发展滞后、数据和算力配置不协调等挑战。

《长三角数字经济发展报告（2021）》数据显示，2020 年长三角地区数字经济规模总量达 10.83 万亿元，占长三角地区 GDP 规模总量的 44.26%，远超成渝地区双城经济圈，这在一定程度上体现出数字经济优质要素资源及数字产业向东部发达地区高度集中的趋势，成渝地区双城经济

---

① 《数字经济对全球经济贡献持续增强》，中国工信产业网，https://www.cnii.com.cn/rmy-db/202109/t20210929_312874.html，2021 年 9 月 29 日。

圈有关城市亟须谋篇布局协同融合、后发赶超的新路径。①

尽管数字经济已成为成渝地区双城经济圈各级政府的重点战略，各地也出台了一系列法规政策，拿出真金白银培育发展，但是重庆和成都中心城区的数字经济规模质量远超其他地区，这与互联网、数字终端、新基建等的同步普及形成倒挂。

一些中小城市沿用照搬传统经济的产业政策、统计体系、监管规则，简单依靠奖补类优惠政策招引数字产业企业，而非依靠营商环境优化和兼顾中长期效益的产业强链、补链、延链，这在促进本地数字经济发展中会面临实操不适用、靶向不精准的问题。由于直接经济指标不显著，部分城市忽视培育规范服务"最后一公里""最后一百米"的民生保障、基层治理、社区服务等领域的数字化市场主体。由于就业创业数据难以全面掌握，网商、直播带货主播、短视频播客、网约车司机、快递员、外卖员等新业态从业人员难以得到精准扶持和充分的社会保障。

不少传统行业中小微企业受限于能力短板和缺乏共性支撑平台，数字化转型成本高企、自发零散、质量不高，甚至一些企业"不愿转型、不敢转型、不会转型"。部分城市政府数据壁垒仍然存在，政务数据、公共数据和社会数据的共享利用场景不足、融合开发机制不健全，数据要素资源作用发挥不够。

四　成渝地区双城经济圈数字经济协同均衡发展对策建议

1. 推进数字产业融合协同发展

聚焦集成电路、新型显示、智能终端等成渝优势领域，协同打造具有国际竞争力的万亿级电子信息产业集群、"云联数算用"要素集群和"芯屏器核网"全产业链，培育超高清视频、人工智能、区块链、数字文创等高成长性、高带动性创新应用，分类解决"卡脖子"数字技术，打造一批

---

① 《长三角数字经济发展报告（2021）》，搜狐公众号，https://www.sohu.com/a/494234251 _121123754，2021 年 10 月 10 日。

川渝地区数字产业合作示范园区，共建数字经济孵化器、众创空间、特色小镇等面向小微创新创业主体的产业载体，引进和培育一批服务成渝智造、适应"双循环"市场纵深发展、腹地孵化的"独角兽"① "牛羚"② "瞪羚"③ "雏鹰"④ 数字科技创新企业及科技型中小企业、新型研发机构、重点实验室，引导创新主体围绕互联网平台、龙头企业、产业载体等实现多样化、实效化、精准化集聚，打造自主可控、具有较强竞争力的数字产业生态。促进大中小微数字企业融通发展、协同发展、抱团发展，搭建服务中小企业、当地龙头企业或者行业联盟运营的成渝地区双城经济圈数字化共性技术支撑平台、国际技术转移中心、产业技术创新中心。

发挥消费基础作用，建设辐射带动能力强、资源整合有优势的国际消费中心（重庆和成都）、区域次消费中心、新型消费网络节点，支持电商平台、数字平台以数据赋能生产企业、服务企业，培育定制消费、智能消费、信息消费、时尚消费等新消费业态，促进商旅文体健等幸福经济的多行业跨界融合，形成更多的流通新平台、新业态、新模式，鼓励企业依托新型消费拓展国际市场，以"智能＋O2O"消费生态体系稳、促、扩、升消费。

2. 加强新型基础设施协同建设和互联互通

发挥投资关键作用，深入推进"东数西算"工程，协同建设全国一体化算力网络国家枢纽节点（成渝枢纽），就近消纳西部地区绿色能源，系统性统筹布局面向未来经济的新型数据中心、5G、工业互联网、云计算、边缘计算、人工智能、区块链、元宇宙等普惠泛在的升级版数字新基建，

---

① 独角兽企业：指估值在 10 亿美元以上，创办时间较短，在行业中有颠覆性创新，发挥引领作用的企业。

② 牛羚企业：指具有自主知识产权，连续两年销售收入年均增长 30% 以上，且最近一个会计年度达 500 万元以上的企业，这类企业像牛羚一样有强大的生命力，能够克服重重困难，顽强成长向前狂奔。

③ 瞪羚企业：以科技创新或商业模式创新为支撑，进入高成长期的中小企业，这类企业像瞪羚一样，成长性好，具有跳跃发展态势。

④ 雏鹰企业：指注册时间不超过 10 年，具有较强创新能力，在某一细分领域取得突破，未来具有较高发展潜力，得到市场认可的创新型企业。

促进网、云、数、智、安、边、端、链深度融合。基于细分场景并依托绿色能源建设分布式柔性智能算力中心，降低计算门槛和算力成本，促进中小微企业普及应用数字工具。推动建立安全、可信、可控、可计量、可追溯的成渝数据交易场所（平台），促进数据在不同场景的按需应用和价值体现。依托电力交易市场、碳排放交易市场，探索开发区域内算力交易品种，以市场机制合理体现算力成本、科学调度算力资源和发展绿色安全计算。

3. 协同促进数字科技与实体经济的深度融合

充分利用新一代信息技术，对传统产业实施全方位、全业务、全流程的数字化改造，促进各类市场主体的供应链、经营链、生产链、消费链等按需"上云用数智赋"。促进数字技术与成渝地区双城经济圈三次产业的融合应用，打造一批行业级、企业级工业互联网平台、产业大脑、工业App、智能工厂、共享工厂、智能车间、智能生产线等"5G + 场景"生态，共建成渝工业互联网一体化发展示范区，培育数字贸易、数字供应链、数字旅游、金融科技等服务业数字化新业态，提高全要素生产率，"数造"一批"专精特新"企业和实体经济单项冠军、隐形冠军企业。支持平台经济、共享经济、分享经济、集成经济等新经济发展，实现消费互联网与产业互联网的互联互通、协同发展。

4. 共同推动数字"善治"和区域"智治"

构建以数据要素高效配置和共享共用、以算力为支撑、以"智治"为特色的智慧城市中枢（"城市大脑"），打造深度链接和支撑数字经济、数字社会、数字政府协同发展的智慧城市升级版。建立全方位、多层次、立体化数字经济监管体系，完善政府监管、行业自律、社会监督机制，发展监管科技、合规科技，防治技术作恶、平台垄断和资本无序扩张。探索产业沙盒①、

---

① 产业沙盒：头部企业可不直接应用风险技术和商业模式，不用直接投资、收购处于种子期的初创企业和技术项目，而是建立产业沙盒先对技术和项目进行测试、验证，成功后再进行大规模投入，从而有效降低投资风险。初创企业也有动力，如果测试成功，可提升其估值和融资话语权，即使与合作方后续未达成合作，拿着测试结果找其他投资人的成功概率也会提升。

创新加速器①等新型包容性监管和初创数字科技企业协同孵化培育融合机制。探索在川渝自贸区建设数字经济自贸区②，以一域试点推动构建数字贸易化、贸易数字化的双边或多边数字治理规则体系。

第3节 成渝地区双城经济圈建设现代特色高效农业带主要成效、面临挑战和对策建议

成渝地区双城经济圈地处中亚热带湿润季风区，气候温润、雨量充沛、四季分明，是中华农耕文明发源地之一，境内兼具平原、盆地、丘陵、山地等多种地形，造就了资源物产的多样性，素有"粮猪安天下"的说法。除粮食作物外，境内桑蚕茧、茶叶、麻类、油料、中药材等经济作物品类繁多、特色鲜明，促进了农业种植类型的多样化，并推动了当地农村家庭作坊和手工业的较早较快发展。

一 川渝地区农业发展现状

川渝两省市农业发展具备比较优势，两地耕地面积约为 1.09 亿亩、占全国耕地总面积的 5.7%，是西部地区农业生产条件最优、集中连片规模最大的区域之一。川渝两省市耕地复种指数较高，形成了夏收作物、秋收作物、晚秋作物一年三季的耕作制度，近年来年度粮食产量稳定在 4500 万吨以上，占全国的 6.9% 左右；年度油料产量达 400 万吨以上，占全国的 12.4% 左右。常年生猪出栏量保持在 8000 万头以上，猪肉产量长期保持在 600 万吨以上。2020 年，成渝地区双城经济圈实现休闲农业和乡村旅游业

---

① 创新加速器：头部企业、政府部门、园区等围绕数字经济重点领域需求，列出概念性开发项目，提供专项经费，公开筛选初创企业和技术团队入驻开发。对于验收通过的项目，资助方可以成为第一个客户，支持其产业化。

② 目前已有多个城市提出打造数字经济自贸区的相关战略部署。例如，北京自贸区大兴机场片区、中关村软件园国家数字服务出口基地、朝阳金盏国际合作服务区成为北京数字贸易试验区落地的三大重点区域；杭州提出建设全球跨境电子商务核心功能区和数字丝绸之路战略枢纽；厦门提出打造数字化产业强链补链固链自贸区。

综合经营性收入 1187 亿元，接待游客 5.3 亿人次以上，休闲农业规模效益持续领跑全国。川渝两省市拥有"三品一标"①农产品累计 10062 个，农产品总体抽检合格率保持在 97% 以上，涪陵榨菜、奉节脐橙等农产品区域品牌价值居全国前列。农产品加工业产值与农业总产值之比达 1.5∶1，农产品进出口贸易额达 207.33 亿元，增速高于全国平均水平。中欧班列（成渝）运送的货物中，农产品占比达到 16%。②

二 成渝地区双城经济圈现代高效特色农业协同发展主要成效

总的来看，川渝两省市气候相近、地理相连，农业领域不可避免地存在市场竞争，但更多的应是合作共赢。作为西部唯一的粮食主产省，四川对于保障重庆重要农产品有效供给的重要性不言而喻。川渝在青花椒等特色农产品上的产量居全国前两位，"单打独斗、你拼我抢"只能造成恶性竞争，协作推进精深加工则能实现共赢。比如，四川省资阳市安岳县被誉为"中国柠檬之乡"，柠檬的种植规模、产量和市场占有率均占全国的 80% 以上，但 2019 年曾遭遇严重冲击，原因之一就是周边重庆市潼南区、大足区的柠檬产业异军突起，三地缺乏有效协调，造成部分市场货源过剩；而 2020 年以来，三地农业部门建立协调机制，共建 100 万亩"柠檬金三角"，加强柠檬初深加工合作，共同做大柠檬产业"蛋糕"。

1. 川渝现代农业合作再有新进展

2020 年 5 月，川渝农业农村部门签署《建设成渝现代高效特色农业带战略合作框架协议》《共同推进成渝地区双城经济圈农业会展高质量发展战略合作框架协议》《共建动植物疫情及农作物重大病虫害联防联控战略

---

① 三品一标："三品"指无公害农产品、绿色食品、有机食品；"一标"指农产品地理标志产品。

② 《重庆市人民政府办公厅 四川省人民政府办公厅关于印发〈成渝现代高效特色农业带建设规划〉的通知》（川办发〔2021〕67 号），四川省人民政府门户网站，https://www.sc.gov.cn/10462/zfwjts/2021/11/23/9d42b236fc5e420d893937fdcf331749.shtml，2021 年 11 月 23 日。

合作框架协议》，共建国家优质高产高效粮食基地、优质商品猪保障基地、国家都市现代高效特色产业示范区、全国绿色优质蔬菜产业带等。

2021年3月，重庆市发展改革委（重庆市粮食局）、四川省粮食和物资储备局、国家粮食和物资储备局四川局、中储粮成都分公司签署《川渝粮食安全战略合作协议》，增进川渝两省市在粮食生产销售、仓储设施建设、产业经济发展、协同运作、粮油市场监管、联动保障、人才培养等方面的交流合作。

2021年12月，川渝两省市政府办公厅联合印发《成渝现代高效特色农业带建设规划》，提出推动农业高质量发展、强化农业科技支撑、大力拓展农产品市场、推动城乡产业协同发展、推进长江上游农村生态文明建设、提升资源要素保障水平等方面的重点任务。在推进机制上，农业农村部、四川省人民政府、重庆市人民政府建立部省市共建成渝现代高效特色农业带联席会议机制，组建工作专班，建立两地农业综合行政执法一体化合作机制、跨区域执法协作机制、跨部门执法配合机制。到2022年1月，成渝现代高效特色农业带规划区有29个区县出台相关政策规划37个，形成上下衔接的制度体系。①

由此，川渝两省市协同发展现代高效特色农业的路径进一步清晰：强化重庆与成都的"双核"引领，加快推动成渝中部现代农业崛起，带动沿线、沿江、沿界农业协同发展，通过实施重大项目开发、园区平台建设、农产品加工、农业科技创新、市场品牌打造等方面的战略合作，促进城乡要素资源合理流动和高效配置，聚力打造现代农业区域协作的高水平样板，率先在西部地区实现农业农村现代化。

2. 区域合作走深走实

川渝城市之间的农业合作持续拓展。比如，内江荣昌现代农业高新技

---

① 《共建成渝现代高效特色农业带第四次推进会议在四川省开江县召开》，潇湘晨报百度百家号，https://baijiahao.baidu.com/s? id = 1722276298566057777&wfr = spider&for = pc，2022年1月18日。

术产业示范区是唯一一个以农牧高新为主的川渝毗邻地区功能平台，依托西南大学、重庆市畜牧科学院、内江农科院等科研院校和国家生猪大数据中心、国家生猪技术创新中心等国家级平台，规划布局国家畜牧科技城、现代农业产业示范园、省级农业合作园区和多个特色优势农产品生产基地。四川省遂宁市和重庆市潼南区农业部门签署《关于推动遂潼农业农村领域一体化发展协议》，建立农业合作联席会议、农业信息资源共享、农产品展示展销及项目投资促进等机制，共同建设川渝乡村振兴遂潼合作示范区、成渝地区"菜园子"和"果园子"，推动"遂宁鲜""潼南绿"等区域公共品牌整合营销。重庆市九龙坡区农业农村委与成都市新都区农业农村局、水务局签署合作协议，在农商文旅体融合发展、深入推行农村产权制度改革、打造都市精品农业、建设美丽宜居乡村等方面开展合作。

四川省有关部门还出台了多份省内城市间有关农业协同合作和优化布局的政策规划。比如，2021年9月，四川省委农村工作领导小组印发《成德眉资都市现代高效特色农业示范区总体规划》，提出构建协同体系、升级产业体系、稳定成德眉资"米袋子""菜篮子"供应体系、实施区域特色农产品全球价值链战略等具体抓手，协同打造"世界美食文化之都""中国休闲农业之都"。

案例1-5　重庆市江津区：推动泸永江融合发展示范区现代高效特色农业产业集群共融发展

重庆市江津区、永川区和四川省泸州市毗邻，该区域是成渝地区双城经济圈重要的农林产品加工基地，粮油、水果、畜牧、林竹等产业优势明显。泸永江融合发展示范区也因此成为川渝毗邻地区合作共建区域发展功能平台的重点项目。

近年来，重庆市江津区农业取得长足发展，主要农产品供给充足、保障有力，现代农业产业体系、品牌体系日趋完善，被评为"全国硒资源变硒产业十佳地区""中国特色农产品优势区""全国农村一二三产业融合发展先导区""全国农村产业融合发展试点示范区"等，以花椒为主导产业的重庆市（江津）现代农业园区①成功被认定为国家现代农业产业园，辖区内的先锋镇、吴滩镇成功入选"国家农业产业强镇"。图1-8为江津江记农庄高粱基地。

图1-8　江津江记农庄高粱基地

（供图：重庆市江津区发展改革委）

泸永江融合发展示范区建设启动后，江津区建立规划融通、种苗融育、技术融享、品牌融创、渠道融建、效益融赢的"六融"机制，与泸州市、永川区联合实施"江津花椒、永川秀芽、合江荔枝"国家地理标志保护工程，提升"一江津彩"区域公用品牌知名度，协同共建"中国富硒产业发展高地"②"全国花椒和调味品产业聚集地""中国白酒金三角""巴蜀鱼米之乡""荔枝龙眼特色水果出口示范基地""泸永江现代农业合作示范园"。

---

① 重庆市（江津）现代农业园区距江津主城15分钟车程、距重庆40分钟车程、距江北国际机场1小时车程，涵盖面积44.5万亩，涉及6个镇、27个村，以花椒为主导产业，创新推出全产业链科技中试、建立全国首家花椒银行、搭建花椒大数据平台等举措，建成"生产＋加工＋科技＋品牌"的现代农业产业集群。

② 江津是全国唯一的"大城市城郊型天然富硒区"，2021年江津富硒产值突破100亿元，农业总产值和增加值连续多年位居全市第一，走出了一条乡村振兴的"硒"望之路。

以荔枝产业为例，泸州市合江县是"中国晚熟荔枝之乡"，有2000多年的荔枝栽培历史，"带绿"荔枝荣获北京奥运水果评选一等奖、林博会金奖、"中华名果"称号，现有荔枝栽种面积30.6万亩，挂果荔枝近14余万亩，常年产量超2000万公斤。江津区与合江县接壤，地理气候适合种植晚熟荔枝。江津区农业农村委出台荔枝产业专项规划，与合江县农业农村局签署合作协议，在产业发展、品牌打造、产销对接、人才交流等方面加强合作，协同推动两地荔枝的种植、加工、冷链物流等全产业链升级。

农业科教领域的合作积极推进。比如，在川渝两省市的教育、农业农村部门指导下，重庆三峡职业学院、成都农业科技职业学院、四川现代农业职业教育集团等50多家农业类职业院校、科研院所、企业共同发起成立成渝地区双城经济圈现代农业产教联盟。重庆市农科院、四川省农科院等机构联合发起成立成渝地区双城经济圈农业科技创新联盟。西华大学与西南大学战略合作，开展丘陵山地智能农机装备、"川菜渝味"食品等联合技术攻关和成果转化应用。

3. 加快建设成渝现代高效特色农业带合作示范园区

合作示范园区是成渝地区双城经济圈跨行政区域农业合作的重要载体。2021年6月，川渝两省市政府部门启动建设首批成渝现代高效特色农业带合作示范园区，包括四川省达州市开江县和重庆市梁平区共建的稻渔园区、四川省内江市隆昌市和重庆荣昌区共建的生猪和粮油园区、四川省资阳市安岳县与重庆大足区共建的粮食和中药材园区。

案例1-6 "开梁"合作共建稻渔园区：打造成渝地区双城经济圈特色水产养殖示范带

重庆市梁平区礼让镇鱼塘、稻田纵横交错，宛如"江南水乡"的田园美景非常适合发展休闲渔业。按照"渔业园区化，园区景区化，农旅融合助推乡村振兴"的发展思路，经过多年建设，以"川西渔村"为品牌，礼让镇已建成6000多亩集良种繁育、养殖加工、休闲观光、餐饮娱乐等于一体的休闲渔业示范园区，带动3000多户农民增收致富。

2021年四川省达州市第五次党代会明确提出支持开江县建设万达开区域次级交通枢纽，打造"成渝远方·田城开江"。近年来，开江县按照国家现代农业产业园区、乡村振兴示范区、4A级乡村旅游景区、国家农业绿色发展先行区、川渝毗邻地区共同富裕先行示范区"五区合一"原则，将地形和产业相近的5镇67村460平方公里农地整体连片规划，深度开发农村丘陵区水田资源，发展"稻田＋"农业循环经济，累计整合投入资金10.06亿元，建成稻渔产业核心区7.6万亩，同时正加快建设稻渔之窗微田园综合体和水产品精深加工园。2021年综合产值突破28亿元，带动发展各类新型经营主体2000余个，常年吸纳1.46万名农村劳动力就近就业，园区人均年收入达2.55万元，比全县平均水平高出32.7%，"鱼米之乡·虾蟹之都"正成为开江县的城市名片。

长期以来，川渝地区水产消费市场供不应求，小龙虾、大闸蟹等特色水产多依赖外省进口。开江县与梁平区相距70公里，仅一河之隔，山水相依、田园相连、人文相亲，合作共建稻渔园区，市场前景广阔。开江县、梁平区两地政府共同编制出台《开江·梁平成渝现代高效特色农业带合作园区建设总体规划（2021—2024）》，以"川越梁平·渝见开江"为形象定位，在开江县任市镇和梁平区新盛镇共建8万余亩稻渔合作园区。

两地政府建立分管领导主抓的联席会议制度，着力政策互通、科技互融、信息共享、品牌共建、产业互补，建立紧密型"政产研用"联合体，依托开江现有的稻鱼、稻虾、稻鳝、稻鸭、稻蚌、稻蛙六大优势产业，在两地大力推广种养结合、生态循环、轮作倒茬、间作套种等模式，运用"政府基础投入引导＋运营商提供要素支撑＋创业主体发展效益单元"运营机制，在优质粮油、水产关键技术、"名特稀"优良种质资源、冷链物流、精深加工、新产品开发、电子商务等稻渔全产业链开展全方位合作，带动区域经济、合作社、农户等共同发展。图1-9为开江县稻渔现代农业园区。

图1-9　开江县稻渔现代农业园区

（供图：川观新闻）

三　成渝地区双城经济圈建设现代高效特色农业带面临的主要挑战

1. 全域农业亟待向"优、绿、特、强、新、实"全面提升

重庆集大城市、大农村、大山区、大库区于一体的特殊市情决定了区域、城乡发展差距明显，部分地区现代高效特色农业产业链条不完整，农业机械化水平、乡村数字化水平、农业科技进步贡献率有待进一步提升。四川距农业强省仍有一定差距，部分地区农田基础设施薄弱，已建成的高标准农田仅占全省耕地面积的44.6%，有效灌溉面积和宜机作业高标准农田占比较低，一些地区农业"靠天吃饭"的局面未能得到根本改变，2020

年农产品加工业产值与农业总产值之比为 1.9：1，低于全国 2.2：1 的平均水平。

2. 乡村振兴短板制约农业现代化发展

成渝地区双城经济圈内革命老区、民族地区、边远农村、易地扶贫搬迁地区等的经济内生发展动力亟待加强，防止脱贫群众返贫工作依然面临较大压力，巩固拓展脱贫攻坚成果与乡村振兴有效衔接需要精准施策并建立长效机制。城乡要素交换不平等、公共资源配置不均衡等制约城乡融合发展的体制机制障碍依然存在，农村用地难、贷款难、人才缺乏等问题依然突出，资本、人才留在乡村、流向乡村的机制还不健全。受国内外农产品价格波动影响，生猪等涨幅较大的品种价格逐渐回落，造成生产配置与价格波动失衡，部分农业主体面临较大损失。不少村集体经济组织的经营带动能力不足，农民持续增收缺乏新的支撑和动力，制约农民共同富裕的体制机制障碍还未完全消除，为现代高效特色农业发展带来严峻挑战。

3. 现代高效特色农业协同发展机制亟待健全完善

成渝地区双城经济圈中不少城市农业发展面临山地丘陵占比高、土地细碎分散、农村劳动力老龄化加速等现实困难，转型现代高效特色农业成为共同的战略任务。但是受制于区域农业生产率偏低、农业现代化装备和农产品市场竞争力不足、财政支农和金融支农增幅有限，加之川渝部分地区还存在资金、土地、人才等要素难以双向流动，对接协调长效机制不健全，部分合作项目效益不明显等问题，在农业整体比较优势不显著的现实下，甚至出现地方保护主义和恶意竞争，"成渝地区农业竞争大于合作"成为一些市场主体、农户的固化狭隘认识。

四 成渝地区双城经济圈建设现代高效特色农业带对策建议

基于重点行业、园区、项目协同发展、联动发展的原则，加快推动部省市共建成渝现代高效特色农业带，建立地方政府、行业协会、市场主体之间的协同推进工作长效机制，加快构建一体融合的要素网络和产业体系、生产体系、经营体系，促进现代高效特色农业串点成线、连线成片、扩片成带。

1. 打造成渝优势特色农业产业集群

在川渝平坝和浅丘地区加快建设国家优质粮油保障基地，打造生猪生产基地、渝遂绵优质蔬菜生产带、优质道地中药材产业带、长江上游柑橘产业带、安岳－潼南柠檬产业区、渝南绵广蚕桑产业带、长江上游渔业产业带、全球泡（榨）菜出口基地等国家级产业集群，构建"一轴三带四区"①空间格局，推动川渝毗邻地区联合打造现代农业合作示范园区，引导两地市场主体组建农业产业化联合体、行业协会、产业联盟等协同协作体，提升粮油、肉制品、调味品、菌类、水果、优质白酒、林竹产品等川渝特色农业的国内外竞争力。

2. 加强成渝农业科技协同合作

推动有关地方政府、农业部门、产业载体、市场主体协同共建现代农业高新技术产业示范园区、大数据信息平台，实现要素资源共建共享共用。推动具备基础条件的城市与涉农高校、科研院所、学术团体、重点企业、行业联盟等共建农业科技创新与技术转移服务中心、西南特色作物种质资源库、西部农业人工智能技术创新中心、国家现代农业产业科技创新中心、蚕桑丝绸科技创新联盟、丘陵山区农业装备研发中心、农作物重点实验室等重大创新平台，联合实施区域性农业重大"产学研用"项目。

3. 联动拓展农产品市场

建立成渝地区双城经济圈统一的农产品质量安全追溯网络，联合打造"川菜渝味"等区域公用品牌、地理标志农产品和特色农产品品牌，形成

---

① "一轴三带四区"："一轴"，建设成渝主轴现代高效特色农业一体化发展示范；"三带"包括沿长江现代高效特色农业绿色发展示范带、沿嘉陵江现代高效特色农业转型发展示范带、渝遂绵现代高效特色农业高质量发展示范带；"四区"包括重庆主城都市区都市现代高效特色农业示范区、成德眉资都市现代高效特色农业示范区、渝东北川东北现代农业统筹发展示范区、川南渝西现代农业融合发展示范区。

质量和品牌双轮驱动的优势特色农产品体系。依托中欧班列（成渝）、西部陆海新通道等国际铁路联运大通道，以及长江黄金水道、航空物流通道，完善农产品冷链物流体系，强化农产品分拣、加工、包装、预冷等一体化集配设施建设，建设成渝地区农产品进出口分拨中心、渝西川东农产品集散中心以及自贡等国家骨干冷链物流基地，联合举办川渝特色农产品交易会、中国西部（重庆）国际农产品交易会等线上线下展会，促进成渝地区双城经济圈农产品"货通全球"。推进成渝地区农产品、农资品牌连锁经营，大力发展农村电商，建设一批重点网货生产基地、产地电商专区和直播带货基地。

第4节 成渝地区双城经济圈现代服务业协同发展主要成效、面临挑战和对策建议

当前，现代服务业正经历新技术、新业态、新模式革命，区域经济增长已日益转向更多依靠稳促扩升消费和服务业提速增量驱动。四川和重庆是西部地区服务业规模最大的省级行政区，2021 年，四川省服务业增加值为 2.83 万亿元（全国省区市排名第八位），比上年增长 8.9%；重庆市服务业增加值为 1.48 万亿元，比上年增长 9.0%，两地服务业占全国的比重提升到 7.07%（2020 年为 6.98%）。因此，发挥川渝两省市 4.31 万亿元的服务业体量和辐射超 4 亿人口的超大内需市场优势，共建全国重要的现代服务业高地，对于成渝地区双城经济圈协同建设现代产业体系具有重要的"压舱石"和"主引擎"作用。

一 川渝现代服务业发展现状

1. 四川省现代服务业发展现状

近年来，四川省加快构建"4＋6"现代服务业体系和服务业"1＋8＋N"区域协同发展布局，服务业的支柱产业地位持续加固。2020 年，商业

贸易、现代物流、金融服务、文体旅游四大支柱型服务业增加值突破 1 万亿元，占全省服务业的 45% 左右；科技信息、商务会展、人力资源、川派餐饮、医疗康养、家庭社区六大成长型服务业增加值突破 5000 亿元，占全省服务业的 20% 左右。成都市服务业核心功能、消费资源集聚能力进一步增强，服务业增加值占全省的比重上升至 45.7%，8 个区域性服务业中心城市（绵阳、宜宾、达州、广安、泸州、乐山、南充、凉山）服务业增加值占全省的比重达 31.9%；服务业对全省经济增长的贡献率达 42.5%，服务业税收收入占全省税收收入的 62.4%，服务业城镇新增就业人数占全省城镇新增就业人数的 70.1%，服务业市场主体占全省市场主体户数的 89.1%。

2. 重庆市现代服务业发展现状

近年来，重庆服务业成为全市经济增长的主要动力，尤其是现代服务业成为全市经济迭代升级的重要引领、产业优化布局的重要方向、市场主体集聚和品牌创造的重要领域。2020 年，全市服务业增加值占地区生产总值的比重上升至 52.8%，税收收入占全市税收总额的比重达 61.9%，服务业就业人员占全市就业人数的比重达 52.3%，服务业市场主体占全市市场主体的 74.3%。2020 年有 23 家企业入选中国服务业企业 500 强，数量位列西部第一。

重庆主城都市区服务业增加值占全市的比重超过 80%，以金融保险、软件信息、研发设计、文化创意、高端商务等为特色的现代服务业快速发展；渝东北三峡库区城镇群和渝东南武陵山区城镇群大健康、大旅游等现代服务业快速成长。中国（重庆）自由贸易试验区建设、跨境电子商务综合试验区建设、深化服务贸易创新发展试点、国家服务业综合改革试点等重大改革事项有序推进，在服务业体制机制探索创新、服务业新业态融合发展等方面取得积极成效。

二 成渝地区双城经济圈现代服务业协同发展主要成效

1. 加速推进建立统一的人力资源市场体系

2020 年以来，川渝两省市人社部门签署《共同推动成渝地区双城经济圈建设川渝人力资源和社会保障合作协议》《成渝地区双城经济圈建设川渝两地统一人力资源市场准入管理协议》等 10 多个合作协议，建立联席会议制度、走访座谈机制和重点任务清单，在经营性人力资源服务机构行政许可互认、分支机构设立、从业人员资格互认、人力资源市场协同监管、人才公共服务等领域建立数据共享、业务协同、融合发展、服务延伸等合作机制。

2021 年 7 月，人力资源和社会保障部与重庆市人民政府、四川省人民政府共同签署《推动成渝地区双城经济圈建设深化人力资源社会保障战略合作协议》，重点聚焦"促进产业、人口及各类生产要素合理流动和高效集聚，强化公共服务共建共享"，三方在健全有利于更加充分更高质量就业的促进机制、建立普惠共享的社会保障体系、推动人力资源高效配置、打造技能巴蜀高地、构建和谐劳动关系、提升便捷公共服务能力等方面深化合作。而后，川渝两省市人社部门联合印发部省市战略合作协议任务分解表，建立"1 + 1 + N"的部、省市、市县（区）三级联动合作模式。到2021 年底，川渝人社系统累计签署涵盖就业创业、社会保障、人力资源、技能人才、劳动关系、公共服务等领域的合作协议 106 个。

2020 年 4 月，成都人力资源服务产业园和重庆人力资源服务产业园签署《成渝地区双城经济圈人力资源协同发展战略合作框架协议》。2020 年7 月，成渝地区双城经济圈内国家级和省级人力资源服务产业园运营管理单位联合组建人力资源服务产业园联盟，在园区建设、企业招商与服务、人才培育与引进、产业政策扶持、行业理论研究和标准制定、对外交流合作等方面加强深度合作。到 2021 年底，有关机构共同举办"智汇巴蜀"人力资源论坛、西部 HR 能力大赛暨全国人力资源服务大赛川渝选拔赛等20 余项活动，累计为川渝两省市 500 余万人次提供就业信息服务，为 210万人提供技能培训服务。

川渝市区层面的人力资源服务合作也在持续推进。例如，南充市是四川省第二人口大市，人力资源丰富，拥有城乡劳动力 478 万人，技能人才突破 52 万人；拥有高等院校 7 所、在校学生达 10 万人以上。南充市人社局和顺庆区人民政府共同建设川渝（南充）人力资源服务产业园，集产业聚集、入驻服务、企业孵化、人才汇聚、公共服务、党建服务六大功能于一体，与成都人力资源服务产业园、重庆人力资源服务产业园签署战略合作协议，引进省内外知名人力资源服务企业、国内知名猎头公司落户，推动建设川东北人力资源协同振兴发展试验区。

2. 川渝加强全方位物流业合作

2020 年 7 月，川渝两省市政府口岸和物流办公室签署《成渝地区双城经济圈口岸和物流合作备忘录》《川渝国际贸易"单一窗口"合作协议》，在机制建设、规划协同、战略通道、水运物流、客货运航空、公路物流、口岸建设、区域物流协同、物流产业等方面加强合作。2022 年 3 月，川渝两省市政府办公厅联合印发《共建成渝地区双城经济圈口岸物流体系实施方案》，双方在统筹推进区域口岸物流联网运行、培育提升区域口岸物流经济发展动能、合作开展口岸物流设施建设运营、优化区域口岸物流协同发展环境四个方面协同建设高度一体化的现代口岸物流体系，力争到 2025 年，川渝两省市社会物流总产值达到 14 万亿元。

成渝地区双城经济圈港口物流合作加快推进。比如，2016 年，重庆港和宜宾港联合开行重庆—宜宾集装箱公共支线班轮，聚集腹地集装箱到港中转。2017 年，重庆港、宜宾港与上海港共同出资成立宜宾港国际集装箱码头有限公司，推动长江上中下游航运物流联动发展。2020 年，重庆港和宜宾港进一步战略合作，共同开发川滇黔三省结合部区域市场，打造干支联动、江海直达的航运体系。重庆珞璜港是集水路、铁路、公路于一体的综合交通枢纽型港口，与雅安无水港战略合作，构建水铁公多式联运体系，联手打造川西商品走向全球市场、国外商品进入成都都市圈及川西市场的重要枢纽。

成都和重庆的航空客流量均居全国城市排名前 10 位，航空物流协同发展成效良好。例如，2020 年 5 月，成都市双流区政府和重庆市渝北区政府签署《关于共同推动成渝地区双城经济圈建设缔结协同发展友好城市合作协议》，在航空枢纽共建上强化合作，促进两地货物贸易便利化，协同推进航空经济核心产业强链、补链。四川省资阳市则利用地处成渝中部的区位优势，与重庆市潼南区、大足区、铜梁区战略合作，依托成渝中线高铁（资阳到铜梁）、成资渝高速公路两条川渝两省市联通的距离最短铁路、公路，连接成都天府国际机场和重庆江北国际机场，构建集航空、铁路、公路于一体的现代物流网络体系。

川渝大型物流企业合作持续拓展。例如，重庆港务物流集团与四川省港航投资集团战略合作，合资组建川渝港航物流公司，利用长江、嘉陵江、沱江等干支流水道，以果园港、万州港、宜宾港、泸州港等主要港区为节点，合力构建铁水、水水联运通道，在港口运营、多式联运、通道开拓、全程物流、供应链金融等方面广泛合作，共同打造长江上游航运中心。重庆长安民生物流公司与一汽物流公司合作，共享自有的运输资源，合作打造商品车整车物流对流业务，运输长安品牌汽车的运输车从重庆启程，至成都及附近区域短驳到4S店，再运输一汽品牌的汽车从成都返程至重庆短驳到4S店或港口，相较于传统非对流的物流模式，其运输成本降低10%以上，等待装配时间缩短40%以上。

3. 川渝合作打造会展经济产业带

随着成渝地区双城经济圈产业、民生等各领域合作的不断升温，川渝会展产业的协同发展也在加快推进。同时，由于新冠肺炎疫情的影响，不少会展项目被迫缩小规模、延期、取消，会展业抱团合作成为行业自救和重振的主流。2020年8月，2020成渝地区会展业创新发展大会发布《成渝地区会展业合作发展倡议书》，并成立成渝地区会展联盟，提出共建成渝对外开放机制、共享成渝展会优势资源、共推成渝展会优质品牌、共同践行绿色会展办展理念、共育成渝展会优秀人才五项合作倡议。

近年来，成渝地区双城经济圈相关政府部门、会展企业、社会组织签署了有关会展业对接合作、协同发展的多项协议。比如，四川国际博览集团有限公司与重庆市商务委员会、四川天府新区文创和会展局与重庆两江新区现代服务业局、成都新东方展览有限公司与重庆日报报业集团文化会展公司等机构分别签署了会展业或者相关展会的合作协议。

值得关注的是，作为成渝地区双城经济圈的"双核"，重庆和成都均提出了打造国际会展之都的战略目标，会展业重点合作项目也主要在两市落地。比如，2021 年 8 月，重庆两江新区·四川天府新区会展产业旗舰联盟成立，凡是在成渝地区双城经济圈登记注册的会展业相关企事业单位、商协会均可申请成为联盟会员，共享上下游资源。位于四川天府新区的中国西部国际博览城和位于重庆两江新区的悦来国际会展城分别是川渝两省市最大的会展场馆，双方战略合作的重点为相互注入优质会展资源，共同争取国家级、国际性展会活动落户，做大有关会展项目的规模和扩大影响力。以成渝地区双城经济圈为主题的品牌会展项目见表 1 - 2。

表 1 - 2　以成渝地区双城经济圈为主题的品牌会展项目

序号	会展名称	主办单位	举办情况
1	首届成渝地区双城经济圈发展论坛	四川省社科联、重庆市社科联、西南财经大学、四川天府新区成都管理委员会、重庆两江新区管理委员会、成都市社科联	2020 年 6 月在成都召开
2	推进川渝毗邻地区一体化发展·成渝地区双城经济圈建设高端论坛	四川省社会科学院、重庆社会科学院、四川省遂宁市委市政府、重庆市潼南区委区政府	2020 年 7 月在重庆召开
3	2020 成渝地区会展业创新发展大会	四川国际博览集团有限公司、重庆悦来投资集团有限公司	2020 年 8 月在成都召开
4	2020 重庆英才大会·成渝地区双城经济圈暨西部科学城高峰论坛	中共重庆市委、重庆市人民政府	2020 年 11 月在重庆召开
5	2020 年成渝地区文化和旅游公共服务及产品采购大会	四川省文化和旅游厅、重庆市文化和旅游发展委员会、成都市文化广电旅游局	2020 年 11 月在成都召开

序号	会展名称	主办单位	举办情况
6	成渝经济圈（南充）首届进出口商品展示展销会	中共南充市委、南充市人民政府	2021 年 1 月在南充召开
7	成渝地区双城经济圈高校论坛	西南财经大学、重庆工商大学	2021 年 4 月在成都召开
8	首届川渝住房城乡建设博览会	四川省住房和城乡建设厅、重庆市住房和城乡建设委员会	2021 年 6 月在成都召开
9	中国（成渝）美食工业博览会	食品行业生产力促进中心	2021 年 6 月在重庆召开
10	2021 中国（西部）电子信息博览会	成都市经济和信息化局、成都市博览局	2021 年 7 月在成都召开
11	第 9 届四川国际健康和养老产业博览会暨首届成渝地区双城经济圈国际健康旅游博览会	四川省供货商商会、四川省市场营销协会	2021 年 9 月在成都召开
12	2021 成渝地区双城经济圈消费与发展论坛	四川省保护消费者权益委员会、重庆市消费者权益保护委员会	2021 年 9 月在内江召开
13	2021 成渝经济圈表面工程博览会	重庆市电镀行业协会、重庆市涂料涂装行业协会、重庆表面工程协会、重庆表面工程技术学会、四川省表面工程行业协会、成都表面工程行业协会	2021 年 10 月在重庆召开
14	2021 首届成渝双城经济圈制造业博览会	中国机械工业联合会、四川省机械工业联合会、成都市工业经济联合会	2021 年 9 月在成都召开
15	成渝地区双城经济圈建设与数字经济高质量发展高峰论坛	重庆市社科联、重庆市经济信息中心	2021 年 10 月在重庆召开
16	2021 未来汽车技术展暨成渝汽车供应链博览会	重庆汽车工程学会、重庆市轻量化材料产业联盟、重庆市增程式新能源（智能网联）汽车产业技术创新联盟	2021 年 11 月在重庆召开
17	粤港澳大湾区与成渝地区双城经济圈建设对接交流论坛	四川省委统战部、重庆市委统战部、四川省港澳办、四川省经济合作局、广东省工商联、四川省工商联、重庆市工商联、粤港澳企业家联盟、四川省香港商会	2021 年 11 月在成都召开

序号	会展名称	主办单位	举办情况
18	首届中国成渝国际体育博览会暨 2021 重马体博会	重庆市南岸区文化旅游委（体育局）、重庆市南岸区体育发展中心、重庆市巴南区体育局	2021 年 11 月在重庆召开
19	成渝地区双城经济圈新电商发展交流暨电商助农资源对接会	四川省商务厅、重庆市商务委员会、成都市商务局	2021 年 12 月在成都召开
20	成渝地区双城经济圈交通发展高峰论坛	重庆交通大学	2021 年 12 月在重庆召开
21	2022 成渝汽车科技与供应链博览会暨重庆汽车行业第 34 届年会	重庆汽车工程学会、重庆市轻量化材料产业联盟、重庆市增程式新能源（智能网联）汽车产业技术创新联盟、长安汽车、小康集团、上汽红岩、长安福特、庆铃汽车	2022 年 3 月在重庆召开

在成都举办的中国西部国际博览会（以下简称"西博会"）是重庆深化与四川在经贸、文化、旅游等方面务实合作的重要平台。在 2021 年的西博会上，重庆设立了城市综合形象展示馆，设置了"重庆智造""重庆魅力""重庆味道"三个内容板块，集中展示汽车、摩托车、医药等重庆的先进制造技术和优势产品，以及具有代表性的老字号和名特优企业，是历年来重庆参展参会规模最大的一次。在同年于重庆举办的第三届中国西部国际投资贸易洽谈会上，四川作为主宾省，也派出了规模最大的代表团参会。

4. 川渝共建西部金融中心成效初显

近年来，川渝两省市的金融业总规模已领先西部地区。2020 年，重庆市和四川省的本外币存贷总规模居西部地区省级行政区的前两位，贷存比超过 80%；四川社会融资规模新增 1.43 万亿元，居西部省区市第一位；重庆为 0.81 万亿元，创历史新高。重庆、成都金融业的支撑和辐射作用显著，两市共有银行、证券、保险等金融机构近 1000 家，网络小贷、商业保理、股权投资等创新型金融机构 2000 余家；金融要素市场较为发达，涉及土地、能源等领域的要素交易机构合计有 25 家；2020 年金融业增加值在全国主要城市中排名第五和第六，均超过 2000 亿元。同时，重庆、成都还承担了跨境人民币结算、投融资便利化、外汇管理、农村土地交易、离岸金融结算、金融标准制定、军民融合金融服务、数字货币试点、民营和小微企业金融综合服务等多项国家金融改革试点工作。

相较于北京、上海、深圳、广州等国际金融中心，重庆、成都尚缺乏引领性的金融要素和软硬件条件支撑，且存在市场分割、同质竞争等挑战，因此，发挥重庆、成都"双核"的"领头羊"作用以及川渝两省市的比较优势，共同塑造优势互补、错位协同的金融生态圈，协同共建西部金融中心，成为成渝地区双城经济圈高质量发展的关键支撑。

2021年12月，中国人民银行等6部门与重庆市人民政府、四川省人民政府联合印发《成渝共建西部金融中心规划》，明确了共建西部金融中心的"六体系一基础"政策框架，从金融机构组织体系、金融市场体系、金融服务体系、金融创新体系、金融开放体系、金融生态体系、金融基础设施七个方面提出28项具体政策措施。同月，国家外汇管理局批复在成都、重庆开展外债便利化试点，这是全国实施的首个跨区域外债便利化试点，极大便利了符合条件的企业在成渝地区双城经济圈跨区域办理跨境融资、跨国公司跨境资金集中运营业务。

2021年12月，重庆市金融监管局和成都市金融监管局签署《共建西部金融中心合作协议》，重点合作事项涵盖共同打造具有竞争力的金融机构体系、共同构建具有区域辐射力的金融市场体系、共同构建支持高质量发展的现代金融服务体系、共同建设法治透明高效的金融生态体系、共同推动金融基础设施互联互通五大领域。

川渝两省市人民银行分支机构建立联合工作机制，共同制定出台金融服务成渝地区双城经济圈高质量发展联合工作项目清单、金融支持川渝毗邻地区跨省域示范区发展指导意见等一揽子政策支持举措，积极推动两地的金融政策协同、服务平台互通、项目融资共同对接，联合推动外汇管理等领域的改革创新，携手推进征信、支付、现金服务等基础金融服务一体化。截至2021年12月末，川渝毗邻地区各市县（区）各项贷款余额共计

2.91 万亿元，同比增长 13.07%；川渝两省市金融机构对 67 个跨区域合作共建重大项目贷款余额共计 341.37 亿元。

2022 年 2 月 28 日，第十三届全国人民代表大会常务委员会第三十三次会议通过《关于设立成渝金融法院的决定》（以下简称《决定》），该决定自 2022 年 3 月 1 日起施行。成渝金融法院定址重庆市渝中区。从管辖范围来看，根据该《决定》，成渝金融法院将专门管辖重庆市范围内，以及四川省属于成渝地区双城经济圈范围内的应由中级人民法院管辖的部分金融民商事和涉金融行政案件。成渝金融法院是继上海金融法院、北京金融法院之后的中国第三家专门的金融法院，将成为中国跨区域合作、"一带一路"金融、绿色金融争端解决等的法律基石。

2022 年两会期间，川渝两省市全国政协委员联名提交《关于支持成渝共建西部金融中心的提案》，提出五个方面的建议：一是建立中央层级的统筹协调机制，参照上海国际金融中心建立由国务院领导牵头的统筹协调机制，在人民银行设立办公室，协调推动各项建设工作；二是在成渝地区布局重大金融基础设施、重要金融机构；三是支持推动成渝地区金融市场和监管区域一体化；四是积极在成渝地区推动金融开放创新；五是加大对西部金融中心建设的人才支持力度。

川渝地区间金融合作也在积极探索。例如，到 2021 年末，重庆两江新区共有金融机构 547 家，四川天府新区落户金融机构 692 家，两江新区和天府新区联合发起成立现代金融产业旗舰联盟，引导两地金融机构跨区域联动发展。重庆市江北嘴中央商务区投资集团有限公司、成都天府新区投资集团有限公司、重庆市江北嘴股权投资基金管理有限公司、成都天府创新股权投资基金管理有限公司联合发起设立成渝双城经济创新发展基金，重点投向成渝地区双城经济圈的科技创新、医疗健康、消费升级、金融科技等领域。

川渝金融机构之间的深度合作也在持续开展。比如，重庆银行与成都银行签署《共同服务成渝地区双城经济圈建设加强全面战略合作框架协议》，在银团贷款、小微金融、贸易结算及融资业务、客户推介、同业授信、债券业务、理财业务、柜面互通、按揭贷款、渠道共享等方面展开合作，共享营业网点资源，为当地居民提供更加便捷的金融服务。重庆银行已支持京东方第六代 LED 生产线、自贡高铁东站等成渝地区双城经济圈重大项目建设，完成信贷投放超千亿元。成都银行聚焦成渝地区双城经济圈重点项目建设、区域现代产业体系构建、战略性新兴产业发展等领域，深入推进渠道机制建设与产品服务创新，创设"一圈一区一方案、一园一企新服务"金融服务模式，近年来先后为中电熊猫、北京吉利学院、中石化川西气田、通威太阳能光伏产业基地等区域类重大招商引资项目提供 150亿元信贷支持。

重庆农村商业银行与四川省农村信用社联合社建立战略合作，构建领导会晤、联席会议、对口联系等机制，加强银团贷款、金融科技、渠道建设等合作，加大对成渝地区双城经济圈重大项目的金融支持力度，紧扣"农"字开展产品服务创新，推动分支机构在川渝两省市互设，金融新型资质牌照合作申报，选派管理人员、骨干人员到对方驻地交流学习。

成都交子金控集团、重庆渝富控股集团、四川发展产业引导股权投资基金管理公司等 10 家川渝国企联合发起设立成渝地区双城经济圈发展基金，在中国证券投资基金业协会完成备案。这是全国首支以"成渝地区双城经济圈"命名的基金，聚焦集成电路、智能制造、新型显示、新材料、新能源、生物医药、大健康等战略性新兴产业及智慧城市、新基建等领域进行投资布局。该基金采取母子基金联动的方式运作，母基金首期规模为50 亿元，并通过成立行业子基金、区域子基金、并购子基金等多种方式，形成 300 亿元的基金集群。

中国银行与重庆市政府签署《成渝地区双城经济圈建设全面战略合作协议》，出台《中国银行支持成渝地区双城经济圈建设行动方案》；中国银行重庆市分行与四川省分行共同制定发布《推动支持成渝地区双城经济圈建设共同行动纲领》，共同成立专门工作小组，促进客户互荐、资源共享，到 2022 年 3 月，两家分行为川渝合作共建重大项目提供融资支持共计 30.5 亿元。

三 成渝地区双城经济圈现代服务业协同发展面临的主要挑战

总的来看，相较于东部发达地区，成渝地区双城经济圈现代服务业尚面临规模和结构瓶颈。比如，川渝两省市 2021 年国民经济和社会发展统计公报有关数据显示，四川和重庆的服务业增加值占地区生产总值的比重分别为 52.5% 和 53%，比全国平均水平分别低 0.8 和 0.3 个百分点。《四川省"十四五"服务业发展规划》有关数据显示，2020 年四川生产性服务业占全省服务业的比重为 37%，低于全国平均水平约 10 个百分点。除了重庆和成都的中心城区外，一些城市的经济综合实力和竞争力相对不强，产业结构不尽合理，基础设施、科技创新、要素市场、营商环境等对服务业发展的制约明显，适应高质量发展要求的服务业体制机制不健全，适应新业态新模式发展的监管环境有待优化；一些地区生活性服务供给不能满足高端、个性、品质、分众消费需求，亟待加快供给侧结构性改革。

一些地区的现代服务业市场竞争力不强，区域、城乡差距较大。比如，重庆和成都集中了大部分服务业市场主体，但规模以上企业较少，仅有 33 家川渝企业入选中国企业联合会、中国企业家协会发布的"2020 年中国服务业企业 500 强"，多数中小企业以服务本地市场为主，缺乏跨区域合作的实力和经验。由于深处内陆地区，部分地区物流节点的空间布局和出境出海物流通道尚不完善，货运结构不尽合理，公路运输占比接近 90%（浙江、江苏等发达地区为 60% 左右），水路、铁路运输仍需加速发展。运输通道的限制导致跨区域、跨行业、引领性强的大型龙头物流企业较少，截至 2019 年底，川渝两省市拥有国家 A 级物流企业共计 327 家，与浙江（710 家）、广东（374 家）等发达省份差距较大。①

---

① 《关于加快推进成渝地区双城经济圈物流一体化发展的建议》，重庆人大门户网站，ht-tps://www.cqrd.gov.cn/jydetail? id = 9949。

另外，近年来，国际贸易投资环境深刻变化，新冠肺炎疫情全球流行、贸易保护主义升级，世界经济复苏面临更大的不确定性，这给成渝地区双城经济圈跨境贸易投资、国际交流交往等服务业的对外开放带来了严峻挑战。

四　成渝地区双城经济圈协同培育发展现代服务业对策建议

成渝地区双城经济圈各级政府部门要把做大做强现代服务业作为产业结构调整升级的重要方向，协同推动生产性服务业向专业化和价值链高端延伸、生活性服务业向高品质和多样化升级，加强服务业的标准化、品牌化建设，共建全国重要的现代服务业高地。

1. 推动现代服务业和先进制造业的协同融合发展

建设成渝地区双城经济圈先进制造业专业服务平台，完善研发设计、产业支撑技术和共性技术供给、协同制造、供应链管理、信息服务、金融服务等领域的公共服务。引导制造企业延伸服务链条、发展服务环节，向专业化、协同化、智能化的服务型制造转型，深化与产业链上下游企业和供应链网络各主体的合作。鼓励电子信息、汽车、装备制造等优势产业集群内的制造业龙头企业、生产性服务业领军企业双向进入服务型制造领域，打造面向特定制造领域、围绕产业链布局的服务型制造网络。推动工业设计、人力资源服务、电子商务、职业教育、服务外包、科技服务、会展、商务咨询等企业创新服务供给，联合打造"成渝服务"区域品牌。依托制造业龙头企业和重点设计企业建设区域性工业设计中心/基地，推广重点行业"众包＋工业设计"新型服务模式，鼓励工业设计企业从单一产品设计向整体方案供给转型，构建服务全域的工业设计资源库。

2. 加快商贸物流的协同高质量发展

重庆、成都要加快建设国家物流枢纽，其他城市根据资源禀赋和产业分工建设港口型、陆港型、空港型、生产服务型、商贸服务型等特色区域物流中心，重点发展跨境物流、商贸物流、智慧物流、冷链物流等现代物流服务，推动成渝地区双城经济圈共建"通道＋枢纽＋网络"的多式联运现代物流网络。推进数字贸易化和贸易数字化，在川渝自贸区建设数字贸易港。重庆和成都协同建设国际会展名城，共同引进国内外品牌展会落户，推广两地品牌展会"联合办展""轮流办展""一展多址"等新模式，并探索数字会展。成渝地区双城经济圈其他城市加快提升本地展会、赛事、演艺、节庆等特色会展活动规模、品质和品牌，提升会展业对经济社会发展的带动性。

3. 系统推进西部金融中心协同共建

引导国内外金融机构在成渝地区双城经济圈内统筹优化布局，强化川渝两省市金融机构在产品开发、项目评审评级、授信额度核定、信贷管理、风险管理、保险承保理赔等方面的合作，加快实现川渝金融服务一体化、同城化、便捷化，整体提升全域金融服务质量。加强川渝金融市场的互联互通，鼓励土地、能源、知识产权、技术、数据等要素及大宗商品在成渝地区双城经济圈进行跨行政区交易和融通，引导国内外资本市场在成渝地区双城经济圈打造面向我国中西部的综合服务窗口。依托川渝自贸区、保税区、国际港等开放平台，探索人民币国际化业务创新，加快发展贸易金融、供应链金融、支付结算等跨境金融业态，打造"一带一路"金融中心。基于应用创新、场景创造与生态构建，健全利益联结机制，推进绿色金融、数字金融、金融科技、资产证券化、创业投资、私募股权投资、消费金融等新型金融业态的跨区域合作。推进金融市场和监管一体化，建设成渝金融法院等协同监管机制，强化金融风险联防联控，加强金融消费者和投资者权益保护。引导征信机构、评级机构在成渝落户及合作，推出适合西部地区的征信服务，构建川渝信用数据共享机制，助力信用成渝建设。

第2章
共建具有全国影响力的科技创新中心的
主要成效、挑战与建议

习近平总书记强调，立足新发展阶段、贯彻新发展理念、构建新发展格局、推动高质量发展，必须深入实施科教兴国战略、人才强国战略、创新驱动发展战略，完善国家创新体系，加快建设科技强国，实现高水平科技自立自强。2022年的政府工作报告中提出："深入实施创新驱动发展战略，巩固壮大实体经济根基。推进科技创新，促进产业优化升级，突破供给约束堵点，依靠创新提高发展质量。""具有全国影响力的科技创新中心"是成渝地区双城经济圈的战略定位之一。《成渝地区双城经济圈建设规划纲要》提出，要紧抓新一轮科技革命机遇，发挥科教人才和特色产业优势，推动创新环境优化，加强创新开放合作，促进创新资源集成，激发各类创新主体活力，大力推进科技和经济发展深度融合，打造全国重要的科技创新和协同创新示范区。

总的来看，创新驱动发展战略已成为成渝地区双城经济圈相关城市的共同纲领，并围绕此战略开展了各具特色的战略布局和实践探索。比如，《重庆市科技创新"十四五"规划（2021—2025年）》提出，到2025年，重庆力争成为更多重大科技成果诞生地和全国重要的创新策源地，到2035年成为具有全国影响力的科技创新中心，整体创新水平力争进入全国科技创新第一方阵。成都先后出台《中共成都市委关于全面推进科技创新中心建设加快构建高质量现代产业体系的决定》《成都市科技创新中心建设条例》《成都市"十四五"科技创新规划》，培育和推进西部科技创新中心建设的制度设计不断完善。

第 1 节　成渝地区双城经济圈科技创新发展现状

《成渝地区双城经济圈建设规划纲要》对科技创新提及较多，其中"科技"出现 55 次，"创新"出现 94 次。2021 年 2 月，科技部发布《关于加强科技创新促进新时代西部大开发形成新格局的实施意见》，明确提出支持成渝科技创新中心建设。有关成渝地区双城经济圈建设的其他政策规划也多将"科技创新"作为重点任务，比如"科技"和"创新"在《成都都市圈发展规划》中分别出现 61 次和 111 次。2021 年 5 月，《中共重庆市委关于深入推动科技创新支撑引领高质量发展的决定》提出，加快建设具有全国影响力的科技创新中心，更好地支撑引领新时代重庆高质量发展。2021 年 7 月，《中共成都市委关于全面推进科技创新中心建设加快构建高质量现代产业体系的决定》提出，加强科技创新中心战略设计，打造科技创新策源新引擎、现代产业体系新标杆、创新要素聚集新高地、对外开放合作新枢纽。可以说，协同打造具有全国影响力的科技创新中心正成为重庆和成都的重大战略，全域科技创新效能整体提升也是成渝地区双城经济圈加速崛起的关键要素。

一　四川省科技创新发展现状

近年来，四川省推进一系列重大科技创新改革，加速破解创新驱动发展的痛点、堵点和难点，创新动力持续提升，科技对全省经济增长的贡献率从 2012 年的 48.9% 提高到 2020 年的 60%。在科技成果转化和评价方面，四川在全国首创"先确权、后转化"的职务科技成果权属混合所有制改革，设置不同类别的评价标准衡量标志性科研成果的质量、贡献和影响，启动科研项目经费"包干制"改革试点，扩大科研单位对科研经费的使用自主权。在科技人才激励方面，四川将科技奖励推荐制变为提名制，打破部门垄断，淡化科技奖励的行政色彩；新增"杰出青年科学技术创新奖"；成立院士科技创新投资引导基金，精准服务两院院士等高层次人才，促进高水平科技创新成果在四川的转化落地。

2020年，四川省研究与试验发展（R&D）经费投入是2015年的近2倍；高新技术企业数量突破8000家，是2015年的3倍。"十三五"期间，四川基础研究经费年均增长率超过14%，实施10个重大科技专项，研发成功具有自主知识产权的创新产品200余个，组织实施513个重大科技成果转移转化示范项目，支持培育627个重大创新产品，全国省区市创新能力排名从2015年的第16位提升到2020年的第11位。

成都作为四川省的科技创新中心和策源地，发挥高校智库的引领作用，建立"校院地企"联合创新机制，一批国家级科研机构、高校和行业龙头企业在蓉共建高能级创新联合体，开展"卡脖子"关键核心技术攻关，建设产业功能区和科创空间，支撑科技成果转化，促进公园城市示范区和科技创新中心双向赋能，基本构建以西部（成都）科学城（见图2-1）"一核四区"① 为主，联动环高校知识经济圈、高品质科创空间和产业功能区的科技创新空间功能布局。到2021年，成都拥有高等院校64所，5个学科的排名进入全球前20位，国家双一流建设高校8所，国家级创新平台215个，高新技术企业超过7800家，入库国家科技型中小企业7016家，高新技术产业营业收入突破1.1万亿元，轨道交通装备、生物医药入选国家首批战略性新兴产业集群，2021年全年新增新经济企业11.7万家，新经济营业收入同比增长19.4%。

成都市统计局公布的数据显示，2020年，成都市共投入研究与试验发展（R&D）经费551.4亿元，占全省的比重达52.3%，增速首超20%，研究

---

① "一核四区"："一核"即位于天府新区的天府科学城，"四区"即位于成都高新南区的新经济活力区、位于成都东部新区的未来科技城、成都高新区与双流区共建的天府国际生物城以及位于成都高新西区的新一代信息技术创新基地。

与试验发展（R&D）经费投入强度（R&D 经费占地区生产总值的比重）首次突破 3%。[1] 到 2020 年末，成都拥有国家级科技企业孵化器 21 家、国家备案众创空间 48 家，有效发明专利拥有量达 5.02 万件，万人发明专利拥有量达 30.2 件，技术合同成交额达到 1144.5 亿元（在副省级以上城市中排名第五，位居北京、广州、上海和西安之后）。[2][3] 世界知识产权组织（WIPO）发布的《2021 年全球创新指数报告》显示，成都在全球百强科技集群排名中上升到第 39 位，在中国城市中排名第八。

图 2 - 1 西部（成都）科学城

（供图：每日经济新闻）

---

① 《科技经费投入力度加大，2020 年成都 R&D 经费投入强度首次突破 3%》，红星新闻百度百家号，https://baijiahao.baidu.com/s?id=1712046496518120860&wfr=spider&for=pc，2021 年 9 月 27 日。
② 《〈副省级以上城市创新创业发展情况对比分析专题报告（2021）〉上》，成都孵化器协会搜狐号，https://www.sohu.com/a/478372185_120625532，2021 年 7 月 19 日。
③ 《〈副省级以上城市创新创业发展情况对比分析专题报告（2021）〉下》，成都孵化器协会搜狐号，https://www.sohu.com/a/478530445_120625532，2021 年 7 月 20 日。

二　重庆市科技创新发展现状

近年来，重庆以科技创新作为高质量发展的主动力，按照"一中心一城一区多点"[①]战略优化科技创新空间布局，打造梯次联动的全域创新格局。科技体制改革深入推进，自然科学基金项目实现体系化，"揭榜挂帅""赛马"等项目生成机制加快实施，经费"包干制""结题备案制"等顺利推进，赋予科研人员职务科技成果所有权或长期使用权试点有序开展，诚信管理覆盖科研活动全过程，环大学创新生态圈成为"双创"名片。

2021年，重庆规模以上工业增加值同比增长10.7%，高技术制造业和战略性新兴产业分别增长18.1%、18.2%，全市技术合同成交额达310.8亿元，同比翻番；建成一批市级及以上技术创新中心、工程技术研究中心、企业技术中心等研发基地，以及众创空间307个、科技企业孵化器99家。[②]到2020年末，全市拥有高新技术企业4222家，国内外知名高校、科研院所在渝建立创新机构101家，规上工业企业研发投入强度稳居西部第一，研发人员增加到16.07万人。2020年，全市研发经费投入强度为2.11%，比2015年提高0.57个百分点。[③]图2-2为西部（重庆）科学城江津园区团结湖大数据智能产业园效果图。

引领高质量发展的创新动能持续增强。蚕桑研究保持世界领跑地位，向量最优化理论、蛋白质抗原工程等前沿科学研究取得突破，全球最小间距显示屏、高塑性镁合金等技术成果不断涌现，"芯屏器核网"创新链不断完善、全产业链不断壮大，"云联数算用"全创新要素群加快集聚，"智

---

① "一中心一城一区多点"："一中心"为成渝综合性科学中心，"一城一区"为西部（重庆）科学城和重庆两江协同创新区，"多点"为特色产业创新园区。

② 《2021年重庆市技术合同成交额实现翻番》，新华网，http://www.cq.xinhuanet.com/2022-01/14/c_1128261517.htm，2022年1月14日。

③ 《重庆市人民政府关于印发重庆市科技创新"十四五"规划（2021—2025年）的通知》（渝府发〔2022〕3号），重庆市人民政府门户网站，http://www.cq.gov.cn/zwgk/zfxxgkml/szfwj/xzgfxwj/szf/202201/t20220119_10316326.html，2022年1月19日。

图 2-2　西部（重庆）科学城江津园区团结湖大数据智能产业园效果图

注：西部（重庆）科学城江津园是千亿级先进制造业产业园，形成了智能装备、智能汽车、新材料等主导产业集群，是国家新型工业化产业示范基地，正打造以团结湖大数据智能产业园为核心、环重庆交通大学创新生态圈为产业带的"一核一圈"的科创格局。

（供图：江津区发展改革委）

造重镇""智慧名城"正成为重庆的城市新名片。中国科学技术发展战略研究院发布的《中国区域科技创新评价报告2021》显示，重庆的综合科技创新水平指数继续保持在全国第七位（四川排名第12位）；川渝两省市综合科技创新水平整体处于全国第二梯队。

第2节　成渝地区双城经济圈科技创新合作主要成效

近年来，川渝科技创新主体加强资源共享、技术合作、产业联动，"协同创新"已成为成渝地区双城经济圈建设的"最强音"。重庆市科学技术研究院、重庆日报报业集团等编制的《2021年成渝地区双城经济圈协同创新指数评价报告》显示，成渝地区双城经济圈协同创新水平快速提升，协同创新总指数同比增长9.5%。[1]

---

[1] 《〈2021年成渝地区双城经济圈协同创新指数评价报告〉发布　成渝地区协同创新水平稳步提升》，川观新闻，https://cbgc.scol.com.cn/news/2793258，2021年12月30日。

一 川渝协同创新力度持续提升

1. 川渝科技部门加强创新协同合作

2020年4月，川渝两省市科技部门成立协同创新专项工作组，签订《进一步深化川渝科技创新合作 增强协同创新发展能力 共建具有全国影响力的科技创新中心框架协议》和科技专家库共用、成果转化共促、科技资源共享"1+3"合作协议，建立川渝科技部门协同创新年度工作清单、川渝科技部门共同争取国家支持的重大事项清单等机制，围绕联合争取国家支持、区域协同创新共同体建设、关键核心技术联合攻关、科技成果转化和产业化、国际科技合作交流、毗邻地区创新发展、优化科技创新环境七个方面深化科技创新合作，推动实现平台共建、资源共享、项目共促、政策共通、成果共享。

从2021年4月发布的川渝科技部门《2021年成渝地区协同创新工作要点》来看，两地政府层面推动创新协同已经进入加速推进与系统精准的新阶段，尤其是在重大科技创新平台布局、重大科技基础设施建设、基础研究能力提升、关键核心技术攻关、科技成果转化、创新人才集聚等方面协同发力、相向发展，确定了九个方面、22项合作事项，相较于2020年的四个方面、16项合作事项大幅增加。

2021年12月，重庆市科技局和成都市科技局签订《加强双核创新联动 推进共建具有全国影响力的科技创新中心合作协议》，双方在协同共建成渝综合性科学中心、协同共建西部科学城、共同争创成渝国家技术创新中心、强化创新链产业链协同、协同推进科技人才共引共培共用、推动两地科技金融融合发展、推动成渝科技资源开放共享、协同推进科技成果转移转化、联动开展国际科技合作交流九个方面深入合作，合力打造全国重要的科技创新和协同创新示范区。

2. 川渝科技创新合作重大项目加快推进

中国科学院创新资源在成渝加快布局。中国科学院成都分院是中国科学院的派出机构，负责组织中国科学院与四川省、重庆市、西藏自治区的科技合作与协同创新等工作，是西南地区综合性的科学研究基地、高级人才培养基地和高新技术产业化基地。2016年3月，中科院成都分院与成都市政府签署战略合作协议，7月又与成都天府新区签署科学城园区项目实施协议，在成都科学城布局中科院成都研究中心，集成中科院成都分院的科研院所、高技术公司等优势科研资源，引进一批中科院系统的国家重点实验室、国家工程（技术）研究中心。2021年12月，中科院成都分院整体搬迁到成都科学城。

2020年12月，重庆市人民政府与中国科学院签署战略合作协议，在西部（重庆）科学城携手打造中科院重庆科学中心（效果图见图2－3），聚焦大数据智能化、生物医学、新材料、生态环境等研究攻关方向，规划建设硅基光技术研究院、汽车软件创新研究平台、生物医学数据科学研究中心等研究平台。

图2－3　中国科学院重庆科学中心效果图

注：中国科学院重庆科学中心项目位于西部（重庆）科学城核心区，引进中科院数学、物理、化学、天文、地学、生物6大领域科研资源，以6栋塔楼组合布局，结合展示与会议中心，整体围合，形成"科学之眼"的建筑寓意。

（供图：新浪网）

案例2-1　川渝共建重庆市重点实验室，引领成渝地区双城经济圈关键领域创新协同

2021年6月，川渝两省市科技部门共认定特色食品、中国酱腌菜科技创新、乡土植物种质创新与利用、古生物与古环境协同演化、感染性疾病中西医结合诊治五个川渝共建重庆市重点实验室。

川渝共建特色食品重庆市重点实验室依托西华大学、西南大学，跨学科整合相关人才组成协同创新研究群体，围绕以川菜和重庆火锅为代表的川菜渝味食品原料加工适性与品质保持、川菜渝味食品加工用复合调味品标准化与品质改良、工业化川菜渝味食品品质形成机制与调控、工业化川菜渝味食品生产后端品质控制与消费心理等方面开展研究，全面提升工业化川菜渝味食品标准化程度，推动成渝地区双城经济圈成为世界"川菜渝味"食品供应基地。

科技支撑较弱、产品同质化现象严重是我国酱腌菜产业面临的严峻挑战。川渝共建中国酱腌菜科技创新重庆市重点实验室依托渝东南农科院、四川省食品发酵工业设计研究院建设，重点开展榨菜、泡菜原料作物品种遗传改良，轻简、高效绿色生产，传统酱腌菜加工工艺改进和新产品开发等方面的基础研究和应用研究，共同打造中国酱腌菜科技创新平台。另外，重庆市涪陵榨菜集团等80家相关企业、科研机构联合发起成立中国酱腌菜产业联盟，进一步提升川渝酱腌菜产研协同创新的引领性和示范性。

川渝地区的植物资源极为丰富，有高等植物1万多种，占全国总数超过1/3，川渝共建乡土植物种质创新与利用重庆市重点实验室依托重庆市风景园林科学研究院、成都市公园城市植物科学研究院建设，围绕乡土植物种质资源保育、乡土植物种质创新和新品种选育、乡土植物栽培生理与生长发育调控、乡土植物景观应用及其生态服务功能四个方面合作开展研究及成果转化。

川渝共建古生物与古环境协同演化重庆市重点实验室依托重庆市

地质矿产勘查开发局 208 水文地质工程地质队、四川自贡恐龙博物馆、四川省地质矿产勘查开发局区域地质调查队建设，以川渝两地丰富的古生物化石为基础，开展形态分类学、化石埋藏古环境等领域的研究，探索生物演化与环境演变之间的联系，推动川渝两地在恐龙化石调查、发掘、研究等方面的深度合作。

川渝科技部门资助联合项目攻关。川渝联合实施重点研发项目由两地科技部门征集、评审、资助和绩效评估，形成的科技成果归项目牵头单位和合作单位共享共用。2020 年，川渝科技部门各出资 1000 万元，聚焦人工智能、大健康两个领域组织开展共性关键核心技术攻关，共立项资助项目 15 项。2021 年，双方各自出资额度上升到 2000 万元，除了人工智能和大健康两个领域外，生态环保、现代农业也成为资助项目领域，共立项资助项目 16 项，单个项目的资助额度大幅增加。

目前，部分项目已产生阶段性、引领性创新成果，对川渝两省市巩固提升共同的优势领域和重点产业起到了较大的示范推动作用。比如，"低轨卫星导航增强系统建设项目"由航天科技集团所属东方红卫星移动通信有限公司承担，目前已完成空间段试验星载荷的研制和地面测试、终端原理样机的研制，建立了全球高精度统一时空基准，取得了诸多重要突破，有力支撑了该公司建设覆盖全球的星座及运营系统以及开展面向全球的移动通信、物联网、导航增强、宽带互联网等运营服务。

川渝科技创新合作组织加快设立。2020 年以来，川渝两省市有关部门、园区、企事业单位陆续发起成立成渝地区双城经济圈高新技术产业开发区协同创新战略联盟、川渝技术转移联盟、成渝地区双城经济圈高校联盟、成渝地区双城经济圈国际科技合作基地联盟等多个合作组织。

成渝地区双城经济圈高新技术产业开发区协同创新战略联盟由川渝两省市的 12 家国家级高新区、26 家省（市）级高新区共同发起，从产业发展、资源要素优化配置、政策措施协同、对外开放、绿色发展五个方面推动两地高新区开展科技创新合作。

川渝技术转移联盟由四川省技术转移中心和重庆技术评估与转移服务中心联合发起，主要开展两地科技成果转移转化线上平台建设、技术转移人才培养、创新要素互通共享等工作。

成渝地区双城经济圈高校联盟由 12 所四川高校和 8 所重庆高校联合发起，在人才培养、科学研究、学科建设、社会服务、国际交流、资源共建共享等方面开展合作。在人才培养方面，联盟成员学校之间可实行学生跨校交流与培养，建立优质课程资源共享机制，协同建立创新人才培养联合基地。在队伍建设和公共资源共享共建方面，联盟成员学校之间实现教师共引共享、互聘互用，促进跨校授课、跨校指导学生等，共同召开成渝地区双城经济圈高校引才大会，推动联盟成员学校之间的图书文献、实验设备、信息资源等的共享与共建。在学科建设方面，建立学科专业建设协调机制和学科专业动态调整协调机制，推进联盟成员学校学科专业建设互补发展。在社会服务方面，联合建立多学科组成的高端智库和开放式研究机构。在国际交流合作方面，联盟定期举办"西部国际教育与科技论坛"，推动联盟成员学校与国际知名高校合作办学。

成渝地区双城经济圈国际科技合作基地联盟由成渝地区 1 家国际创新园、4 家国际技术转移中心、18 家国际联合研究中心和 54 家示范型基地共计 77 家国际科技合作基地组成，涵盖生命科学、信息技术、汽车摩托车、新材料、生态环保、医药卫生等领域，旨在深化川渝国际科技合作交流，促进川渝协同融入全球科技创新网络。

川渝科技专家实现共享共用。根据川渝两省市科技部门签订的科技专家库开放共享合作协议，双方共享近 3 万名在本地科技部门登记备案的科技专家资源，其中具有高级职称的占比 90% 以上，拥有院士、省（市）学术技术带头人等高层次人才 2000 余名，涉及信息技术、智能制造、新材料、医疗健康、农业等多个领域。专家库的开放共享有利于弥补双方高端专家不足、专家分布结构性不均衡等短板，为科技咨询和研发服务"精准匹配"专家提供了有力支撑。

川渝仪器设备加快推动开放共享。川渝两省市科技部门签署《川渝大型科研仪器设备及用户数据开放共享合作协议》，由重庆生产力促进中心、四川省分析测试服务中心承担川渝科技资源共享服务平台的建设运营任务，形成以重庆基地和成都基地为主的"一平台、两基地"格局。2021年4月，平台上线运行，整合开放川渝两省市大型仪器设备14090台/套（其中四川省开放价值50万元以上的大型仪器设备3132台/套，重庆市开放价值20万元以上的大型仪器设备10958台/套；总价值112亿元），① 实现两地用户统一身份认证、一键登录、仪器设备共享等功能，能够为两地创新主体提供检验检测、研究开发、技术咨询等服务，有效解决创新型中小微企业研发缺乏设备，而科研单位部分仪器设施闲置的结构性矛盾。

值得关注的是，仪器设备共享及相关服务在川渝两省市早已有一定的探索。比如，2017年1月，四川省科技厅、绵阳市人民政府联合共建了四川大型科学仪器共享平台，以仪器设备共享共通共用为主线，开展仪器研发、仪器金融、仪器产品、仪器处置、检验检测、计量校准、认证培训等公共服务。到2021年10月，平台累计为1000余家企业提供检验检测等共享服务20000余次，与百余家企业签署长期服务协议。平台还开展了在四川其他地区和重庆的区域布点工作，重庆分中心落户北碚区，与西南大学、重庆大学、重庆材料研究院、重庆软件测评中心等机构建立仪器设备开放共享合作关系，整合共享开放各类设备500余台/套。

川渝产业载体科技创新合作持续加强。比如，《重庆高新区、成都高新区"双区联动"共建具有全国影响力的科技创新中心战略合作协议》签署，双方携手发挥引领示范作用，加快构建"两极一廊多点"② 创新格局。

---

① 《川渝逾1.4万台/套大型科研仪器设备开放共享》，新华社百度百家号，https://baijiahao. baidu. com/s？id=1697890519016418257&wfr=spider&for=pc，2021年4月24日。

② "两极一廊多点"："两极"即以重庆高新区为核心的西部（重庆）科学城、以成都高新区为支撑的西部（成都）科学城；"一廊"即成渝科技创新走廊，承载创新成果转化、高新技术产业化功能；"多点"即成渝地区双城经济圈内多个创新功能区和创新节点。

川渝高竹新区科技创新基地被视为"事关高竹新区产业发展规模与质量的核心项目"，包括科创孵化区、科创服务区、综合配套区三个功能分区，2022 年开工建设，主要为汽车、装备制造、新材料等高竹新区主导产业配置科技创新资源，促进产学研合作。

川渝科技企业加快在成渝地区双城经济圈布局。比如，注册在成都的四川见山科技有限责任公司是一家数字孪生城市技术开发公司，其第一个城市级应用落地则在重庆。注册在重庆两江新区水土新城的华数机器人公司与富士康（成都）、昕诺飞、成都光明光电公司、眉山中车车辆有限公司等多家川企合作，其产品应用超过 1200 台/套。

3. 川渝科创金融加快发展

近年来，重庆、成都、绵阳等成渝地区双城经济圈科技创新领先城市金融机构开发了"投、贷、保、券、贴"等"一揽子"科技金融产品，努力解决科创企业全链式投融资需求。例如，重庆市金融监管、科技等部门推出知识价值信用贷款改革试点，鼓励银行支持企业科技创新，截至 2021 年 10 月，全市知识价值信用贷款企业户数累计达 7408 家次，贷款金额累计达 126.43 亿元。《成渝地区双城经济圈建设规划纲要》提出"支持重庆开展区域性股权市场制度和业务创新"，重庆股份转让中心据此设置科创板，建设重庆基金创新服务基地，打造"区域性股权市场生态圈 + 招商产业链 + 基金投资"模式，并联合重庆银行等金融机构为挂牌企业提供科技金融服务，与天府（四川）联合股权交易中心共同举办"2021 创投成渝·发现金种子"企业选拔活动。成都银行推出"科创贷""成长贷""壮大贷""人才贷""高知贷""武宜贷"等一系列覆盖小微科创企业全生命周期的特色融资产品，为 77% 的成都国家级专精特新"小巨人"中小企业提供过服务，为 83% 的成都科创板上市企业提供过信贷支持。

川渝科技创投合作也在全方位开展。例如，2020 年 9 月，重庆科技风险投资有限公司和成都创新风险投资有限公司联合发起成立总规模为 50 亿元的成渝双城经济圈科创母基金，采用"子基金 + 直投"方式，重点投资

生物医药、军民融合、人工智能、集成电路、智能制造等领域，到 2021 年
9 月，成渝双城经济圈科创母基金设立子基金 7 只，储备项目 18 个。重庆
市科技创业投资协会、四川省股权与创业投资协会发起成立成渝地区双城
经济圈科技创投协同发展联盟，联合川渝创业投资机构、创业服务机构、
科创企业、研究机构等，推动川渝科技企业和金融机构有效对接。

二 "一城多园"模式共建西部科学城

2020 年 1 月，中央财经委员会第六次会议提出，支持成渝两地以"一
城多园"模式合作共建西部科学城。《成渝地区双城经济圈建设规划纲要》
进一步明确，"统筹天府国际生物城、未来科技城和成都高新区等资源，
建设西部（成都）科学城"。"依托重庆大学城、重庆高新区等，夯实智能
产业、生物医学发展基础，建设西部（重庆）科学城"。

1. 西部（重庆）科学城建设发展主要成效

西部（重庆）科学城于 2021 年 5 月正式挂牌，位于重庆中心城区西部
槽谷，涉及北碚、沙坪坝、九龙坡、江津、璧山 5 个区，规划面积为 1198 平
方公里，核心区为重庆高新区直管园（面积为 313 平方公里），拥有国家自
主创新示范区、自贸试验区、国家级高新区、综保区等多块"金字招牌"，
聚集了国家重点实验室 5 个、市级以上重点实验室 91 个、市级以上研发机构
295 个，已建立 33 个博士后科研工作站，签约高校科研院所项目 33 个。①

2021 年，西部（重庆）科学城核心区（重庆高新区直管园）地区生
产总值同比增长 12.9%、固定资产投资同比增长 23.4%，均位列全市第
一；规上工业增加值同比增长 15.3%，规上高技术服务业营收同比增长
27.5%；华润微电子 12 英寸晶圆线和封测基地等重点产业项目加速实施，
实施英业达等智能化改造项目 66 个，新增隆鑫发动机等市级智能化工厂 2
个、数字化车间 7 个；11 个项目入选智能化赋能示范项目，3 项产品获评

---

① 《西部（重庆）科学城已聚集市级以上研发机构 294 个》，金台资讯百度百家号，https://
baijiahao. baidu. com/s? id = 1711288021877042084&wfr = spider&for = pc，2021 年 9 月 19 日。

重庆市重大新产品；市场主体达 6.3 万家，科技型企业达 1122 家，高新技术企业达 240 家，高成长性科技企业达 7 家，"专精特新"企业达 40 家。①科技创新集聚区和策源地的功能作用进一步凸显。

依据《重庆市人民政府关于支持西部（重庆）科学城高质量发展的意见》等政策规划，西部（重庆）科学城通过探索"科产城"深度融合发展新路径，构建"一核四片多点"生产空间②、"一主四副多组"生活空间③和"一心一轴两屏"生态空间④，到 2035 年，将全面建成具有全国影响力的科技创新中心核心区和宜居宜业宜学宜游的现代化新城，成为具有国际影响力的科学城，引领重庆成为具有全国影响力的科技创新中心。

自西部（重庆）科学城启动建设以来，重庆围绕科学教学、科学研究、科学实验、科学设施、科学机构"五个科学"和科技人才、科技企业、科技金融、科技交易、科技交流"五个科技"，出台 40 条"金凤凰"创新政策，加快建设成渝综合性科学中心（金凤），建立校地联席会议制度，推动校地资源整合和产学研工作联动，探索以龙头企业和重大科创项目为牵引，构建企业、院所、政府、园区科创平台等创新协同体系，推动

---

① 《最新报告出炉：（重庆）科学城核心区这四项数据增速居全市第一》，华龙网，http://cq. cqnews. net/credit/article/2022 - 01/27/content_935928284491427840. html，2022 年 1 月27 日。

② "一核四片多点"生产空间："一核"，即重庆高新区直管园，是集聚基础科学研究和科技创新功能的核心引擎，重点建设综合性国家科学中心；"四片"，即北碚、沙坪坝、西彭 - 双福、璧山四大创新产业片区，主要承担教育科研、高端制造、国际物流、军民融合等产学研融合功能；"多点"，即以创新创业园、高新技术产业园等载体平台为支撑，构建产学研深度融合的创新空间体系。

③ "一主四副多组"生活空间："一主"，即以重庆高新区直管园的金凤地区为引领，与西永微电园、大学城共同组成 50 平方公里的科学城主中心，集聚高端生活性服务、国际科学交往功能，布局高品质居住区；"四副"，即北碚、团结村、陶家 - 双福、青杠四个片区副中心，承担片区综合公共服务和商业商务功能；"多组"，即围绕圣泉、西彭、丁家、青凤、歇马等节点中心，形成多个职住平衡居住组团。

④ "一心一轴两屏"生态空间："一心"，即以寨山坪为依托的城市公园，是西部（重庆）科学城的"城市绿心"；"一轴"，即沿科学大道，由湿地群、公园群和城中山体组成的绿色长廊，是西部（重庆）科学城的绿色"主轴"；"两屏"，即缙云山、中梁山生态翠屏，是"城市绿肺、市民花园"。

中国科学院重庆科学中心、北京大学重庆大数据研究院等校地、院地、央地合作项目落地，逐步攻克一批"卡脖子"技术难题。

以联合微电子中心有限责任公司为例，该公司是重庆市政府重点打造的国际化新型研发机构，发起成立了集成电路特色工艺联盟，与多家科研院所合作组建硅基光电子创新联合体，获批重庆首个国家级制造业创新中心——国家地方共建硅基混合集成创新中心，在功率半导体、模拟和数模混合芯片等领域聚合创新集群，并在基于8英寸工艺线的硅基光电子器件性能和工艺能力上达到国际先进水平，打破了国外对光电微系统成套工艺的垄断。

案例 2-2 40 条"金凤凰"政策为西部（重庆）科学城引智引才

2021 年 3 月，主要围绕人才引育、科技创新、产业发展、金融支持四个重点领域，重庆高新区发布"金凤凰"政策，聚焦提升原始创新能级、高精尖产业发展质效、创新服务体系水平，推出"组合拳"，精准对接创新主体发展需求，为打造具有全国影响力的科技创新中心核心区和引领区域创新发展的综合性科学中心引智引才。

"金凤凰"人才 10 条政策重点解决人才载体、创新实践、发展环境等难题，引导用人单位围绕西部（重庆）科学城主导产业，吸引集聚高层次人才团队落户。"金凤凰"创新 10 条政策聚焦"五个科学""五个科技"重点任务，围绕加大创新研发投入、培育壮大企业主体、建设科研机构、推动成果转化等方面给予重点支持，重点解决梯级研发机构建设、科技企业培育、关键核心技术攻关、科技创新成果产业化等难题。"金凤凰"产业 10 条政策聚焦西部（重庆）科学城主导产业的重点细分领域，提供全产业链扶持政策，重点解决产业生态圈内循环动力缺乏的难题。"金凤凰"金融 10 条政策从金融机构设立、金融牌照获取、经营规模扩张、经营风险分担补偿等方面激发金融活力，对西部（重庆）科学城主导产业和科技型企业加大金融支持力度，带动更多金融机构总部落户。

　　值得关注的是，《重庆市科技创新"十四五"规划（2021—2025 年）》和《重庆高新区国民经济和社会发展第十四个五年规划和二〇三五年远景目标纲要》均提出在重庆高新区金凤片区规划建设 100 平方公里的成渝综合性科学中心（金凤），重点布局大学城、科研港、科学谷、生命岛、科创街"五大创新支撑"。大学城重点围绕原始创新、成果转化等领域，形成科学研究、原始创新与成果转化相结合的环大学创新生态圈。科研港重点围绕物质科学、材料科学等领域，集中布局大型科学中心、大科学装置，建设重大科技基础设施集聚区。科学谷重点围绕绿色低碳、智能技术等领域，集中布局技术创新中心、前沿交叉研究平台、孵化器、加速器、企业研发总部基地。生命岛重点围绕生命科学、生物医药、农业科技等领域，集中布局高水平实验室、新型研发机构、公共服务平台。科创街重点围绕集成电路、信息技术等领域，集中布局产业技术研究院、制造业创新中心、高技术服务机构，构建集成电路"设计＋制造"新业态，打造微电子产业创新高地。图 2 - 4 为金凤实验室。

图 2 - 4　金凤实验室

注：金凤实验室位于西部（重庆）科学城成渝综合性科学中心，聚焦智慧病理、脑科学与脑疾病、医学检验等领域，开展基础研究、应用研究及成果转移转化，努力打造具有国际竞争力的生命健康创新策源地。

（龙帆　摄）

围绕打造世界级高新产业集群的战略定位，西部（重庆）科学城重点打造集成电路、人工智能、大数据、5G 应用等新一代信息技术产业，轻量化材料、增材制造、智能机器人等先进制造业，抗体疫苗、生物治疗、体外诊断、医疗设备等大健康产业，研发孵化、检验检测、数字文创、智慧物流等高技术服务产业四大主导产业，已形成新一代信息技术千亿级、先进制造五百亿级、大健康和高技术服务两个百亿级产业集群。

例如，新一代信息技术产业集群是西部（重庆）科学城最大的产业集群，集中分布在重庆西永微电子产业园区。2021 年，电子科技大学重庆微电子产业技术研究院落户西永微电子产业园区，牵手重庆声光电集团、西南集成、联合微电子、华润微电子、吉芯科技等多家科学城企业，进一步壮大了科学城集成电路产业规模。在产业集群的带动下，2021 年西部（重庆）科学城新一代信息技术产业产值同比增长 15.8%，高速成长态势凸显。

2. 西部（成都）科学城建设发展主要成效

2015 年 1 月，成都市委经济工作会议首次提出在天府新区建立成都科学城，最初规划面积约为 15 平方公里，2016 年规划面积扩展到 73 平方公里，2018 年再次扩容到 125 平方公里。在此期间，中国科学院成都科学研究中心、中国农业科学院国家成都农业科技中心、成都超算中心等各类重点创新主体不断汇集。2021 年 6 月，西部（成都）科学城和天府实验室在四川天府新区正式揭牌。西部（成都）科学城统筹天府新区、成都高新区、成都东部新区等重点区域，构建"一核四区"空间功能布局，规划面积扩展到 394.2 平方公里，目标定位升级为打造具有全国影响力的科技创新中心的基础支撑、成渝地区双城经济圈的创新策源地。

"一核四区"中的"一核"为成都科学城，规划面积为 132 平方公里，占西部（成都）科学城规划面积的 33.5%，位于天府新区，定位为具有全国影响力的科技创新中心科学高地、西部（成都）科学城创新策源地、成渝综合性科学中心主阵地、国家实验室和天府实验室承载地，布局"一中心两基地，一岛三园"① 功能组团。图 2 - 5 为兴隆湖高新技术服务产业园。

图 2 - 5　兴隆湖高新技术服务产业园

注：2018 年 2 月，习近平总书记在四川考察期间，在天府新区兴隆湖南岸首次提出了"公园城市"理念。由此，兴隆湖高新技术服务产业园的战略路径更加清晰：以生态投入吸引高水平科技创新资源，又以公园城市品牌和宜居环境带动产业投资和经济高质量发展。

（供图：百度）

到 2021 年末，成都科学城已布局 48 个校院地项目，招引 224 个重大产业创新项目，总投资近 2500 亿元；集聚川藏铁路技术创新中心、成都超算中心等 35 个国家级创新平台，华为、商汤科技等一批行业领军企业，易冲无线等一批"准独角兽"企业；落户新经济企业 1.7 万余家；重大科技基础设施和交叉研究平台总量、国家高新技术企业数量增速等科技创新指标居全市首位，初步构建"基础研究—技术攻关—成果转化"创新体系。

到 2022 年 3 月，天府实验室揭牌成立 9 个月以来，已从"零的突破"变为"组团出道"和加速成长。其中，天府兴隆湖实验室一期工程南地块载体项目竣工、北地块载体项目开工建设，天府永兴实验室组建首批科研

---

① "一中心两基地，一岛三园"："一中心"为鹿溪智谷科学中心，集中布局中国科学院、中国工程物理研究院等国家级科研机构；"两基地"即重大科技基础设施建设基地（集中布局国家实验室、重大科技基础设施和交叉研究平台）和协同创新基地（集中布局协同创新示范项目）；"一岛"为独角兽岛，孵化培育"独角兽"企业；"三园"包括兴隆湖高新技术服务产业园（布局新经济产业园、央企研发中心和校院地协同创新区）、凤栖谷数字经济产业园（布局天府无线谷、凤栖软件园等数字经济产业园区）、新兴智能制造产业园（为科技成果孵化转化重要载体和智能制造产业基地）。

团队，天府绛溪实验室首批 10 万平方米物理载体开工建设，天府锦城实验室未来医学城部分载体项目开工建设。

"一核四区"中的"四区"为新经济活力区、天府国际生物城、未来科技城和新一代信息技术创新基地。新经济活力区定位为新经济企业和创新型团队汇集区，天府国际生物城定位为全球医药健康创新创业要素汇集区，未来科技城定位为国际创新型大学和创新型企业汇集区，新一代信息技术创新基地定位为全球电子信息产业高端要素汇集区。

案例 2-3　创新策源＋产业共兴：四川天府新区、成都市新津区、成都产投集团协同共建天府先进智造产业基地

新津区是成都"南拓"的重要承载地，是成都唯一一个同时紧邻中心城区和天府新区核心区的区（县市）。近年来，成都市新津区与四川天府新区、成都产投集团积极探索国家级新区的跨区域合作。三方合作启动于 2016 年共建天府新区西区产业园（后更名为天府新区南区产业园），产业园规划面积为 150 平方公里，其中新津分区为 125 平方公里，占比为 83.3%，重点发展轨道交通、新材料、智能装备三大产业，是天府新区先进制造业主要承载地、成都科学城项目成果的孵化基地。2018 年召开的中共成都市委十三届三次全会提出"推动天府新区成都直管区、高新区、双流区和新津县共同建设高质量发展示范区"，四地在规划同图、产业同链、交通同网、政策同享、招商互补等方面开展深度合作。

2021 年 11 月，四川天府新区管理委员会、成都市新津区人民政府、成都产业投资集团有限公司签订《关于共建西部（成都）科学城——天府先进智造产业基地战略合作协议》，项目选址新津区天府智能制造产业园，利用西部（成都）科学城的创新资源、成都产投集团的产业金融资源、新津区的产业基础和承载空间，聚焦智能装备、智能硬件等领域，按照"总部＋基地""研发＋制造"一体化发展模

式，建设天府先进智造产业基地，共同开展项目策划、赴外考察、投资推介等活动，探索构建创新链与产业链融通的"创新策源＋联动招商＋成果转化"跨区域协同发展机制。

3. 西部（重庆）科学城和西部（成都）科学城共建科技创新中心的"核心支撑"

西部（重庆）科学城和西部（成都）科学城均集聚了本地最优质的创新要素资源，围绕产业链部署创新链、围绕创新链布局产业链，构筑"总部＋基地""研发＋生产""中心＋网络"等科技成果就近转化模式，"加强联动协作和错位发展，避免重复布局和恶意竞争"成为二者重要的战略任务。从有关政策规划看，西部科学城"一城多园"战略的核心是以协同共建发挥创新叠加乘数效应，发挥重庆和成都两地科学城的创新平台优势和引领示范作用，构建区域协同创新体系，推动形成区域科技创新平台共建、资源共享、项目共促、政策共通、成果共享局面，加快形成"基础科研—技术攻关—成果转化—产业发展"的全链条创新体系，成为成渝地区双城经济圈建设具有全国影响力的科技创新中心的核心支撑。

2021年12月，《西部（重庆）科学城管委会、西部（成都）科学城管委会共同助推西部科学城建设战略合作协议》签订，双方围绕重大科技基础设施共建共享、核心技术联合攻关、两地高校院所交流互动、科技人才共引共育、科技成果转化平台开放共享、创新改革试验协同开展、跨区域投融资合作、特色优势产业集群打造、信息交流互动平台搭建、国际科技交流合作10个领域开展合作，建立"三个机制"①，共建成渝科创走廊，

---

① "三个机制"：一是建立联席会议机制，在科技部和重庆市科技局、四川省科技厅的指导下，建立西部科学城联席会议制度，研究审议重大规划、重大政策、重大项目和年度工作安排，协调解决重大问题和跨区域合作难点；二是建立对上争取机制，联合向国家争取重大平台布局、重大项目支持、重大政策倾斜；三是建立工作推进机制，建立干部互访、人才互认、人员互派工作机制，建立职能部门、重点园区全方位合作对接机制，实现两地科技创新和产业发展规划衔接、政策协同、资源共享、配合密切。

辐射带动成渝地区双城经济圈乃至西部地区的科技水平跃迁。

三 聚焦"科创＋产业"建设两江协同创新区

《成渝地区双城经济圈建设规划纲要》提出："瞄准新兴产业设立开放式、国际化高端研发机构，建设重庆两江协同创新区。"两江协同创新区位于重庆两江新区龙盛片区，规划面积为30平方公里，于2019年启动，定位为两江新区智慧之城的重要板块、"一城多园"创新体系的重要部分、重庆建设具有全国影响力的科技创新中心的重要平台。[①]

通过持续引进一流大学大院大所，到2022年2月，两江协同创新区已签约引进北京理工大学、西北工业大学、哈尔滨工业大学、吉林大学、长春理工大学等高校院所41家，引入高端研发人才1700余人，其中院士14人、博士600余人，组建科研团队120余个，累计获批国家级、市级博士后科研工作站18家，获批市级新型高端研发机构19家，入驻科研院所累计孵化企业66家。2021年，两江协同创新区入驻科研机构聚焦智能网联和新能源汽车、高端装备、电子信息、生物医药、新材料、航空航天等重点领域，累计获批省部级及以上纵向科研项目近200项，实现科技成果转移转化项目113项，为成渝地区双城经济圈多家企业、高校、研发机构提供人才和技术输出、科研成果转化、科研平台支持等科技服务。图2－6为西北工业大学重庆科创中心。

两江协同创新区的项目评估、信息咨询、技术转移、成果转化、创业孵化、科技金融、知识产权保护等科创服务体系逐步完善。比如，两江新区采取"创赛＋创投＋创育"模式加快集聚高端创新要素，发起设立明月湖科创基金，与30多家创投机构联合成立明月湖创投联盟，开展明月湖国际创新创业大赛，吸引了1000多个科技团队（企业）参赛。

值得关注的是，两江协同创新区所在的两江新区近年来将科技创新作

---

① 《两江协同创新区加速建成科技创新重要策源地》，重庆两江新区百度百家号，https://baiji-ahao. baidu. com/s？id＝1725626705510640586&wfr＝spider&for＝pc，2022年2月24日。

图2-6　西北工业大学重庆科创中心

注：西北工业大学重庆科创中心由重庆两江新区管理委员会与西北工业大学共同组建，按照重庆产业特色侧重开展科技创新、成果转化、人才培养和产业孵化等工作。

（江于同　摄）

为"一号工程"，围绕智能网联汽车、新能源汽车、新型显示、工业互联网、医疗器械、制药、钛合金材料、通用航空装备技术八大重点产业，推动区内领军企业联合高校、科研院所、行业上下游企业组建产业创新联合体，联动开展关键核心技术攻关，共同承担国家重大科技项目，推动产业链的上中下游、大中小企业融通创新。

例如，两江新区初步形成了智能网联汽车产业集群，长安福特、长安股份智能网联汽车产量持续增长，构建了30余种基于山地特色路况的车联网应用场景，吸引了芯片模组、服务器、车联网、自动驾驶算法、整车制造、检测认证、集成服务、出行服务等产业链上下游企业集聚。两江协同创新区目前已完成约4公里范围的车路协同一期示范项目建设，搭建了车路协同、智能城市管家、城市巡逻安防、远程驾驶等"车-路-云"六大场景。依托两江协同创新区应用场景和入驻的大院大所，以及区内智能网联汽车有关企业，组建智能网联汽车产业创新联合体，联合开展智能网联汽车共性关键技术的研究应用、标准规范制定、测试示范、产业化推广、学术交流、产业合作、人才培养等方面的合作。

另外，两江新区与天府新区联合发起成立科技创新联盟，汇集两地创新资源，促进两地科研院所、创新企业等的交流合作。例如，上海交通大学在两江新区、天府新区分别组建重庆研究院和四川研究院，并在校本部成立川渝研究院，由上海交通大学地方研究院负责人兼任重庆研究院和四川研究院的院长，并且两院主要负责人互相任职，促进项目合作、教育培训、投资基金、产业化应用等方面加强融合、协同并进。

第3节　成渝地区双城经济圈科技创新协同合作面临的挑战和对策建议

一　成渝地区双城经济圈科技创新协同合作面临的挑战

1. 区域科技创新基础总体薄弱，仍缺乏有效的协同创新机制

从宏观环境看，新一轮科技革命和产业变革加速演进，以信息技术、生物技术、新材料技术、新能源技术等为主导的高新产业呈现群体突破态势，以互联网、大数据、云计算、物联网、人工智能、区块链为内核的数字经济日新月异，并加速向各领域渗透，全球科技竞争愈演愈烈。我国部分领域核心技术仍受制于发达国家。成渝地区双城经济圈总体处于"不创新就要落后，创新慢了也要落后，谁能下好科技创新'先手棋'，谁就能抢占高质量发展制高点"的严峻挑战和重大机遇叠加的创新驱动发展窗口期。

比照《成渝地区双城经济圈建设规划纲要》关于"具有全国影响力的科技创新中心"的战略定位，成渝地区双城经济圈的科技创新总体缺乏重大的引领性的基础研究原创成果、带动性强的科创企业、影响力大的科创平台、领军型科创人才、高水平科研机构、完备顺畅的科技创新体制机制，自主创新能力有待大力提高。

区域创新资源配置不平衡，大量科技资源集中在重庆和成都的大院大

所、重点企业、重点园区和中心城区，对周边地区尤其是与其他中心城市的协同、对农村的辐射有限，科技创新与一些地区经济发展的深度融合不足。不少中小城市由于创新要素资源较少，科技创新基础薄弱，制度设计和统计监测体系不完善，难以在传统模式下实现内生式后发赶超。部分成渝地区双城经济圈科技创新协同合作项目尚处于建设期或者起步阶段，引领带动创新要素资源自由流动和高效配置的作用尚未充分发挥。部分引进的大院大所的建设运营时间不长，科研成果产出及转化尚不能满足落户地、成渝地区双城经济圈的需求。2020年四川省涉及成渝地区双城经济圈有关城市的科技创新效能见表2-1。

表2-1　2020年四川省涉及成渝地区双城经济圈有关城市的科技创新效能

序号	城市	研究与试验发展（R&D）经费（亿元）	投入强度（%）	高校数量（所）	高新技术企业数（家）	入库国家科技型中小企业数（家）	高新技术产业收入（亿元）	有效发明专利拥有量（件）	技术合同成交额（亿元）
1	成都	551.4	3.11	64	6039	6032	7041.1	50172	1144.5
2	自贡	14.2	0.98	2	97	156	327.5	1384	7.9
3	泸州	19.8	0.92	7	142	357	319.6	795	12.1
4	德阳	77.0	3.20	8	262	608	832.7	2337	11.0
5	绵阳	215.0	7.14	15	446	1375	1854.1	6996	—
6	遂宁	9.8	0.73	1	109	319	312.3	584	—
7	内江	12.9	0.88	5	97	329	166.0	513	—
8	乐山	18.8	0.94	3	109	146	393.6	897	—
9	南充	20.4	0.85	7	109	831	427.7	330	3.9
10	眉山	10.9	0.76	6	105	132	400.8	841	0.9
11	宜宾	37.0	1.32	2	150	820	634.8	1095	10.4
12	广安	6.1	0.47	1	39	316	417.4	182	1.3
13	达州	14.8	0.70	3	95	263	401.2	246	1.1
14	雅安	8.3	1.10	2	47	63	96.2	404	—
15	资阳	3.8	0.47	3	26	49	70.7	325	—

注：①成都是四川省科技创新中心，主要创新指标明显领先于四川省涉及成渝地区双城经济圈的相关城市，但成都的科技创新资源仍然主要服务于本地，外溢和辐射以毗邻地区为主，且多为基于产业转移的成果转化。

②绵阳经济发展基础较好，拥有较多的高校、科研院所、科技企业等科技创新资源，正举全市之力建设中国（绵阳）科技城（党中央、国务院批准建设的中国唯一科技城），加之重点产业对科技创新需求强烈，科技创新主要指标居四川省第二位。绵阳除了2020年的研究与试验发展（R&D）经费投入强度达7.14%，是成都（3.11%）的2.3倍之外，其他创新指标与成都的差距仍然较为明显，比如2020年成都高新技术产业收入是绵阳的3.8倍，但小于两市的GDP差距（当年成都GDP是绵阳的5.9倍），可见科技创新正有力拉动绵阳的经济发展，绵阳也具备成为成渝地区双城经济圈科技创新副中心的潜力。

③四川省涉及成渝地区双城经济圈的其他城市的科技创新效能与成都、绵阳有较大差距。比如，2020年成都的研究与试验发展（R&D）经费是资阳的145.1倍，而资阳也是四川省涉及成渝地区双城经济圈的相关城市中研究与试验发展（R&D）经费投入最少的城市。

数据来源：根据相关城市国民经济和社会发展统计公报及公开资料整理。

2. 重庆、成都作为科技创新"双核"面临其他中心城市的竞争挑战

中心引领模式是国家科技创新体系的重要组成部分。目前，我国已基本形成多个创新集聚区，分别是以北京为中心的京津冀创新集聚区、以上海为中心的长三角创新集聚区、以深圳和广州为中心的珠三角创新集聚区以及以成都、重庆、武汉、西安等为中心的区域性创新集聚区。

一方面，相较于北京、上海、广州、深圳等一线城市，重庆、成都的科技创新硬实力和软环境尚有较大差距（见表2-2）。同时，江苏、浙江、陕西、河南、辽宁多个经济大（强）省也陆续提出打造全国性科技创新中心的战略目标。有别于过去举全省之力支持该省某个科技强市打造区域科技创新中心，上述省份均致力于以都市圈或者全省域为空间打造国家科技创新中心，区域协同推进高质量创新成为广泛的战略共识。

表2-2　2020年重庆、成都与其他中心城市科技创新效能比较

序号	城市	研究与试验发展（R&D）经费（亿元）	投入强度（%）	高校数量（所）	高新技术企业数（家）	有效发明专利拥有量（万件）	技术合同成交额（亿元）
1	重庆	526.8	2.11	68	4000	3.54	154.2
2	成都	551.4	3.11	64	6039	5.02	1144.5
3	北京	2326.6	6.44	92	28750	33.60	6316.2
4	上海	1615.7	4.17	63	17012	14.56	1815.3
5	深圳	1510.8	5.46	14	18650	16.00	1036.3

续表

序号	城市	研究与试验发展（R&D）经费（亿元）	投入强度（%）	高校数量（所）	高新技术企业数（家）	有效发明专利拥有量（万件）	技术合同成交额（亿元）
6	广州	774.5	3.10	85	11610	7.10	2256.5
7	杭州	578.8	3.59	40	7707	7.30	520.3
8	武汉	548.1	3.51	86	6259	6.43	942.3
9	郑州	276.7	2.31	65	2918	2.15	212.8
10	西安	506.1	5.05	63	5234	4.90	1364.0

注：①北京的各项主要科技创新指标均领先于其他一线城市和科技强市，正从全国科技创新中心向国际科技创新中心迈进。由于创新资源禀赋和经济发展的差距，重庆、成都与北上广深一线城市的主要科技创新指标差距较大。

②成都科技创新主要指标比重庆更高，部分指标并不低于东部发达城市，比如2020年成都技术合同成交额（1144.5亿元）略高于深圳（1036.3亿元）。

③相较于东部发达城市和中西部科技强市，重庆的主要科技创新指标尚不具备明显的比较优势，部分指标在本表所选样本城市中排名靠后，因而重庆"弯道超车"打造全国科技创新中心的难度和挑战更大。

④西安主要创新指标与重庆、成都较为接近，部分指标处于领先位置，比如，2020年西安研究与试验发展（R&D）经费投入强度为5.05%，不仅高于重庆、成都，还领先于上海、广州、杭州等东部发达城市。重庆、成都、西安已形成西部地区科技创新"三足鼎立"的引领示范发展态势。

数据来源：根据相关城市国民经济和社会发展统计公报及公开资料整理。

《中华人民共和国国民经济和社会发展第十四个五年规划和2035年远景目标纲要》提出："支持北京、上海、粤港澳大湾区形成国际科技创新中心，建设北京怀柔、上海张江、粤港澳大湾区、安徽合肥综合性国家科学中心，支持有条件的地方建设区域科技创新中心。"从国家层面政策看，各地采取"赛马"模式建设区域科技创新中心，意味着重庆、成都乃至成渝地区双城经济圈在科技创新要素资源引育上将面临其他地区愈加激烈的竞争，传统招商引智优惠政策的比较优势边际效应正在衰减，因此需要全域创新政策协同优化，尤其是创新环境的整体提升，走出一条创新驱动高质量发展的差异化"新路径"。

另一方面，"区域创新资源布局不均衡且向中心城市高度集中"是包括发达省区市在内的大部分地区面临的共同挑战，这是经济梯度发展客观形成的创新资源布局。以都市圈、省域、跨省域等更大空间协同建设全国性科技创新中心，各地均要解决后发地区在经济发展差距无法短时间内填平补齐的现实下，通过制度设计和机制创新，较快提升后发地区科技创新能力，实现创新驱动高质量发展的问题。从这个层面看，成渝地区双城经济圈与其他地区仍处于相同的"起跑线"。

二 成渝地区双城经济圈共建具有全国影响力科技创新中心对策建议

1. 营造包容开放、近悦远来的科技创新环境

川渝两省市有关部门要加快制订"成渝地区双城经济圈科技创新融合发展专项规划"等政策规划，探索科技政策的一体化和同城化，建立统一的科技创新统计体系，明确全域短板和本地弱项。基于问题导向采取"企业出题、政府立题、协同破题"的形式，定期发布本地科技创新机会清单。推广"揭榜挂帅""赛马制"、科研经费"包干＋负面清单"等制度，形成市场导向和结果导向相结合的科技创新主体引育机制。全域推广职务科技成果所有权、共有产权、长期使用权等改革，建立容错纠错免责机制和重大成果超常规激励机制，激活科技人员的创新活力。

统筹"重庆英才计划""蓉漂计划"等有关城市的创新人才政策，构建"科学家＋企业家＋经纪人＋投资人"的新型科创人才结构，建立成渝地区双城经济圈科技创新人才共享和政策同享机制，实现确保在待遇大致不变的情况下，科技人才在区域内的自主流动、择业创业和深化合作。建立"单位出榜、中介揭榜、政府奖补"的市场化协同引才机制，通过成果转化、联合研发、技术引进、项目孵化等方式，靶向引育一批引领科技发展趋势、具有行业号召力的科学家、技术专家和科创人才。探索"区内注册、海外孵化、全球运营""柔性引才"机制，鼓励海外创新人才将科研成果留在成渝地区双城经济圈。建立成渝地区双城经济圈重大科技创新协同合作项目库，探索"一站式"科创人才公共服务供给与成果挂钩机制，保障参与重大科技创新协同合作项目的科技人才在工作地就近享有便捷优

质的公共服务，免除其后顾之忧。

综合运用财政金融政策工具，激励企业加大研发投入力度，引导银行保险机构在西部科学城、高新区、双创基地等科创企业聚集的地区设立科技支行和业务网点，推动技术产权、数据资源等交易场所的设立及在相关城市设立服务网点，引导创业投资机构、产业基金等投资早中期、初创期科技型企业，拓宽"技术—项目—产品—产业"投融资对接通道，完善科创企业"全生命周期"金融服务体系。

营造敢为人先、包容失败的创新机制，强化激发创新意识、鼓励创新实践、推广创新成果的环境建设，大力宣传广大科技工作者爱国奉献、永攀高峰的感人事迹和崇高精神，弘扬创新精神、工匠精神、企业家精神等，涵养新时代成渝企业家、创业者、创新者的家国情怀和责任担当，让创新在全社会蔚然成风。办好成渝双城经济圈制造业博览会、成渝地区双城经济圈高质量发展论坛、中国国际智能产业博览会等各类有利于创新的文化品牌活动，搭建新思想新理念的交流传播平台、新科技新产业的前沿引领平台、新技术新产品的发布交易平台、创新规则和创新治理的共商共享平台。建设一批科学家精神教育基地、前沿科技体验基地和科学教育资源汇集平台，提升城乡居民的科学素质。

2. 加快建设重大科技创新平台和项目

围绕服务国家战略科技力量建设，增强全球创新要素配置能力，发挥重庆两江新区和成都天府新区科技创新"双核"引领功能，推动重庆、成都、西安共建"西部地区科技创新金三角"（比如重庆市政府与西北工业大学合作共建的重庆科创中心已见成效）；西部（重庆）科学城、西部（成都）科学城、中国绵阳科技城共建"成渝地区双城经济圈科技创新金三角"；建立成渝地区双城经济圈内国家自主创新示范区、高新区、经开区、省级新区、双创基地、产业园区等产业载体和创新载体融合协同机制，统筹推进"国家科技创新中心—西部科学城—成渝综合性科学中心—分布式创新平台"梯度创新体系建设，构建基础研究、技术研发、成果转化、产业创新、推广应用、开放共享的全链条创新生态。

深化成都国家自主创新示范区建设，推动形成以西部（成都）科学城为极核引领，以四川天府新区、成都东部新区为战略承载，若干产业功能区、高品质科创空间、环高校知识经济圈、成德眉资同城化科技创新走廊联动发展的"成都创新引领"新格局。

完善成渝综合性科学中心建设协同机制，强化科学策源、技术发源、产业引领、联动协调、向心集聚、辐射带动等功能作用，推动沙坪坝、九龙坡、北碚、江津、璧山等区域实现科技创新错位发展与协调融合，促进西部（重庆）科学城与重庆大学城的融合发展，打造"科学家的家、创业者的城"的"重庆创新引领"新格局。

重庆两江新区与四川天府新区在共同争取重大创新平台、协同建设重大科技基础设施、联合承担国家重大科技任务、共同发起大科学计划、推动科学仪器设备共享等方面加强合作，协同集聚国内外大平台、大团队、大项目和大学大院大所大企大才，发挥基础研究和原始创新的引领作用，打造学科内涵关联、空间分布集聚、成果转化靶向的原始创新集群和成果转化生态。充分利用川渝毗邻地区的区位、交通、产业等优势和基础条件，同步推进遂潼一体化发展先行区、川南渝西融合发展试验区、万达开川渝统筹发展示范区、明月山绿色发展示范带、革命老区振兴发展示范区等重点功能平台的产学研合作与科技创新成果转化。

3. 以产学研用深度融合促进安全可控的产业链和创新链共建共享

实施成渝地区双城经济圈科技创新合作计划，聚焦国家重大科技创新战略任务、有关城市经济社会发展重点科技创新需求，共建技术研发、创业孵化、科技金融、技术交易、成果（异地）转化、知识产权保护等平台载体，清单式联合开展原始创新、应用创新、场景创新等共性关键核心技术攻关和成果转化，联合举办科技成果对接、创新创业大赛等活动。增强中新（重庆）、中国－欧洲中心（成都）等重大国别（地区）合作项目的协同创新功能，协同推进"一带一路"科技创新合作区建设，共同打造

"成渝创新"全球品牌。支持高校、科研院所和企业共建产业创新中心、技术创新中心、制造业创新中心、工程研究中心等创新平台和综合性检验检测平台，共同承担科技项目，共享科技成果，实施关键核心技术攻关，以技术突破培育新市场、孕育新产业。

第3章
打造富有巴蜀特色的国际消费目的地的
主要成效、挑战与建议

近年来，面对复杂严峻的国际环境和新冠肺炎疫情等多重考验，消费"压舱石""稳定器"的基础性作用更加重要，扩内需促消费政策持续发力，消费对经济增长的贡献稳步提升，并成为国民经济稳定恢复和增长的主要动力，2021年最终消费支出对我国的经济增长贡献率为65.4%，拉动GDP增长5.3个百分点。值得关注的是，在政府消费支出相对稳定的情况下，最终消费支出的趋势实际上由居民消费决定。稳、促、扩、升居民消费成为"建立大体稳定的、与经济总量相适应的大国消费市场，避免掉入中等收入陷阱，推进高质量发展"的关键。

《成渝地区双城经济圈建设规划纲要》明确要求："打造富有巴蜀特色的国际消费目的地，以高质量供给引领和创造市场新需求，坚持高端化与大众化并重、快节奏与慢生活兼具，激发市场消费活力，不断增强巴蜀消费知名度、美誉度、影响力。"总的来看，成渝地区双城经济圈是我国西部人口最密集的地区，常住人口近1亿人，人员往来密切，交通基础设施良好，是我国消费规模和增长潜力最大的区域之一，形成了以重庆和成都为国际消费中心，多个区域性消费中心加快发展，高品质消费、社区消费、乡村消费并进的发展态势。2021年成渝地区双城经济圈社会消费品零售总额达34553.6亿元，同比增长17%，增速比全国高出4.5个百分点。

进一步看，随着成渝地区双城经济圈建设的持续推进，人员流动频繁,城乡融合发展和区域协同发展持续深化,将有利于促进形成强大、统一的区域消费市场,更好满足人民群众日益增长的美好生活需要,也有利于促进该地区相关产品、服务、人员、资本等要素的域内外双向流动,形成更加开放有序的市场格局。

第1节 重庆、成都培育打造国际消费中心城市主要成效

2019 年,商务部等 14 部门联合印发《关于培育建设国际消费中心城市的指导意见》,指导推进国际消费中心城市培育建设工作。《中华人民共和国国民经济和社会发展第十四个五年规划和 2035 年远景目标纲要》提出:"培育建设国际消费中心城市,打造一批区域消费中心。"2021 年 7 月,经国务院批准,上海市、北京市、广州市、天津市、重庆市率先开展国际消费中心城市培育建设。由此可见,重庆市作为西部地区内陆开放高地,培育建设国际消费中心城市基础条件好、消费潜力大、国际化水平较高、对成渝地区双城经济圈带动辐射作用突出,并得到了国家层面的认可,也是唯一入选国际消费中心城市培育名单的西部城市。

成都给社会各界的第一印象就是舒适、安逸,成都人爱吃、爱玩、爱旅游、爱夜生活,被誉为全球休闲之都。尽管未纳入国家首批国际消费中心城市培育名单,但成都在 2019 年 12 月召开的国际消费中心城市建设大会上提出"到 2035 年,建成具有全球吸引力的国际消费中心城市"的发展目标。2020 年 1 月,成都市委、市政府印发《关于全面贯彻新发展理念加快建设国际消费中心城市的意见》,提出了"国际消费中心城市"的"成都内涵",即全力打造国际消费创新创造中心、国际消费服务中心、国际消费文化中心、国际消费资源配置中心、国际消费品质中心,加快建成充分体现天府文化特色和国际时尚魅力的国际消费中心城市。2021 年 GDP超过 1.6 万亿元的城市社会消费品零售总额排名见表 3 - 1。

表 3 - 1　2021 年 GDP 超过 1.6 万亿元的城市社会消费品零售总额排名

城市	GDP 排名	社会消费品零售总额排名	社会消费品零售总额（亿元）	常住人口（万人）	人均社会消费品零售总额排名	人均社会消费品零售总额（万元）	社会消费品零售总额同比增速（%）
上海	1	1	18079.25	2487.10	2	7.269	13.5
北京	2	2	14867.70	2189.30	4	6.791	8.4
深圳	3	5	9498.12	1756.01	8	5.409	9.6
广州	4	4	10122.56	1867.66	7	5.420	9.8
重庆	5	3	13967.67	3205.42	10	4.358	18.5
苏州	6	7	9031.32	1274.83	3	7.084	17.3
成都	7	6	9251.80	2119.20	9	4.366	14.0
杭州	8	10	6743.50	1193.60	5	5.650	11.4
武汉	9	9	6795.04	1232.65	6	5.513	10.5
南京	10	8	7899.41	931.47	1	8.481	9.7

　　注：①在 2021 年 GDP 超过 1.6 万亿元的城市中，重庆、成都的排名分别为第五位和第七位，但社会消费品零售总额排名要高于其 GDP 排名，分别位居第三和第六，由此可见，两座城市基本形成了区域性消费中心的发展态势，消费在经济发展中的基础性作用显著。

　　②重庆、成都的人均社会消费品零售总额分别为 4.358 万元和 4.366 万元，二者相差不大，但是在 2021 年 GDP 超过 1.6 万亿元的城市中，排名分别为第十和第九，处于最后两位，与其他城市存在较大差距（比如，重庆人均社会消费品零售总额仅为南京的 51.39%）。由于经济发展、居民收入与发达城市仍有一定差距，重庆、成都不少居民的消费水平较低，不敢消费、不愿消费的现象仍然存在。

　　③重庆的社会消费品零售总额增速最高，成都的增速也位居前列（排名第三），可见随着成渝地区双城经济圈建设等一系列国家战略的实施，经济加速发展和消费提速振兴的发展红利，以及培育打造"国际消费中心城市"的成效正在不断显现。

　　④常住人口为第七次人口普查数据。

一　重庆培育打造国际消费中心城市的主要进展

　　近年来，重庆出台《重庆市人民政府关于印发重庆市培育建设国际消费中心城市实施方案的通知》《重庆市人民政府办公厅关于印发重庆市培育建设国际消费中心城市若干政策的通知》《重庆市人民政府办公厅关于培育发展"巴渝新消费"的实施意见》《重庆市人民政府办公厅关于印发加快发展新型消费释放消费潜力若干措施的通知》等消费引导政策，明确重庆培育建设辐射西部、面向"一带一路""近悦远来"的特色型国际消费中心城市的目标定位、重点任务和保障措施，加快建设国际购物、美食、会展、旅游、文化"五大名城"和实施"十大工程"①，国际消费中心城市建设成效良好。

1. 打造多元、融合、特色消费场景

重庆统筹推进"两江四岸"②整体提升、中央商务区提档升级、寸滩国际新城高标准建设，着力打造国际消费核心承载区，建成投用荟萃"两江四岸"璀璨夜景的长嘉汇购物公园、全国首个室内森林沉浸式体验的光环购物公园、全国首个商圈高铁 TOD③ 项目的金沙天街、拥有全国最大室内单体 360 度柱状水族馆的星光 68 广场、汇聚三大商业综合体的两江国际商务中心、来福士"横天摩天轮"等"网红"新地标，发展以观光旅游、休闲娱乐为主的"江岸经济""云端经济"。推进解放碑－朝天门、观音桥世界知名商圈建设，商圈人气位居全国前列，《中国城市商圈发展报告2021》数据显示，2020 年，重庆解放碑客流量超过 1 亿人次，营业额达172.2 亿元，成为与北京王府井、上海南京路、广州北京路、天津金街、杭州湖滨等齐名的全国知名商圈。图 3－1 为重庆解放碑步行街街景。

重庆推广解放碑步行街成功经验，改造提升磁器口、洪崖洞、弹子石老街等街区，延续街区、老旧厂房的建筑风格和文化脉络，打造富有山城记忆和巴渝特色的"后街支巷"特色消费场景。深挖巴渝历史文化、民族民俗文化，改造合川文峰、铜梁安居、酉阳龚滩等特色古镇，塑造具有巴渝特色的商文旅融合发展消费场景。

---

① 重庆培育建设国际消费中心城市"十大工程"是指：国际消费载体提质工程、国际消费资源集聚工程、渝货精品培育壮大工程、特色服务品牌塑造工程、数字消费融合创新工程、国际展会赛事提能工程、国际通道能级提升工程、国际国内交流合作工程、国际消费环境优化工程、消费促进机制强化工程。

② 重庆"两江四岸"：指长江、嘉陵江的四个江岸线，分别为南滨路、长滨路、嘉滨路和北滨路，岸线共长 394 公里，沿江腹地面积近 231 平方公里。"两江四岸"核心区由包含长江、嘉陵江交汇区域的朝天门、解放碑片区、江北嘴片区、弹子石、龙门浩片区围合而成。

③ TOD：以公共交通为导向的开发（transit－oriented development，TOD），是规划建设一个居民区或者商业区时，使公共交通的使用最大化的一种规划设计方式。

图 3 - 1　重庆解放碑步行街街景

注：重庆解放碑步行街是我国西部地区第一条商业步行街，2020 年入选商务部首批全国示范步行街名单。

（供图：商业新知网）

2. 集聚打造全球优质消费供给

近年来，重庆实施消费品牌拓展行动，依托解放碑、观音桥、江北嘴、杨家坪等重点核心商圈，发挥消费集聚辐射作用，汇聚"国际名品"，首店①经济日益活跃，2021 年引进知名品牌首店 169 家，类型涵盖餐饮、文娱、珠宝、服装、食品、生活服务等多方面。爱马仕、LV、GUCCI、迪奥等全球知名奢侈品牌均在重庆设有门店，主要奢侈品牌的门店总量居于全国城市前列。重庆已有丽晶、尼依格罗、威斯汀等多个国际品牌的五星级酒店开业，瑰丽、W 酒店、丽思卡尔顿等国际连锁品牌也在重庆加大酒店布局。

近年来，重庆加快建设西部进口商品分拨中心，支持企业利用跨境电商渠道、国家级贸易促进平台、境外营销公共服务中心、进口商品集散分拨中心、江北国际机场口岸免税店等平台载体，以"一带一路"共建国家

---

① 首店：是指在市场中具有影响力和代表性的连锁品牌在某地理区域范围内开设的第一家门店。

（地区）和南美洲、非洲等新兴市场为重点，及时调整贸易促进活动，积极拓展国际合作新空间，全市外贸市场布局持续优化。2021 年，重庆与 215 个国家和地区实现贸易往来，建有 13 个国家外贸转型升级基地，汽车摩托车、装备、电子等优势产品及特色农产品出口平稳增长，外贸进出口额达 8000.6 亿元，同比增长 22.8%，高出全国增速 1.4 个百分点；其中，出口 5168.3 亿元，增长 23.4%；进口 2832.3 亿元，增长 21.7%。

以汽车整车进口为例，2014 年国务院批准重庆设立西部内陆地区首个汽车整车进口口岸，保时捷、奥迪、ART（奔驰授权改装品牌）等知名车企，博世、舍弗勒等国际零部件厂商改变以往单一的海运模式，在重庆设立集散分拨中心，选择中欧班列运输进口整车和零部件。2020 年重庆整车进口数为 7795 辆，居内陆地区省级行政区整车进口口岸首位，形成整车口岸通关、销售、上牌、保险、售后维修等一站式服务，打造涵盖整车进出口贸易、汽车体验中心、汽贸城、汽车金融的全产业链，整车进口也成为中欧班列（成渝）最稳定、产品附加值最高的回程货源。

实施"渝货精品"培育工程。聚焦重庆味道、重庆工艺、重庆制造等重点领域，重庆实施增品种、提品质、创品牌的"三品战略"，推动"重庆产品"向"重庆名品""世界名品"转变。比如，支持历史悠久，拥有世代传承的产品、技艺或服务，具有鲜明的中华民族传统文化背景和深厚文化底蕴，取得良好信誉的老字号品牌发展壮大，到 2021 年末，重庆累计培育中华老字号 19 个、重庆老字号 291 个。

培育"网络优品"。重庆先后与阿里巴巴、京东等头部电商平台签署战略合作协议，重庆蚂蚁消费金融公司、京东健康医药西南总部等市场主体陆续落户，培育壮大渝欧股份、恒都康美、猪八戒等本土互联网企业。2020 年，全市电商企业达 1.39 万家，网商超 66 万家，建成各类电商集聚区 60 余个，电子商务交易额达 12687.8 亿元，有跨境电商备案企业 500 多家，跨境电商进出口总额达 78.1 亿元。推进实体商业线上线下融合发展，2020 年重庆限额以上企业网上零售额增长 44%，建成试点智慧商圈 10 个、智慧菜场

30 个。推进生活服务线上线下一体化发展，开展网络消费"渝快送"行动，餐饮、摄影、家政等线上接单、线下服务能力不断增强，240 个 A 级旅游景区全部实现在线预订。推进国家电子商务进农村综合示范创建，2020 年建成区县农村电商公共服务中心 28 个、物流配送中心 29 个，孵化涉农网商近 2.6 万家，全市农产品网络零售额达 130.7 亿元、同比增长 21%。

3. 塑造特色服务消费品牌

以国际消费中心城市建设为牵引，重庆加快培育塑造不夜重庆、山水旅游、美食之都、生态康养、户外运动、文化消费六大特色服务品牌。

以做靓"不夜重庆"品牌为例，聚焦"夜味""夜养""夜赏""夜玩""夜购""五夜"业态，重庆推出弹子石老街、十八梯、龙门浩老街、来福士等一批夜间特色消费新地标，建成洪崖洞、江北大九街、鎏嘉码头、北碚金刚碑等 16 个夜间特色消费新场景。2019～2021 年，重庆连续三年在《财经国家周刊》、瞭望智库评选的"中国城市夜经济影响力十强城市榜单"中排名第一。

以打响"美食之都"品牌为例，重庆加大力度培育"川菜渝味"品牌。到 2021 年，全市 11 家企业入选中国餐饮品牌力百强，6 家火锅企业进入前 20 名；打造美食地标 11 个，累计培育市级美食街区 53 条、国家美食地标城市 9 个、绿色饭店 56 家、钻级酒家 56 家、星级农家乐 1388 家。重庆火锅遍布全国，并在 20 多个国家和地区布局开店，推动重庆美食风靡全国、走向全球。重庆小面店有 8.4 万家（不含市外店铺），遍及重庆的每个角落，每天合计卖出 1260 万碗面，年产值近 400 亿元。①

二 成都培育打造国际消费中心城市的主要进展

依托规模领先的社会消费品零售总额、电商发展水平、国际知名品牌入驻率、首店经济和夜间经济资源等优势，以及开放、张扬、包容、友好

---

① 《重庆培育建设国际消费中心城市成效初显》，凤凰网房产百度百家号，https://baijiahao. baidu. com/s? id = 1725933201482077025&wfr = spider&for = pc，2022 年 2 月 28 日。

的天府独有文化氛围，成都商业活跃度已具备全国领先水平，夜间经济、绿道经济①、网红巷子等逐渐成为成都培育打造国际消费中心城市的特色和亮点。"中国最具幸福感城市""新一线城市排行榜"等国内外与城市有关的消费指数评比中，成都多数在榜。比如，仲量联行发布的"2020国际消费中心城市全国TOP 10"榜单上，成都紧随上海、北京之后，名列第三。

1. 以特色商业街区提升消费体验

成都相继出台《成都市打造特色商业街区行动工作方案》《成都市特色商业街区建设指引》等政策文件，提出每个街道打造一个特色商业街区，依托各个街区的资源禀赋，以街区商旅文体融合为重点，将特色商业街区打造为体现城市社区商业新功能、塑造城市社区商业文化新业态、新载体、新体验的消费场景。到2021年末，成都有示范步行街7条，其中全国示范步行街宽窄巷子是海内外游客在成都的"网红"打卡地。图3-2为春熙路商圈街景。

图3-2　春熙路商圈街景

注：成都市春熙路商圈打造潮购、潮游、潮玩、潮享"四潮专线"，吸引市内外时尚品牌和知名品牌入驻，成为国内知名的"网红"商圈。

（供图：携程网）

---

① 绿道经济：天府绿道是成都公园城市建设中的重要一环，规划总长度为1.69万公里，是一个覆盖成都全域的绿道体系。在依托绿道体系布局的基础上，成都已陆续培育乡村旅游、创意农业、体育健身、文化展示等特色产业。

值得关注的是，商业特色街区的兴起让成都这座因商而兴的城市更具魅力，也吸引了更多品牌首店汇聚于此。2018年以来，成都首店数量保持稳定、较快的增长，到2021年末，共引进首店1335家，各类概念店、主题店、城市定制店等创新首店集聚，成都已成为知名消费品牌进军成渝地区双城经济圈和西南地区市场的桥头堡，呈现"首店＋首发首展首秀"的首店经济新生态。2021中国（成都）首店经济发展大会发布的《2021中国首店经济发展报告》显示，成都与北京、上海、广州、深圳等共同名列首店数量第一梯队城市。

2. 消费新场景满足市民幸福美好生活新需求

成都坚持"场景营城"理念，以满足人民美好生活新需要为逻辑起点，发布《公园城市消费场景建设导则（试行）》，打造地标商圈潮购、特色街区雅集、熊猫野趣度假、公园生态游憩、体育健康脉动、文艺风尚品鉴、社区便民生活、未来时光沉浸八类"国际范、蜀都味"消费新场景，着力推进"雪山下的公园城市·烟火里的幸福成都"建设。"开门见公园，推窗见雪山，老街巷里漫步，绿道之中骑行，春熙路上追赶潮流，龙泉山上田园牧歌，文艺小店越来越多，时尚大牌纷纷入驻"，这些美好的公园城市消费新场景正描绘出一幅独具魅力的成都市井生活图景。

以社区便民生活消费新场景为例，围绕社区邻里生活服务、社区绿道生活、产业社区生活等社区消费新场景，成都发布《成都社区商业投资机会清单》，从补齐设施短板、丰富商业业态、创新服务能力等多环节凝聚多元市场主体参与，共建"一刻钟便民生活圈"，塑造高品质社区生活的成都样本。

3. 打造全域、全时、全年龄段夜间消费业态

成都出台《关于发展全市夜间经济促进消费升级的实施意见》等政策文件，每年挖掘夜间消费特色亮点，发布100个夜间经济示范点位，涵盖文化、旅游、体育、医美、亲子、购物、餐饮、教育等领域，打造地标性夜间经济集聚区，培育壮大夜间消费市场，加速从美食、酒吧构成的成都夜间经济1.0模式，过渡到融合艺术、文创、文博等新兴消费业态的2.0

模式，再升级到文旅商康养深度融合、线上与线下一体化、科技与时尚交互共生的全新 3.0 时代。

曹操出行大数据研究院发布的《2020 中国都市夜间"出行 + 消费"分析报告》显示，成都位居夜间经济（出行 + 消费）总单量排行榜①榜首。《阿里巴巴 2020 "十一"假期消费出行趋势报告》显示，以"夜游锦江"为代表的成都夜游在全国十大夜游城市中（网络）热度位居第一，夜间经济品牌美誉度、消费活跃度、游客认可度、区域影响力大幅跃升。

4. 电商新业态稳促扩升消费新业态

近年来，电子商务在抗疫保供、复工复产和消费回补等方面作用凸显，"十三五"期间，成都电子商务交易额年均增速达 28.4%，高出全国平均水平 16.8 个百分点，网上零售额年均增速达 29.4%，高出全国平均水平 4.8 个百分点。公开数据显示，2021 年，成都累计实现电子商务交易额 24526.75 亿元，同比增长 8.35%；实现网络零售额 4934.79 亿元，同比增长 19.5%，在全国主要城市中排名第六位；成都拥有电子商务企业超过 4 万家，网商数量超过 86 万家，各类电子商务交易平台近 100 个，集聚阿里、腾讯、京东、快手等互联网头部企业区域总部，已培育 5 家电商"独角兽"企业、7 家国家级电子商务示范企业、3 家国家级数字商务企业。自 2016 年成都获批国家跨境电子商务综合试验区以来，跨境电商交易规模实现连年高速增长，2020 年跨境电商交易规模达 435.8 亿元。

电商规模扩大、主体壮大的同时，通过推进线上线下深度融合，"双品网购节""双十一"等促销活动力度持续加码，"成都数字生活消费节""川货电商节"等消费活动相继举办，直播带货、数字商业街区、远程办公、共享员工、在线医疗、在线教育、在线娱乐等"无接触"数字消费新场景新业态在成都不断涌现。生活服务与电商融合持续加深，养老、家政、餐饮、维修等领域的互联网化发展加快，社区电商百花齐放。

---

① 曹操出行为网约车平台，该排行榜以网约车订单为主要指标。

第2节　成渝地区双城经济圈消费经济合作主要成效

一　建立川渝消费协同合作机制

2020年，川渝两省市商务部门签订《共建内陆改革开放高地战略合作协议》，共同推进富有巴蜀特色的国际消费目的地建设是其中重要的合作内容。通过建立联席会议制度，组建对外贸易、商贸流通、消费促进等工作专班，促进重大项目、重大平台、重大改革、重大政策的有效衔接，建立相互支持培育建设国际消费中心城市、共建"川菜渝味"区域公共品牌出海平台、联办"川渝好物进双城"活动等合作机制。

重庆渝中、江北等12个区县与成都锦江、武侯、青羊等6个区及德阳、泸州等8个地市陆续签订合作协议，共同落实消费协同相关工作。例如，重庆市渝中区和成都市青羊区商务部门签署合作协议，共同整合两地首店经济、特色街区、平台经济、夜间经济等消费资源，加强渝中区解放碑、洪崖洞、大坪和青羊区宽窄巷子、金沙光华、青羊新城等两地重点商圈的协同联动，推动两地消费品牌及消费场景互输资源、互相引流、无缝衔接、联建共赢。

川渝两省市商务部门牵头组织编制《建设富有巴蜀特色的国际消费目的地实施方案（征求意见稿）》（以下简称《实施方案》），提出共同实施构建巴蜀消费双核体系、提质巴蜀消费核心平台、丰富巴蜀消费品质供给、擦亮巴蜀消费特色品牌、推进巴蜀消费创新升级、培育巴蜀消费知名企业、发展巴蜀消费特色产业、促进巴蜀文旅消费融合发展、优化巴蜀消费国际环境九大行动。《实施方案》对建设富有巴蜀特色的国际消费目的地提出了明确目标：到2025年，推动形成重庆主城都市区和成都双极核、多个区域与次区域消费中心共同发展的新格局，基本建成"立足西南、面向全国、辐射全球，品质高端、功能完善、特色突出"的国际消费目的地。

2021年6月，川渝两省市经信部门签署《消费品产业合作协议》，组建美食工业化产业联盟，联办中国（成渝）美食工业博览会，推动果蔬、粮油、火锅食材、白酒等食品饮料加工的集群化发展。部分合作项目已见成效，比如，发挥泸州老窖、郎酒、江小白等品牌酒企的优势，四川省泸州市与重庆市江津区合作建设泸津白酒产业带，共同打造白酒优势产区。

川渝联动保护消费者权益也在加快推进。比如，川渝两省市消费者权益保护委员会建立异地消费维权机制，共同开展消费教育、商品比较试验、消费调查、消费发展论坛等活动，2021年1～8月共受理川渝异地消费投诉496件，解决495件，为两地消费者挽回经济损失283.62万元。四川省泸州市、重庆市江津区市场监管部门共同建立消费维权工作交流平台，成立汽车消费异地维权联盟，在互通消费维权工作信息、联合开展消费教育引导、联动开展消费异地维权等方面开展深度合作。重庆市潼南区、四川省资阳市安岳县、乐至县，遂宁市船山区、安居区等川渝毗邻地区五区县市场监管部门、消费者权益保护委员会建立战略合作，重点事项包括优化营商环境、川渝五地"异地消费、本地投诉"、协同打击食品安全违法行为、知识产权保护等。

二　重庆、成都消费协同联动提速扩容

重庆、成都有关部门积极整合两地的商旅文资源，搭建以解放碑、太古里、洪崖洞、宽窄巷子、鹅岭二厂等两地标志性商圈、特色商业街、文化旅游景区等为主体的双城商旅文营销推广联盟，共建互为客源地和目的地的城市营销矩阵，举办一系列城市营销推广活动和惠民消费活动，合力打造双城联动的特色精品旅游线路、消费活动品牌，促进双城消费场景和载体的融合互动、交流合作。

例如，在"爱尚重庆·约惠夏天"2020年重庆惠民消费季活动期间，成渝双城消费协同行动是其中一项重要活动，重庆和成都有关部门首次共同组织消费节联动促销，在两地同步举办2020成渝双城消费节、首届川渝

老字号博览会、双城云逛街等主题活动，上线成渝消费电子地图，全面展示两地消费场景、文创产品、旅游特色商品，以及吃、喝、玩、游、购代表性品牌，打造两地居民广泛参与的城市互动营销活动。重庆市商业联合会、成都市零售商协会等 100 余家协会及重庆百货、成都富森美等 300 余家企业联合成立成渝双城消费服务联盟，推进两地消费企业的交流合作。

再如，成都市的都江堰市因世界著名的水利工程都江堰和中国道教发祥地青城山而闻名于世，重庆市南川区则拥有重庆主城都市区唯一的世界自然遗产金佛山、国内首个喀斯特生态公园山王坪等旅游资源。两地山水、人文各具特色，一个是平原风光与休闲文化，一个是雄山峻岭与巴渝风情，具有较强的互补性。两地文旅部门建立都江堰、青城山、金佛山精品景区合作机制，联合开展市场互联、广告互宣、共创品牌节会、旅游线路互通、信息共享、人才交流、大篷车巡游营销推广等活动，共同打造成渝地区双城经济圈精品旅游线路。

案例 3-1　成都市青羊区宽窄巷子、重庆市渝中区洪崖洞联手打造"宽洪大量"商旅融合消费品牌

近年来，重庆市渝中区和成都市青羊区旅游部门在文旅规划对接和政策互动、文旅公共服务、群众性文化惠民活动、文化旅游产业发展、互为旅游目的地、区域资源共建共享、招商引资协同、文旅人才交流八个方面加强战略合作，通过文旅携手，大力推动两地的人文互动和消费增长。

2020 年以来，成都市青羊区宽窄巷子、重庆市渝中区洪崖洞这两条全国知名商业步行街在品牌打造、市场营销、产品互推、游客导流等方面展开深度合作，联手打造"宽洪大量"商旅融合消费品牌，成为渝中区和青羊区消费合作的旗舰项目。

宽窄巷子、洪崖洞分别设立包含对方景点形象、城市文化、消费旅游活动等内容的"成渝双城记"互动交流展览，共同举办"成渝来

打卡""成都好耍·重庆好玩"定向旅游线路等创意活动,联手推出成渝两地吃、住、行、游、购、娱消费线路地图,联合开展"Betogether 网红 CP 打卡成渝""洪崖洞×宽窄巷子网红地标联动计划""双城攻略"文旅美食展等网上宣传活动。在游客导流方面,双方选定成渝主要地铁线路,打造"沉浸式洪崖洞·宽窄巷子主题车厢",在成都至重庆往返高铁周末时段增设"成渝双城号"冠名主题专列,并放置旅行手册供游客在旅途中浏览,构建"城际休闲 + 轨道交通"的 2 小时消费圈。两地的消费协同成效很快显现,《2020 年"端午节"川渝旅游大数据报告》数据显示,"宽洪大量"成为川渝游客心中的最佳旅游景点 CP。

第 3 节 成渝地区双城经济圈打造富有巴蜀特色的国际消费目的地面临的挑战和对策建议

一 成渝地区双城经济圈稳促扩升消费与消费协同面临的主要挑战

1. 新冠肺炎疫情对消费增长造成影响

2020 年初出现的新冠肺炎疫情对我国消费造成较大的影响,2020 年 1~2 月全国社会消费品零售总额同比下降 20.5%,增速比 2019 年同期回落 28.7 个百分点。随着一系列促消费政策的落地见效,我国基本实现了消费回补和潜力释放,有效对冲了疫情影响,提振了经济。但是在国外疫情加速蔓延、国内疫情散点多发的情况下,"需求收缩、供给冲击、预期转弱"的三重压力反复跌宕,成渝地区双城经济圈部分城市仍然面临消费降速、经济下行等挑战。

2. 重庆、成都国际消费中心城市建设与全球知名城市和国内一线城市尚有一定的差距

有别于巴黎"购物天堂"、北京"文化中心"等国际形象已经牢固树立,受限于经济发展水平和国际知名度的相对不足,重庆、成都尚未形成

具有全球辨识度的国际消费中心城市品牌形象，造成两地多以区域市场布局的形式集聚国际消费品牌的销售网络；一线国际品牌入驻量有限，加之本土优质消费品牌、产品不多，且竞争力不强，难以形成国际高端消费品产业链、供应链，对成渝地区双城经济圈的消费创新和引领作用不足。

由于重庆、成都存在典型的城乡二元结构，综合性高端消费场景主要集中在中心城区的核心商圈，其他地区多以传统的低端零售业态为主，主题娱乐、文化演艺、创意展示等多功能、复合型消费内容偏少，品牌化和国际化欠缺，导致消费集聚功能、中高端消费供给、对周边区域的消费吸引力不足。电子商务总部型平台、全国性平台企业不多，现有电商企业、网商主要服务本地用户的一般性生活消费需求，导致现有的消费供给结构难以全面满足两地居民多元化、层次化、品质化、个性化、国际化的消费升级需求。

将重庆、成都与北上广深四座一线城市就与国际消费中心城市相关的几项指标进行比较（见表3-2），可以得出以下几条结论。

表3-2　重庆、成都与北上广深一线城市国际消费中心建设效能比较

城市	2021年GDP（亿元）	2019年游客数量（亿人次）	5A景区数量（个）	2021年社会消费品零售总额（亿元）	全国试点步行街数量（个）	2021年引进首店数（个）	2018年国际会议数量（场）	2021年机场旅客吞吐量（万人次）
重庆	27894.02	6.57	10	13967.67	1	169	8	3576.6
成都	19917.00	2.80	1	9251.80	1	801	16	4012.0
北京	40269.60	3.22	8	14867.70	1	901	93	5769.0
上海	43214.85	3.70	3	18079.25	1	1078	82	6541.4
广州	28231.97	2.23*	2	10122.56	1	214	20	4025.0
深圳	30664.85	1.45	2	9498.12	1	270	12	3635.8

注：自2019年开始，广州市只统计接待过夜旅游者人数。

数据来源：2018年国际会议数量数据来源于ICCA（国际大会与会议协会）公布的国际会议统计数据；其他数据来源于相关城市国民经济和社会发展统计公报、《民航局2021年全国民用运输机场生产统计公报》等公开资料。

（1）依据商务部出台的《国际消费中心城市评价指标体系（试行）》，

国际消费中心城市需要具备相当的国际知名度、城市繁荣度、商业活跃度、到达便利度、消费舒适度。

（2）从国际知名度来看，北京、上海、深圳、广州四座一线城市在国内外相关评价中名列前茅，而重庆、成都多在中国中西部城市中排名靠前，与一线城市的国际知名度仍有一定的差距。

（3）从城市繁荣度来看，重庆、成都2021年GDP均落后于北上广深四座一线城市，且北京、上海承办了更多的国际会议，可见城市繁荣度与经济实力、要素融通等总体呈正向关系。

（4）从商业活跃度来看，重庆2019年游客数量、5A景区数量遥遥领先于其他城市，且社会消费品零售总额居于第三位，已成为国内重要的消费中心城市、旅游集散地，同时，成都的上述指标也能达到一线城市的水平。因此，以重庆和成都为"双核"，以提升商业活跃度为突破口，依托市场需求改善购物环境、购物体验等消费舒适度，集聚中高端消费价值链，进而整体带动成渝地区双城经济圈的消费经济前景可期。

（5）从到达便利度来看，重庆、成都与北上广深四座一线城市在交通物流基础设施、航线数量、旅客吞吐量等指标上相差不大，已具备与国际消费中心城市相匹配的接待承载能力。

3. 成渝地区双城经济圈中小城市及农村的消费水平相对较低

受限于经济发展尤其是现代服务业发展相对滞后、优质消费供给不足、居民平均收入不高、高收入群体少、人才流失、中心城市（城区）消费虹吸效应较大、新冠肺炎疫情影响等多因素综合影响，成渝地区双城经济圈中小城市普遍面临消费增速下行、消费供需错位、高端消费难以满足等挑战。

农村消费市场和消费水平亟待全面提升。区域内脱贫群众仍然面临较大的增产增收压力，城乡居民收入存在一定的差距，农村居民对消费价格敏感度较高，不敢消费、不愿消费的群众仍有较大规模。加之农村流通成本较高、乡镇商贸设施和农村综合服务网点不健全、消费监管难度较大，农村销售的商品种类相对不多，甚至部分地区还存在假冒伪劣商品，难以满足农民的消费需求。随着实施乡村振兴战略，农村产业环境改善提升，返乡农民、城市入乡人员持续增加，农村的消费供给升级更趋迫切。

二 成渝地区双城经济圈打造富有巴蜀特色的国际消费目的地对策建议

1. 共建"双核＋多中心＋城乡联动"高品质消费空间

立足巴蜀文化特色、资源禀赋，坚持高端化和大众化并重、快节奏和慢生活兼具，推动形成以重庆主城都市区和成都为"双核"、多个区域消费中心共同发展、城乡均衡发展的高品质消费空间布局。

做靓"重庆山水、重庆时尚、重庆美食、重庆夜景、重庆康养"五大名片，打响"成都休闲、成都消费、成都创造、成都服务"四大品牌，加强两地在商贸、会展、旅游、教育、健康、医疗等重要消费领域的合作，促进优质消费资源协同共享，举办成渝双城消费节、中国（成渝）国际消费品博览会、成渝美食大赛等活动，联合组织"川渝好货进双城""川渝好货全国行"推介活动，推动重庆主城都市区和成都中心城区成为云集国内外头部品牌、引领全龄消费潮流、吸引全球消费客群、展示巴蜀文化特色的国际消费目的地及核心承载区。

川渝毗邻地区要突出区位优势、文化特色和产业基础，统筹推进城市商圈、购物中心、步行街等消费空间按需升级改造，培育具有地域特色的区域消费中心城市，提升"1小时便捷生活圈"的承载能力，满足本地及周边居民的消费需求。推动涪陵、合川、黔江、潼南、武隆、江津、泸州、宜宾、乐山、南充、达州等市区发展文旅商康养融合新业态，打造成渝中心城区市民休闲的"后花园"。推动万州、铜梁、南川、垫江、荣昌、自贡、内江、广安等市区围绕特色美食、传统工艺产品、民俗节庆、自然遗迹等，建设特色消费聚集区，打造巴蜀特色"3小时商旅品质消费圈"。培育规范乡村消费市场，依托经济强镇、农村集贸市场、乡村旅游景点、乡村振兴示范点等，建设富有乡土特色的商业名镇（村）和巴蜀美丽庭院示范片①。

推动重庆解放碑—朝天门、成都春熙路—太古里等省市级以上的特色商圈业态创新、设施改造、品牌集聚、功能升级，打造具有国内外影响力和美誉度的知名商圈。推动线下商圈向智能化、场景化、体验式、互动性、综合型、品质型、一站式、环保绿色的以"商品＋服务＋体验"为特色的区域性消费中心节点转型，进而优化商业网点、消费物流、农村消费网络，实现全域消费供给升级。

2. 丰富多元融合的品质消费供给

重庆、成都结合高端商圈建设，发展全球品牌荟萃、总部集聚的国际购物中心，引进品牌首店、高端定制店、跨界融合店、跨境电商体验店，鼓励消费精品首发、首秀、首展，发展都市娱乐、品牌餐厅、主题乐园等潮流业态，举办有影响的音乐节、电影节、时装周等展演活动，打造城市网红打卡地群。引导国内外消费品牌在成渝地区双城经济圈就近开展市场网络和供应链、产业链布局。发展体现巴蜀风情、承载城市记忆、展现工匠精神的特色小店，打造"吃喝玩乐购看"网红小店。在核心商圈、自贸区、保税区等地建设跨境电商零售中心、"一带一路"进口商品旗舰店、免税店、离境提货点等，便利国际商品流通。

保护传承经典川菜、成都小吃、重庆火锅、重庆小面、渝派川菜、盖碗茶、麻辣烫等巴蜀美食文化，打造"川菜渝味"美食品牌、美食地标。开展名街、名企、名店、名师、名菜等推选和标准体系建设，推动巴蜀美食品牌跨区域市场布局，以美食吸引和集聚全球消费资源。提升智博会、西洽会、西博会、科博会、酒博会、体服会等成渝重点展会的国际影响

---

① 巴蜀美丽庭院示范片由川渝住房和城乡建设部门合作开展，选择人口集聚程度较高、自然文化资源丰富、地理区位优势突出和发展前景广阔的村落组团，以农房为原点、院落为单元、村落独特的资源为支撑，建设具有地域特点、民族特色、时代特征，且充满烟火气息、乡愁记忆的高品质农房、高颜值院落、高价值村落，成为成渝地区双城经济圈乡村高品质生活宜居地的示范窗口。

力，推动相关中小城市围绕消费和产业升级发展会展业。推动传统文化和科技元素融入动漫、游戏、设计、音乐、影视、传媒等创意产业，扩大本地创意消费供给。提升医疗健康、养老、托育、家政等社会服务的市场化、个性化供给质量。

促进成渝地区双城经济圈大中小微企业供应链、经营链、生产链、消费链等价值链按需上网"上云用数赋智"，放大直播电商、短视频、社交电商等新业态作为形象展示端、营销突破端、商品交易端、数据汇集端、资金融通端的带动性，提升商品、企业、城市等网络曝光度、声量流量和品牌知名度、影响力，构筑与消费者直接精准连接互动的全链条、全流程数字化产供销网络，并拓展柔性生产、定制生产、智能工厂、消费众筹等高附加值业务。加快建设5G网络、数据中心、物联网等新基建，升级重构大中小城市教育、医疗、健身、零售、家居等数字化消费新场景。鼓励成渝城区双城经济圈内规模以上零售企业、电商企业、互联网公司利用新技术构建参与式、沉浸式智慧零售新模式新场景新业态，大力发展智慧门店、自助终端、智能机器人等"无接触"零售，率先探索元宇宙消费场景创新。

3. 构建安全友好、协同共享的一体化消费环境

联动优化营商环境和消费环境，促进成渝地区双城经济圈消费回补和消费促进政策的互认。引导金融机构面向川渝用户同城化、规范化发展基于场景的消费信贷、消费信托、消费众筹、消费责任保险等消费金融服务，同步发展供应链金融。普及推广全龄全行业移动支付和数字人民币应用，促进消费端支付结算降本增效。对标国际标准，建立覆盖成渝地区双城经济圈重点行业、重点消费品的公共服务平台，鼓励专业研究机构、新闻媒体、电商平台、商业企业等发布区域性、行业性消费报告，满足消费引领、产品溯源、消费评价、消费投诉、权益维护、市场监管、统计监测等需求。

第4章
共筑长江上游生态屏障的
主要成效、挑战与建议

　　长江是中华民族的母亲河，孕育滋养了生生不息的中华文明。改革开放以来，长江流域经济社会迅猛发展，成为中国经济的重要支撑。党的十八大以来，以习近平同志为核心的党中央科学谋划，部署实施长江经济带发展战略，长江经济带绿色发展全面推进。2014年，《关于依托黄金水道推动长江经济带发展的指导意见》正式发布；2016年，中共中央、国务院印发《长江经济带发展规划纲要》，把保护和修复长江生态环境摆在首要位置；2016年，习近平总书记在于重庆主持召开的推动长江经济带发展座谈会上强调，"共抓大保护，不搞大开发"；2021年3月1日，《中华人民共和国长江保护法》正式实施。

　　"夜发清溪向三峡，思君不见下渝州。"成渝地区双城经济圈同处长江上游，山同脉、水同源，大气、水、土壤环境相互影响，尤其是两地水系发达，河流湖泊相连相通，流域面积为50平方公里以上的跨界河流多达81条、长度累计超过1万公里，是休戚与共的生态共同体，在长江流域的生态安全中占有重要战略地位。总的来看，成渝地区双城经济圈是自然资源、水能资源、矿产资源丰富的生态沃土。同时，长江在该地区流经山地生态脆弱区、城镇人口稠密区和工业集聚区，各类生态环境风险叠加交织，生态治理点散、面广、量大，因此，成渝地区双城经济圈要坚持"绿水青山就是金山银山"理念，坚持"共抓大保护、不搞大开发"，以"减污降碳协同增效"为抓手，携手筑牢长江上游生态屏障，探索绿色转型发

111

展新路径，在西部地区生态环境保护中发挥示范作用，形成人与自然和谐共生的新格局。

第1节 川渝环境治理和生态文明建设主要成就

近年来，成渝地区双城经济圈环境治理成效显著，绿色发展基础较好。2020年区域非化石能源消费占比达33%，远高于全国平均水平，"十三五"期间 PM2.5 年均浓度降幅达30%，劣Ⅴ类水质断面全面消除。① 同时，在共建共保协作方面也有较好基础，川渝两省市建立了跨部门、多领域、多层次的协同工作机制，在大气污染防治、重点流域污染治理等方面取得明显进展。

一 近年来四川省生态环境保护主要成就

1. 全省大环保格局加快形成

近年来，四川出台《四川省沱江流域水环境保护条例》《四川省岷江、沱江流域水污染物排放标准》《关于构建现代环境治理体系的实施意见》等法规政策，建立覆盖全省的"三线一单"② 生态环境分区管控体系，全力推进长江经济带突出生态环境问题的整改，完成省级环境保护督察及"回头看"全覆盖，开展川渝、川滇联合环境执法，2016～2020年累计开展执法检查约11万家次。长江黄河上游生态屏障建设成效明显，重要生态系统保护取得积极进展。

应对气候变化成效明显。2020年，可再生能源电力装机量和发电量分

---

① 《关于印发〈成渝地区双城经济圈生态环境保护规划〉的通知》（环综合〔2022〕12号），中华人民共和国生态环境部门户网站，https://www.mee.gov.cn/xxgk2018/xxgk/xxgk03/202202/t20220215_969154.html? keywords = % E6% 88% 90% E6% B8% 9D% E5% 9C% B0% E5% 8C% BA% E5% 8F% 8C% E5% 9F% 8E% E7% BB% 8F% E6% B5% 8E% E5% 9C% 88% E7% 94% 9F% E6% 80% 81% E7% 8E% AF% E5% A2% 83% E4% BF% 9D% E6% 8A% A4% E8% A7% 84% E5% 88% 92，2022年2月14日。

② "三线一单"：生态保护红线、环境质量底线、资源利用上线和生态环境准入清单。

别占全省电力装机和发电量的 85.3%、88.8%，建成全国最大的天然气（页岩气）生产基地，非化石能源占能源消费的比重达 38%，单位 GDP 二氧化碳排放、单位 GDP 能耗比 2016 年分别降低 29.9%、17.4%。

大气环境质量明显改善。划定大气污染防治重点区域，加强成都平原、川南地区、川东北地区的大气污染联防联控。21 个市（州）的城市大气质量达标数量由 2015 年的 5 个增加到 2020 年的 14 个。

水环境质量大幅提升。全面落实河湖长制，推动流域综合整治，深入实施重点小流域挂牌督办、消除劣 V 类断面、三磷污染防治攻坚、黑臭水体治理、饮用水水源地保护等专项行动，县级及以上饮用水水源地水质达标率达到 100%，农村集中式饮用水水源地水质达标率突破 90%，全省地表水省控及以上断面水质优良比例从 2015 年的 61.3% 上升到 2020 年的 94.5%。

土壤环境质量保持稳定，深入实施生活垃圾分类，县城生活垃圾无害化处理率从 2015 年的 82.1% 上升到 2020 年的 99.8%。

2. 成都加快公园城市建设

2018 年 2 月，习近平总书记在四川考察时强调"要突出公园城市特点，把生态价值考虑进去"。2022 年 1 月，国务院批复同意成都建设践行新发展理念的公园城市示范区。2022 年 3 月，国家发展改革委、自然资源部、住房和城乡建设部联合发布《成都建设践行新发展理念的公园城市示范区总体方案》。成都公园城市历经四年多的探索，成效显著，形成了一系列制度机制和实践经验。

成都组建市公园城市建设管理局，编制公园城市系列规划、建设导则和技术导则，推动公园城市建设地方立法的前期研究，建立以改善生态环境质量为核心的目标考核机制，初步构建公园城市建设标准体系。

推进大熊猫国家公园、龙泉山城市森林公园（见图 4-1）、环城生态公园、锦江公园和天府绿道等重大生态工程建设。到 2022 年 3 月，实施增绿项目 8263 个，建成天府绿道 5034 公里（规划建设 1.69 万公里，建设长度居全球城市第一），全市森林覆盖率提升至 40.2%、年固碳量超过 200 万吨。创新以城市品质提升平衡建设投入、以消费场景营造平衡管护费用的"双平衡"机制，开展生态环境导向（EOD①）开发模式试点。到 2022 年 3 月，打造国家级生态价值转化示范区 10 个、生态价值转化场景 380 个，2021 年生态环保产业产值突破 1000 亿元。

图 4 - 1 成都龙泉山城市森林公园

注：公园规划面积约为 1275 平方公里，定位为"世界级品质的城市绿心、国际化的城市会客厅"。

（供图：红星新闻网）

二 近年来重庆市生态环境保护主要成就

近年来，重庆市委市政府主要领导共同担任市深入推动长江经济带发展加快建设山清水秀美丽之地领导小组组长、市生态环境保护督察工作领导小组组长、市总河长、市总林长、市污染防治攻坚战总指挥，完成环保机构垂直管理体制改革，实现固定污染源排污许可全覆盖，开展"无废城市"建设、山水林田湖草生态保护修复、生态环境损害赔偿制度改革等全国试点，"党政同责、一岗双责"大环保格局逐步形成。

---

① EOD：Ecology - Oriented Development，以生态保护和环境治理为基础，以特色产业运营为支撑，以区域综合开发为载体，采取产业链延伸、联合经营、组合开发等方式，推动收益较差的生态环境治理项目与收益较好的关联产业有效融合。

统筹山水林田湖草系统治理，聚焦"水里""山上""天上""地里"，持续深化"建""治""管""改"，以碧水保卫战、蓝天保卫战、净土保卫战、柴油货车污染治理、水源地保护、城市黑臭水体治理、长江保护修复、农业农村污染治理等标志性战役为重点，深入实施"碧水、蓝天、绿地、田园、宁静"五大环保行动。到2020年末，长江干流重庆段水质为优，42个国考断面水质优良比例达100%，城市集中式饮用水水源地水质达标率达100%。

运用生态环境保护政策措施驱动产业结构调整升级。全市钢铁、水泥、电解铝、平板玻璃等重点行业落后产能已全部淘汰，积极构建绿色制造体系。到2020年末，建成绿色工厂115家、绿色园区10个，园区工业集中度达到84%，促进资源的节约集约利用。2016~2020年，全市单位GDP能耗累计下降19.4%，单位GDP二氧化碳排放量累计下降21.88%，非化石能源消费占比为19.3%，页岩气产量累计超过310亿立方米。

第2节 成渝地区双城经济圈生态环境共建共保共治主要成效

一 川渝生态环境部门加强环保协同合作

1. 川渝常态化开展环境保护合作

近年来，川渝两省市生态环境部门签署《深化川渝合作深入推动长江经济带发展行动计划（2018—2022年）》《共同推进长江上游生态环境保护合作协议》《突发环境事件联防联控合作协议》《长江三峡库区及其上游流域跨省界水质预警及应急联动川渝合作协议》《共同加强嘉陵江渠江流域水污染防治及应对突发环境事件框架协议》等多份合作协议，建立水污染联防联治、大气污染联防联控、危险废物跨省转移、环境执法、环境应急管理等跨部门、多领域合作机制，有力促进了成渝地区双城经济圈生态环境质量的整体改善提升。

比如，铜钵河是流经重庆市梁平区和四川省达州市大竹县、达川区的嘉陵江支流，曾经污染较为严重，2017 年，铜钵河流域上河坝断面水质为Ⅳ类，部分月份水质甚至被判定为Ⅴ类或劣Ⅴ类。为了彻底治理铜钵河污染，川渝两省市生态环境部门及达州、梁平两地相关部门签署《铜钵河流域水生态环境保护联防联治协议》，共同印发《铜钵河流域水生态环境保护川渝联防联治方案》，建立联席会商、联防共治、信息共享、流域生态补偿、联合执法等机制，共同投入 6.89 亿元，实施 57 个治理项目，实现常态化联防联治、共建共保，目前铜钵河（见图 4-2）上河坝断面水质稳定达到Ⅲ类，个别月份水质达到Ⅱ类。

图 4-2　川渝生态环境部门联合治理后的铜钵河
（向成国　摄）

2. 成渝地区双城经济圈生态环境保护协同合作进一步深入

2022 年 2 月，生态环境部、国家发展改革委、重庆市人民政府、四川省人民政府联合印发《成渝地区双城经济圈生态环境保护规划》，提出了生态环境共建共保的具体目标：通过推进绿色低碳转型发展、践行绿色低碳生活方式、筑牢长江上游生态屏障、深化环境污染同防共治、严密防控区域环境风险、协同推进环境治理体系现代化等举措，到 2025 年，成渝地区双城经济圈地级及以上城市的空气质量优良天数率不低于 89.4%，

PM2.5 浓度下降 13% 以上，跨界河流国控断面水质达标率达到 100%，到 2035 年基本建成美丽中国先行区。

成渝地区双城经济圈建设启动后，川渝生态环境部门坚持统一环保标准和一张负面清单管两地，建立生态环境联建联治专项工作组、联席会议机制，联合印发相关工作方案、重点任务等，开展联合执法，实施跨界污染治理，上下联动、左右互动的生态环境共建共保大格局基本形成。截至 2022 年 3 月，两地生态环境领域签订省市级合作协议 14 项、地市、县（区）合作协议 40 余项，社会组织签订合作协议 1 项。①

川渝两省市正加快协同推进目标任务的落实和实施。比如，建立跨界生态保护红线管控协调机制，重庆划定 2.04 万平方公里、四川划定 14.92 万平方公里的生态保护红线面积，加强毗邻地区的自然保护地和生态保护红线监管，协同开展生物多样性保护，实施三峡库区消落带治理和岩溶地区石漠化综合治理。在全国建立首个跨区域、跨部门联动实施水泥行业常态化错峰生产制度。川渝两省市生态环境部门正在共同制定"成渝地区双城经济圈生态环境标准编制技术规范"，协同推进玻璃工业大气污染物排放标准、陶瓷工业大气污染物排放标准、页岩气开采业水污染物排放标准等地方标准的编制，加强行业污染物排放标准和监测方法标准制修订过程中的沟通协调，有序推动川渝污染物排放标准的统一。

3. 川渝开展生态环境联合执法

2020 年 4 月，川渝两省市生态环境部门签订《联合执法工作机制》，成立联合执法工作协调小组，加强信息的互联互通，每年由双方轮流组织跨界污染问题联合执法行动，共同对交界处的污染问题开展现场检查和交叉检查。依托重庆市江津区人民法院第五人民法庭，建立川渝环境资源司法协作（江津）巡回法庭，开展跨区域环境资源案件的巡回审判。2021

---

① 《重庆市生态环境局关于市政协五届五次会议第 0081 号提案办理情况的答复函》（渝环函〔2022〕312 号），重庆市生态环境局门户网站，http://sthjj.cq.gov.cn/hdjl_249/rddbjy-hzxtabljg/202207/t20220704_10883505.html，2022 年 5 月 9 日。

年，川渝毗邻区域 18 个地市、县（区）累计开展地市级层面的生态环境保护联合执法 60 余次，出动执法人员 1000 余人次，发现环境问题 200 余个，移交属地处理，形成"打击一批，震慑一片"的联合执法效果。

2020 年 8 月，川渝各级生态环境执法部门启动首次大规模联合执法，共出动执法人员 80 余人次，对重庆市江津区、永川区和四川省泸州市泸县、合江县开展了以涉排放挥发性有机物企业为检查重点的联合执法行动，对 24 家企业开展现场执法检查。2021 年 11 月，川渝生态环境部门再次出动执法骨干 68 人，采取"省级 2 人 + 地市 2 人 + 属地 2 人"联合编组模式，成立 10 个现场检查组、1 个综合协调组、1 个宣传报告组，有针对性地选取川渝毗邻的 10 个重点地市、县（区），重点聚焦水、大气、固（危）废三方面环境污染问题，进行跨省异地执法行动，联合检查排污单位 115 家，查处环境违法行为 8 起。由此可见，川渝生态环境联合执法呈现检查执法规模更大、协作程度更深、对环境违法行为震慑更大等特点。

川渝林业部门签署《成渝地区双城经济圈林业和草原行政执法合作协议》，建立执法数据共享、异地调查取证协作、重大敏感案件和违法犯罪线索通报、案件线索互移、有奖举报、人才联合培养等机制。到 2021 年末，两地联合培训林业执法人员 170 余名，开展跨区域联合执法专项行动 796 次，查处案件 248 件。针对林业有害生物的联防联治，川渝林业部门构建监测预警、信息共享、检疫协作、防治减灾等协作机制，到 2021 年末，两地联合开展松材线虫病疫木联合执法行动，毗邻区县、乡镇（林场）间共签订联防联治协议 116 份。针对森林草原火灾的联防联控，川渝林业部门完善毗邻区域森林资源、监测预警、风险隐患数据、森林草原火情等信息的沟通和共享机制，构建护林联防协作会商、演练、宣传、火情处理、灾后处置等协同机制。针对生物多样性保护，川渝林业部门共同修订发布重点保护野生动物名录，联合开展珍稀濒危野生动植物野生种群保护。

二 川渝联合开展水环境治理

2014 年 9 月，川渝两省市环保部门签订《长江三峡库区及其流域跨省界水质预警及应急联动川渝合作协议》，标志着川渝跨区域治水正式上升到省级层面。而后，两地环保部门陆续建立水环境保护工作联席会议、跨界断面水质联合监测、风险防范形势定期会商、环境风险源和环境敏感点信息共享等机制。

2020 年成渝地区双城经济圈建设启动以来，川渝生态环境部门在深化河湖长制合作、开展河流联合巡查、强化河流联合治理、纵深推进生态补偿、创建示范河湖、推进信息化建设和数据共享、引导各界参与治理等领域加强协同合作，签订《成渝地区双城经济圈水利合作备忘录》《川渝跨界河流联防联控合作协议》等合作协议，发布《川渝跨界河流管理保护联合宣言》，协同立法加强嘉陵江流域的生态环境保护，在全国首创成立川渝河长制联合推进办公室，统筹协调两地跨界河流全面落实河长制工作，针对 81 条流域面积为 50 平方公里以上的川渝跨界河流开展污水"三排"（偷排、直排、乱排）问题专项整治行动和"清四乱"（乱占、乱采、乱堆、乱建）专项行动，推进长江、嘉陵江、乌江、岷江、涪江、沱江等水域的生态廊道建设，协同治理、开发、保护两地水资源，构建毗邻地区上下游、左右岸、干支流协同联动的跨界河流联防联控联治机制，实现河道、河水、河岸治理一把抓、全域治，积极破解部分河道只治城区不治郊区、只治上游不治下游、只治局部不治整体等问题。

2021 年，长江干流重庆段水质持续保持为优，74 个国家地表水考核断面水质优良比例为 98.6%，9 个渝入川国考断面水质达标率为 100%；四川 203 个国考断面水质优良比例为 96.1%，16 个川入渝国考断面水质达标率为 100%。到 2022 年 3 月，川渝生态环境部门共排查整改跨界河流污水"三排"问题 182 个、河道"四乱"问题 315 个，实现川渝 25 个交界断面水质监测数据共享。川渝联合治河的创新实践获评 2020 年《中国水利报》"2020 基层治水十大经验"。

以琼江流域环境治理为例，琼江是涪江的一级支流，全长约 239 公里，其中四川境内河长约 137 公里，重庆境内河长约 102 公里，涉及四川省遂宁市大英县、安居区，资阳市乐至县、安岳县和重庆市潼南区、铜梁区等6个区县。过去几年，琼江流域水环境质量不稳定，存在部分地区污水管网配套不足、污水处理厂出水无法稳定达标、沿线水产养殖废水外排入河等问题。尽管琼江流域环境保护责任划分较为清晰，但受限于各区县经济发展水平和环境治理投入的较大差异，独立治水并不能解决琼江的环境问题。2021年4月，川渝建立琼江流域水生态保护联防联治机制，共同实施城镇生活污水收集处理补短板、农业农村水污染防治、流域生态保护修复、水资源优化调度、环境监管能力建设5大类、42项琼江水生态环境保护项目，力争到2023年实现琼江流域地表水国考断面和省（市）考断面优良水体（达到或优于Ⅱ类）比例达到100%。

案例4-1 川渝建立跨界流域上下游横向生态补偿机制[①]

2020年底，重庆市政府与四川省政府签订《长江流域川渝横向生态保护补偿协议》，确定实施横向生态补偿机制的流域包括长江和濑溪河，有效期为2021年1月1日至2023年12月31日。两省市每年共同出资3亿元设立川渝流域保护治理资金，包括2亿元的川渝长江干流保护治理资金和1亿元的川渝长江重要支流（濑溪河）保护治理资金，专项用于相关流域的污染综合治理、生态环境保护、环保能力建设以及产业结构调整等工作。

川渝长江干流保护治理资金由川渝两省市政府分别出资1亿元设立，以长江朱沱断面（国家考核断面）的水质监测数据为依据实施补偿。若断面水质达标，川渝按照6：4分配当月资金；若断面水质未达标，川渝按照4：6分配当月资金。若断面水质优于国考目标1个类别及以上，当月还需划转重庆0.05的分配权重给四川。

---

① 生态补偿机制：是调整生态环境保护和相关各方之间利益关系的一种制度安排，是一项具有经济激励作用、与"污染者付费"原则并存、基于"受益者付费和破坏者付费"原则的环境经济政策。

川渝长江重要支流（濑溪河）保护治理资金由川渝两省市政府分别出资0.5亿元设立，以濑溪河高洞电站断面（国家考核断面）的水质监测数据为依据实施补偿。若断面水质达标，川渝按照2.5：7.5分配当月资金。若断面水质未达标，川渝按照7.5：2.5分配当月资金。若断面水质优于国考目标1个类别及以上，当月还需划转四川0.05的分配权重给重庆。

生态补偿机制实施后，有力促进了川渝跨界重点流域水质的持续改善。以濑溪河为例，该河是沱江的一级支流，发源于重庆市大足区中敖镇，流经重庆市大足区、荣昌区和四川省泸州市泸县、龙马潭区，最终经沱江汇入长江。随着工业化、城镇化、农业规模化的发展，濑溪河曾经面临较严重的水污染问题。2017年10月，濑溪河因污染问题突出被重庆市挂牌督办。荣昌区连续三年印发濑溪河流域"一河一策"综合整治方案，投入资金10余亿元，整治突出环境问题4000多个；大足区也陆续投入30多亿元治理濑溪河污染问题。成渝地区双城经济圈建设启动后，濑溪河流经的川渝四区县进一步加强水污染共治，河水已恢复清亮，两岸（见图4-3）绿化美化，沿河漫步、健身已成为当地居民的日常生活。2021年1月和2月，濑溪河高洞电站断面水质均为Ⅲ类，可见濑溪河水污染治理成效显著。

图4-3 重庆市荣昌城区濑溪河两岸

（供图：美篇）

案例4-2 川渝两省市就嘉陵江流域水生态环境保护
开展协同立法

嘉陵江是长江上游的最大支流，发源于秦岭北麓的陕西省凤县代王山，全长为1345公里，流域面积为16万平方公里，主要流经陕西省、甘肃省、四川省、重庆市。嘉陵江流域在重庆市和四川省面积合计为11.2万平方公里，占嘉陵江流域总面积的70%，涉及四川省8个市和重庆市14个区县。川渝81条跨界河流中，属于嘉陵江流域的有38条，占比为46.9%。

川渝两省市所属的嘉陵江流域还有部分河流水质达不到水域功能要求，个别河流还存在Ⅴ类水质的断面，小溪小沟生态基流断流时有发生。比如，川渝两省市所属的嘉陵江流域布设有监测断面21个，2021年1~2月的监测结果显示，Ⅰ-Ⅲ类水质有16个，Ⅳ类水质有3个，Ⅴ类水质有2个，水质较差的监测断面占比为23.8%。造成这一结果的主要原因是部分地区水污染联防联控机制不健全、协作力度不够深入，无法达到流域一体化治理的效果。

2021年11月25日，重庆市第五届人大常委会第二十九次会议表决通过《重庆市人民代表大会常务委员会关于加强嘉陵江流域水生态环境协同保护的决定》（以下简称《决定》）。同日，四川省第十三届人大常委会第三十一次会议表决通过《四川省嘉陵江流域生态环境保护条例》（以下简称《条例》）。《决定》和《条例》施行后，川渝两省市从信息共享、生态保护补偿、专项规划编制、水污染治理、水生态修复、水资源保护、标准、监测、河湖长、应急、执法、司法、人大监督共13个方面，推进嘉陵江流域水生态环境共标、共建、共治、共管。

值得关注的是，在《决定》出台之前，重庆市已出台《重庆市水污染防治条例》，对该市行政区域内的江河、湖泊、渠道、水库等地表水体和地下水体的污染防治做出了规定。但是，嘉陵江流域在川渝境内多为饮用水水源保护区和经济发展高强度区，部分地区存在跨行政区的河流流域交叉断面、混流区的流域治理和保护协同不够等问题，因此，重庆采取围绕"联防联控"进行"小切口"立法的方式，与四川就嘉陵江流域生态环境保护实现协同立法。

三　川渝携手防治大气污染

早在2010年，北京大学、四川省环境监测总站、重庆市环境监测中心、环保部华南环境科学研究所共同承担的科研项目《成渝地区大气灰霾特征与控制途径研究》成果已显示，成渝地区的灰霾天气日趋严重，已出现类似京津冀和长三角地区的区域性大气污染问题。

2015年，四川省人民政府和重庆市人民政府联合签署《关于加强两省市合作共筑成渝城市群工作备忘录》，其中提到要建立成渝城市群相邻城市大气污染预警应急及联防联控制度、空气重污染天气应急联动机制，并借助国家环保专网，共同推动成渝城市群大气环境预报预警等区域信息网络体系的建设。

2020年成渝地区双城经济圈建设启动以来，川渝两省市生态环境部门签署《深化川渝两地大气污染联合防治协议》，健全联防联控机制，组建深化川渝大气污染联合防治推进工作领导小组，有关城市建立双边、多边协作机制，定期交流互通区域大气污染防治工作进展和空气质量状况，落实大气环境信息共享、预警预报、环评会商、联合执法工作机制，协同修订重污染天气应急预案，积极应对连片污染。2020年12月，毗邻地区空气站点基本档案信息、空气自动监测城市数据（小时报）、空气自动监测数据（小时报）被纳入川渝首批跨界共享的政务数据资源，川渝空气质量数据实现共享共用。

突出交通污染和PM2.5、臭氧污染协同防控。川渝生态环境部门推进交界区域内火电、钢铁、水泥、石油化工、玻璃、砖瓦等大气污染重点行业、重点污染源的协同治理，加大"散、乱、污"企业的集中整治力度，开展高排放车辆和超标车辆协同整治。例如，川渝水泥行业存在产能严重过剩的结构性矛盾和艰巨的大气污染防治任务，两地经济和信息化、生态环境部门联合建立全国第一个跨区域跨部门联动的水泥行业常态化错峰生产制度，根据各地区的大气环境质量状况，兼顾能耗水平、产品品种等因素，实施差异化错峰生产，目前川渝 120 家水泥熟料生产企业全部参与错峰生产。

针对重点区域、重点行业、重点企业，川渝生态环境部门联合开展蓝天保卫战联动帮扶。例如，2020 年 6 月，重庆市渝北区、永川区、合川区、荣昌区与四川省内江市、泸州市、广安市、达州市 8 区市生态环境部门组成 4 个联动帮扶组，联合检查渝北区、永川区、合川区、重庆双桥经开区、内江市 10 个重点行业、30 多家企业的挥发性有机物治理情况，发现并移交涉大气环境问题线索 23 条。

四 川渝协同开展固废危废的高效处置

1. 川渝建立危险废物跨省市"白名单"合作机制

由于危险废物种类繁多，无法单独依靠一个省市自行建设类别齐全的危险废物利用处置设施，因此危险废物跨省市转移的需求越来越大。2018 年 11 月，川渝两省市生态环境部门签订《危险废物跨省市转移合作协议》，建立危险废物管理信息互通、危险废物处置需求对接、危险废物转移快审快复、突发事件危险废物应急转移、危险废物监管协调会议等协作机制。

2020 年 4 月，川渝两省市生态环境部门签署合作协议，在全国率先建立危险废物跨省市转移"白名单"合作机制，进一步简化转移审批手续。先期，双方将跨省市转移数量和批次较多的废铅蓄电池、废荧光灯管、废线路板三类危险废物纳入"白名单"。今后每年 12 月，川渝两省市生态环境部门将在确保环境风险可控的条件下，分别提出下年度危险废物经营单位以及相应接收的危险废物类别和数量"白名单"，经双方协商确认并正式函告对方，此后便可按此"白名单"直接予以审批，不再需要双方生态环境部门函商确定。该做法大大简化了审批程序，提升了审批效率，大幅减少双方的函商程序，审批时间从之前的一个月左右缩短到 5 个工作日。以四川转移到重庆最多的废铅蓄电池为例，2019 年两地生态环境部门共审批 177 个批次，双方来往函件 354 份；建立"白名单"后，重庆只需要向四川发一次函，四川根据重庆函件确定的可处置数量直接审批即可。重庆德能再生资源股份有限公司是川渝地区第一家专门回收利用废铅蓄电池的企业，也是进入川渝危险废物跨省市转移"白名单"的企业，"白名单"制度实施后，2020 年，由四川省转移到该公司的废电池近 12000 吨，占其采购总量的 73%。

2020 年 11 月，重庆、四川、贵州、云南四省市签订《关于建立长江经济带上游四省市危险废物联防联控机制协议》《四省市危险废物跨省市转移"白名单"合作机制》，将"白名单"制度扩展到川、渝、黔、滇四省市，充分利用各省市危险废物利用处置设施资源，避免重复建设，同时加强危险废物管控，减少跨省市无序转移风险。

之后，"白名单"制度在全国陆续推广。《国务院办公厅关于印发强化危险废物监管和利用处置能力改革实施方案的通知》（国办函〔2021〕47号）提出："根据企业环境信用记录和环境风险可控程度等，以'白名单'方式简化危险废物跨省转移审批程序。"而后，上海、江苏、浙江、安徽等省市陆续建立固废危废利用处置"白名单"制度。

2. 川渝共建"无废城市"①

2019 年 4 月，重庆市（主城区）成为国家"无废城市"试点。三年多来，按照"中心城区试点—重点区域次第推开—双城经济圈共建"三步走的工作思路，重庆积极推动制度、技术、市场、监管、全民行动"无废城市""五大体系"建设。到 2020 年底，已实现医疗废物集中无害化处置、农膜回收网点、再生资源回收体系镇级或社区"三个全覆盖"，主城

---

① 无废城市：是以创新、协调、绿色、开放、共享的新发展理念为引领，通过推动形成绿色发展方式和生活方式，持续推进固体废物源头减量和资源化利用，最大限度地减少填埋量，将固体废物环境影响降至最低的城市发展模式。

都市区中心城区实现原生生活垃圾零填埋、餐厨垃圾全量资源化利用、城镇污水污泥无害化处置率超过95%，并总结凝练了危险废物精细化管理模式、五个结合①构建全民行动体系、餐厨垃圾全量资源化利用、城镇污水污泥近100%无害化处置、一网多用推动废弃农膜回收、小微源危险废物综合收集贮存制度等一批经验做法。

2020年11月，川渝两省市生态环境部门签订《成渝地区双城经济圈"无废城市"共建合作协议》，在顶层设计、能力建设、资源共享、信息互通等方面建立共建协调机制，标志着"无废城市"试点由重庆市主城区延伸拓展至成渝地区双城经济圈。目前，四川省已确定成都、自贡、泸州、德阳、绵阳、乐山、眉山、宜宾8个城市作为首批省级"无废城市"试点，正加快构建政府、企业、公众共建、共治、共享的"无废城市"建设全民行动体系。

五 川渝共建"双碳"（碳达峰碳中和②）示范区

"生态兴则文明兴，生态衰则文明衰"。在2020年第75届联合国大会上，国家主席习近平提出："中国将提高国家自主贡献力度，采取更加有力的政策和措施，二氧化碳排放力争于2030年前达到峰值，努力争取2060年前实现碳中和。"实现"双碳"目标成为国家行动。

成渝地区双城经济圈拥有天然气、水电等清洁能源优势。以四川为例，截至2020年底，全省水电装机容量达8082万千瓦、年发电量达3514亿千瓦时，分别占全国的21.8%、25.9%；四川盆地天然气资源丰富，总资源量达66万亿立方米，约等于鄂尔多斯、塔里木、柴达木三大盆地天然

---

① 五个结合：统筹谋划与协同联动结合、普及性与典型性结合、阶段性与持续性结合、教育引导与氛围营造结合、传统模式与创新手段结合。

② 碳达峰碳中和：通俗来讲，碳达峰指二氧化碳排放量在某一年达到了最大值，之后进入下降阶段；碳中和则指一段时间内，特定组织或整个社会活动产生的二氧化碳，通过植树造林、海洋吸收、工程封存等自然、人为手段被吸收和抵消掉，实现人类活动二氧化碳相对"零排放"。

气资源量的总和，已获探明储量6.17万亿立方米，探明率仅为9.3%，是国内最具潜力的天然气勘探开发地区，天然气产量约占全国产量的1/4，支撑川渝地区成为我国用气范围最广、气化率最高的地区。

可以说，成渝地区双城经济圈具备足够的基础条件和能力实践绿色高质量发展，不再走"先污染后治理"的老路，而是在新型城镇化、新型工业化较快发展进程中，推动以绿色、低碳、智能、优质等为重点的新一轮技术改造和城市更新，跳出环境库兹涅茨陷阱①，走出一条在后发地区实现环境保护与经济发展更为平衡、更为协同的可持续发展之路。

1. 四川较早推出碳达峰碳中和相关制度

2021年12月，中国共产党四川省第十一届委员会第十次全体会议通过《中共四川省委关于以实现碳达峰碳中和目标为引领推动绿色低碳优势产业高质量发展的决定》，这是全国首个省级碳达峰碳中和政策文件，明确提出了2025年、2030年、2035年的清洁能源产业及其支撑产业、应用产业的发展目标。

2022年3月，中共四川省委、四川省人民政府印发《关于完整准确全面贯彻新发展理念 做好碳达峰碳中和工作的实施意见》（以下简称《实施意见》），远期目标提出，到2060年，绿色低碳循环发展的经济体系和清洁低碳安全高效的能源体系全面建立，能源利用效率达到国际国内先进水平，碳中和目标顺利实现。该《实施意见》的重点任务之一是在成渝主轴通道示范建设"电走廊""氢走廊"。

2. 成渝地区双城经济圈协同推进碳达峰碳中和

2021年10月，川渝两省市生态环境部门签署《关于建立区域环境准入协商机制合作协议》《应对气候变化合作框架协议》，协同建立环评"白

---

① 环境库兹涅茨陷阱：指一国/地区生态环境质量受到各种因素影响，迟迟未能逾越环境库兹涅茨曲线顶点的现象。环境库兹涅茨曲线揭示了环境质量随着经济增长呈现先恶化后改善的趋势。在大规模工业化阶段，规模效应超过技术效应和结构效应，环境质量随着经济增长不断恶化；在后工业化阶段，技术效应和结构效应超过规模效应，环境治理随着经济增长逐步加强，从而从整体上构成了环境质量与经济增长之间的倒U形曲线关系。

名单"等机制，推动共建区域性碳排放权交易市场。

2021 年 12 月，在第四次重庆四川党政联席会议期间，川渝两省市共同启动成渝地区双城经济圈碳达峰碳中和联合行动，以"建机制、搭平台、推项目"为抓手，在产业、清洁能源、交通、建筑、科技、农林、金融等领域，携手减排、协同治污、共同增绿。重庆两江燃机电厂（其运行中的发电机组见图 4-4）二期项目是联合行动实施的重点项目，位于重庆市两江新区水土高新技术产业园内，总投资 42 亿元，拟投资建设 3 台 70 万千瓦燃气-蒸汽联合循环机组，年耗气量约为 14.7 亿立方米，年发电量约为 84 亿千瓦时，预计 2023 年 8 月建成投产，投产后每年较同等级煤电节约标煤 80 万吨，减少二氧化碳排放 200 万吨。

图 4-4　两江燃机电厂运行中的发电机组

注：两江燃机电厂是西南地区首座燃气-蒸汽联合循环冷热电三联供综合清洁能源站和重庆市唯一的大型燃机电厂，通过环境友好型技术改造创新，其污染物排放远低于国家标准。

（供图：国务院国资委门户网站）

2022 年 2 月，川渝两省市政府办公厅联合印发《成渝地区双城经济圈碳达峰碳中和联合行动方案》，提出到 2025 年，成渝地区二氧化碳排放增速放缓，非化石能源消费占比进一步提高，单位地区生产总值能耗和二氧化碳排放强度持续降低。这是全国首个区域碳达峰碳中和联合行动方案，明确了成渝地区双城经济圈打造全国"双碳"示范区的目标任务，通过实施能源绿色低碳转型、产业绿色低碳转型、交通运输绿色低碳、空间布局绿色低碳、绿色低碳财税金融一体化、绿色低碳标准体系保障、绿色低碳科技创新、绿色市场共建、绿色低碳生活、绿色低碳试点示范十大行动，加快实现由能耗"双控"向碳排放总量和强度"双控"的转变。

随着碳达峰碳中和目标措施的提出，川渝金融机构纷纷发力绿色金融业务。例如，重庆深化"政府＋银行＋园区"的通力合作，对全市环保、节能、清洁能源、绿色交通、绿色建筑、应对气候变化等领域的项目投融资、项目运营、风险管理等提供全方位绿色金融服务。中国工商银行重庆市分行建立碳减排贷款审批绿色通道，中国农业银行重庆市分行、中国银行重庆市分行积极开展绿色债券发行与承销，中国建设银行重庆市分行成立"碳达峰碳中和"工作领导小组，交通银行重庆市分行组织绿色金融产品推介并设立绿色支行，中国邮政储蓄银行重庆市分行成立绿色银行建设领导小组等。截至 2021 年底，重庆辖区内大型银行共发放绿色信贷余额 1762.87 亿元。

川渝碳排放交易加快推进。重庆是国家首批七个碳排放权交易试点省市之一，近年来，以"双碳"为总抓手，持续推进经济社会发展的全面绿色转型。2021 年 1～8 月，重庆碳市场累计成交配额达到 338 宗，碳交易数量达 545.55 万吨，交易金额为 1.12 亿元，超此前历年的累计总和。截至 2021 年底，四川已完成首个碳市场履约期清缴工作，全省 46 家控排企业按时足额完成碳排放配额清缴履约，共有 27 家控排企业参与碳排放配额交易，碳交易数量达 353.8 万吨，交易金额达 1.7 亿元，两项指标均高于全国平均水平。

案例 4-3　川渝共建"成渝氢走廊"

成渝地区双城经济圈氢能资源丰富，产业基础良好，各级政府部门密集出台氢能产业政策规划，集聚氢气"制、储、运、加、用"上下游 200 多家企业及科研院所等，形成氢能全产业链布局。到 2021 年 12 月，川渝两省市累计投入运营氢燃料电池汽车 440 辆，建成加氢站 15 座。

2020 年 6 月，川渝两省市经信部门首次提出共建"氢走廊"。2020 年 9 月，四川省经济和信息化厅印发《四川省氢能产业发展规划 (2021—2025 年)》，提出"成都 – 内江 – 重庆发展轴"的氢能产业布局。而后，共同打造"成渝氢走廊"成为成渝地区双城经济圈建设有关政策规划的重点任务。

2021 年 11 月，"成渝氢走廊"启动暨氢燃料电池物流车首发仪式在四川省成都市、内江市和重庆市九龙坡区同步举行。该物流专线由成渝地区双城经济圈氢能及氢燃料电池产业链优质企业联合打造，贯穿成都、重庆、内江、资阳、自贡、乐山等氢能资源丰富地区。示范初期，规划投放千台氢燃料电池物流车，可满足干线、城际和城配物流融合等多种场景使用需求。

"成渝氢走廊"规划了 2 条城际线路和 1 条直达干线。城际线路以资阳、内江、自贡、泸州、荣昌、潼南、九龙坡、两江新区等沿线地区为节点，连接天府国际机场、德阳重装基地、自贡国家骨干冷链物流基地和西南（自贡）国际陆港、九龙坡汽配集散基地、两路寸滩保税港区等支线，形成互联互通的氢能经济网络；直达干线沿成安渝高速公路，形成贯通成渝中部城市群的氢能快捷运输线。

案例 4 – 4　川渝共建明月山绿色发展示范带，打造践行"绿水青山就是金山银山"的新样板

川渝东部交界处的明月山绵延近 300 公里，纵贯重庆市梁平区、长寿区、垫江县和四川省广安市邻水县及达州市达川区、大竹县、开江县七个区县，毗邻重庆中心城区，是川渝东出北上的重要通道、三峡库区绿色发展的纵深和经济腹地，生态环境良好，绿色产业基础较

好。明月山绿色发展示范带是唯一一个以绿色发展为主题的川渝毗邻地区合作共建区域发展功能平台。

跨区域合作步入正轨之前，明月山及周边地区产业发展和生态保护存在各自开发、缺乏协同的问题。以旅游业为例，明月山旅游景区分散在川渝多个区县，在规划、建设、营销等方面各自单打独斗，无法形成统一品牌，影响了明月山旅游的整体发展。

2020年4月，梁平、垫江、大竹、达川、开江、邻水六个区县签署《共建明月山绿色发展示范带合作协议》，建立党政联席会议、分管副区（县）长协调会议、联合办公室、专项办公室四级工作体系及重大项目库，联合推进基础设施、现代产业、公共服务、生态环境一体化建设。同月，梁平、达川、大竹毗邻的17个乡镇签署《推进明月山绿色发展示范带建设乡镇合作协议》，从微观层面列出26个重点共建项目。

2021年11月，川渝两省市发改部门联合印发《明月山绿色发展示范带总体方案》，明确了三大发展定位——绿色一体化制度创新试验田、生态经济创新发展试验区、人与自然和谐发展示范区，重点发展森林康养、自然体验、精品民宿、现代高科技农业、休闲观光农业、绿色农产品加工业等绿色产业。图4-5为明月山·百里竹海旅游度假区民宿。

目前，明月山绿色发展示范带部分项目已立项、启动或者实施。比如，其基础设施项目纳入《共建成渝地区双城经济圈2022年重大项目名单》，"一园多组团"模式的明月山绿色食品加工产业园、明月山国家战略储备林基地等重点项目已开工建设；七个区县联合共创明月山国家农业高新技术产业示范区及"明月山""明月江""龙溪河"等农产品区域公用品牌，另外还协同开展龙溪河、明月江等跨界流域的水污染防治。

图 4 - 5 明月山·百里竹海旅游度假区民宿

注：明月山·百里竹海旅游度假区位于重庆市梁平区，绵延 50 余公里，集休闲、度假、旅游、观光、科考于一体，是中国森林氧吧、中国寿竹之乡、市级旅游度假区。

（供图：百度）

第 3 节 成渝地区双城经济圈共筑长江上游生态屏障面临的主要挑战和对策建议

一 成渝地区双城经济圈生态环境保护面临的主要挑战

尽管近年来成渝地区双城经济圈的生态环境质量改善明显，但部分领域取得的成效还是阶段性的，尚未实现由量变到质变的飞跃，生态环境保护和生态文明建设仍处于多重压力叠加、负重前行的关键期，保护与发展的长期矛盾和短期问题交织，生态环境保护的结构性、根源性和趋势性压力总体上未根本缓解。

1. 环境治理成效尚不稳固，环境质量持续改善难度加大

成渝地区双城经济圈的总体生态系统还比较敏感脆弱，环境容量和承载力还存在不足，部分地区生态功能退化的趋势尚未根本遏制，水土流

失、荒漠化等问题突出。农村人居环境整治需要持续推进，部分地区农村市场主体、居民环保意识淡薄，农业面源污染治理难题尚未完全破解，土壤污染治理仍需加大力度。森林、湿地、草地的生态系统调节能力有待提升，水生生物和陆域生物的多样性保护亟待加强。

虽然各级政府制定了严格的水污染治理法规政策，加大了水环境执法力度，但是区域内流域众多，部分支流、次级河流水质仍未达到水环境功能要求，洪涝灾害防治依然存在薄弱环节，一些饮用水水源保护区存在越界开发和保护力度不够等情况，环境监测和预警应急能力较薄弱。以四川为例，境内流域面积大于100平方公里的河流有1368条，湖泊有1000多个，被称为"千河之省"，其中96.6%的水系属于长江水系，地表水资源占长江水系径流的1/3，国控断面数量居全国前列，水环境整治存在点多面广、跨界流域保护难度大等挑战。

成渝地区双城经济圈地处四川盆地，受盆地北部秦岭大巴山脉的影响，冬春季北方冷空气难以进入，天气条件往往会较长时间维持在静稳状态，容易导致大气污染物的持续累积，再加上不少地区属于全国高湿区，早晚空气相对湿度大、多雾，加剧了颗粒物的吸湿增长和二次转化，加之城乡生产生活带来的大气污染，大气环境承载能力弱，导致部分城市持续性、区域性的中轻度大气污染多发，甚至出现区域性雾霾这一极端污染天气。

随着工业化、城镇化进程的加快，成渝地区双城经济圈总体上面临生活源固废、工业源固废同步增加的压力，加之农业废弃物来源复杂，防治难度和挑战严峻。例如，四川省每年产生一般工业固体废物约1.6亿吨、农业固体废物约2.4亿吨、工业危险废物约500万吨、医疗废物约6万吨、大中城市生活垃圾约1600万吨，"十三五"期间建筑垃圾产生量约为2.1亿吨，全省固体废物产生量居全国前列。

同时，相关城市由于城市功能、发展阶段、资源类型不同，亟须"一城一策"开展固体废物源头减量和资源化利用。由于固体废物特性复杂多变，波动性较大，品质相对较低，其中可能含有多种污染物质或干扰物质，而在经济社会高质量发展阶段，社会越来越注重产品的高质量和环境保护的高标准，对生产原料的品质和稳定性提出了更高要求，从而提高了固体废物的资源化利用门槛。

2. 小城市、小城镇、农村的环境基础设施建设存在短板，运维能力亟待提升

与中西部其他区域类似，成渝地区双城经济圈脱贫地区、民族地区、革命老区、山区等经济欠发达地区的小城市、小城镇、农村的环境基础设施欠账较多，难以依靠自身财力补齐短板。生活污水收集和处理能力不足，污水收集管网建设滞后，污泥无害化处理处置设施配套不足，生活垃圾分类、收集体系不健全。县城生活垃圾处理系统需进一步完善，建制镇及农村区域收集转运体系有待加强。部分地区政府主导、企业主责、社会参与的环境治理体系不健全，相关责任主体的环境意识和内生动力不足，无法满足生态环境高水平保护的需要。

3. 产业结构绿色转型面临较大挑战

成渝地区双城经济圈的火电、钢铁、化工、建材等高能耗、高污染、高排放产业和低端制造业占比较大，新兴产业尚未全面成势，新能源、环保、旅游等绿色产业占比总体偏低，部分地区偏重的工业结构格局和传统的农业生产方式仍未彻底改变，传统产业的绿色转型升级任务艰巨，协同推进减污降碳面临较大挑战。交通运输结构不优，公路货运比例较高，铁路和水运货运量占比相对较低，造成汽车尾气污染处于较高水平。部分地区产业用地结构不合理，产业围城、污染企业沿江分布等现象仍然存在，造成一些地区的资源环境承载能力已经达到或接近上限。

4. 川渝环境保护协同机制亟待固化、深化

随着成渝地区双城经济圈工业化、城镇化的新一轮加速推进，生态环境问题的区域同源同质特征更加显著，环境污染叠加效应复杂严峻，亟须加大区域一体化治理和保护修复力度。总的来看，川渝两省市的生态环境

保护协同联动主要集中在毗邻地区，有关合作尚处于起步实施或者加快推进阶段，而区域生态环境的共建共保对基于行政区的传统治理机制提出了新要求，需要川渝生态环境利益相关方在标准统一、政策协调、资源共享、利益协调、联合执法等方面加强体制机制创新。

二　成渝地区双城经济圈共筑长江上游生态屏障的对策建议

1. 加强生态环境的共建共保共管

川渝有关机构应共同构建以长江、嘉陵江、乌江、岷江、沱江、涪江为主体，其他支流、湖泊、水库、渠系为支撑的绿色生态廊道。加强小型溪河、沟渠、塘堰、稻田等小微湿地建设，建设成渝湿地群。深入推进"两岸青山·千里林带"等生态治理工程建设，共同推进龙门山、华蓥山、明月山、铜锣山、四面山、大巴山、大梁山等联通川渝两地主要山脉的森林生态系统建设和三峡库区、矿区、岩溶地区等区域的水土气综合治理，共建成渝森林城市群，加强生物多样性、自然保护地的联动保护。推进川渝高速公路、铁路、高铁、快速路等通道的绿化美化，构建成渝绿色交通走廊。

坚持一张负面清单管川渝，严格执行长江经济带发展负面清单管理制度体系，统一"长江支流""沿江1公里""合规产业园"等管控对象的界定标准和管控尺度。搭建生态环境全域协同监管平台，严格落实毗邻地区、跨界流域"三线一单"生态环境分区协同管控制度，并推广到全域生态环境联防联治，推进企业环境信用评价结果互认、失信企业联合惩戒制度建设，健全生态环境硬约束机制。严格执行生态损害赔偿制度，推广跨流域、跨区域横向生态保护补偿机制。在川渝毗邻地区建立生态环境联合会商、执法、督察等长效机制，探索建立生态环境保护巡回法庭、长江上游生态保护法院等司法新机制，依法联合查处交界区域破坏生态环境的违法行为。

2. 深化污染的跨界协同共治

推进跨界水体的环境综合治理。完善跨省市水体监测、联合执法、应急管理体系，加强流域上下游水资源的统一管理和联合调度，落实最严格的水资源管理制度，建设节水型城市。落实跨界流域河长制，完善联合巡河、交叉巡河、联合执法等常态化机制，加强工业污染、三峡库区入库水、入河排污口、畜禽养殖、黑臭水体等水污染敏感点的协同治理。加快建设港口船舶的污染物接收、转运及处置设施，推动川渝毗邻地区污水处理设施共建共享共管。

深化大气污染的联防联控。建立污染天气数据信息共享、联合预报预警、跨区域人工影响天气作业等应急管理联动机制，探索实施PM2.5、臭氧污染集中连片整治攻坚。创建清洁能源高质量发展示范区，推进川渝毗邻地区高污染行业、重点污染源的联合整治，依法依规协同推动落后产能退出、传统产业转移和新兴产业培育布局。推进重点区域交通、建筑、工业、汽车尾气、生活等大气污染的协同治理，加快淘汰老旧车辆，落实新能源消费政策，提高清洁能源消费比例。

加强土壤污染及固废危废的协同治理。加强工业园区、矿山、大中型传统企业生产地、受污染耕地等的修复与治理。落实危险废物跨省市转移"白名单"制度，推动固废信息化管理、危废区域安全转移与资源化合作以及医疗废物的全收集、全处理，严厉打击危废的非法跨界转移、倾倒等违法行为。综合环境因素和市场机制，统筹规划建设工业固体废物资源回收基地、危废资源处置中心，推进川渝毗邻地区固废处置设施的共建共享。

3. 探索"双碳"示范区建设新路径

构建绿色产业体系。引导"三高"企业搬迁改造和退城入园，鼓励制造企业实施全要素、全流程清洁化、循环化、低碳化、智能化改造，打造绿色低碳供应链和产业链。培育壮大节能环保、清洁生产、清洁能源产业，共同打造"成渝氢走廊""成渝光伏全产业链"等世界级绿色产业集群。推动水电与风电、太阳能发电协同互补，探索构建工业园区柔性负荷微电网，建设"成渝绿电走廊"。联合打造绿色技术自主创新链，加大节能技术、节能产品的推广应用力度，推行企业循环式生产、产业循环式组合、园区循环化改造。探索生态产品价值实现机制，推动乡村绿色低碳产业振兴。整合跨省市排污权、水权、用能权、碳排放权等资源，共建西部环境资源交易中心，加强"碳惠天府""碳惠通"等平台的推广应用，探索碳中和金融产品，大力发展绿色债券、绿色保险等绿色金融工具。

普及绿色低碳生活方式。协同开展"无废城市"建设，加快绿色生活配套设施建设，鼓励绿色低碳消费。推广装配式建筑、钢结构建筑、新型材料和可再生能源利用。推广城乡垃圾分类，共建区域一体化垃圾分类回收网络体系。深入推进"光盘行动"，推动政府、事业单位、国企等实施绿色采购，鼓励绿色出行、低碳旅游。倡导个人和家庭养成资源回收利用的习惯，强化环保意识和能力。规范快递业、共享经济等新业态的环保行为，限制商品过度包装。

第5章
联手打造内陆改革开放高地的
主要成效、挑战与建议

　　成渝地区双城经济圈位于"一带一路"和长江经济带交汇处，是西部陆海新通道的起点，具有连接西南西北，沟通东亚与东南亚、南亚的独特地理优势。有别于湖南、陕西等中西部省区提出的"内陆地区改革开放高地"战略，成渝地区双城经济圈强调以共建"一带一路"为引领，打造陆海互济、四向拓展、综合立体的国际大通道，加快建设内陆开放枢纽，深入推进制度型开放，聚焦要素市场化配置等关键领域，深化综合配套改革试验，全面提升市场活力，在西部地区改革开放中发挥示范带动作用。

　　不同于京津冀、长三角、粤港澳大湾区等发达地区的开放模式，成渝地区双城经济圈深处内陆腹地，不沿边、不临海，联手打造内陆改革开放高地的关键在于发挥"1 + 1 > 2"的放大、叠加、倍增作用，联手推进要素市场化配置、产学研用体制、跨行政区经济社会管理等重点领域改革，联动构建南向、西向、东向大通道，协同扩大全方位高水平开放，形成"一带一路"、长江经济带、西部陆海新通道联动发展的战略性枢纽，共同打造高质量开放型经济体系，进而成为区域合作和对外开放的典范。

第1节　川渝联手打造内陆改革开放高地的主要成效

　　2020 年 8 月，重庆市委全面深化改革委员会、四川省委全面深化改革委员会联合印发《关于推动成渝地区双城经济圈建设的若干重大改革举措》，开创了全国省级层面跨区域全面深化改革合作的先河，提出探索经济区和行政区适度分离综合改革、完善川渝自贸试验区协同开放示范区体制机制、推进城乡融合发展改革示范、健全生态环境联防联控机制等11项需两省市协同推进的重大改革举措。后续针对这些改革举措，川渝两省市陆续出台了相关法规政策，开展了一系列机制创新和实践创新，成渝地区双城经济圈"改革开放新高地"的战略路径日益清晰。

2021年10月出台的《成渝地区双城经济圈建设规划纲要》就"联手打造内陆改革开放高地"提出了加快构建对外开放大通道、高水平推进开放平台建设、加强国内区域合作、营造一流营商环境、增强市场主体活力、探索经济区与行政区适度分离改革六大重点任务。

2021年12月出台的《重庆四川两省市贯彻落实〈成渝地区双城经济圈建设规划纲要〉联合实施方案》则将《成渝地区双城经济圈建设规划纲要》中对"联手打造内陆改革开放高地"的重点任务部署为共建对外开放大通道、共建高层级对外开放平台、深化国内区域合作、共同营造国际一流营商环境、推动经济区与行政区适度分离改革五大重点任务。

案例5-1 重庆建设内陆开放高地的实践

重庆是较早提出和实践内陆开放高地战略的中西部内陆省级行政区。2009年，《国务院关于推进重庆市统筹城乡改革和发展的若干意见》（国发〔2009〕3号）提出重庆要"实施扩大内陆开放战略"，"成为内陆出口商品加工基地和扩大对外开放的先行区"。2010年，重庆两江新区继上海浦东新区、天津滨海新区之后获批成为第三个国家级新区，"内陆地区对外开放的重要门户"是其五大功能定位之一。作为内陆地区首个国家级开发开放新区，两江新区正依托国家级新区、中国（重庆）自由贸易试验区核心区、中新（重庆）战略性互联互通示范项目核心区"三区叠加"优势，长江黄金水道、西部陆海新通道、中欧班列（成渝）等开放通道聚集优势，持续扩大和引领高水平开放。2011 年以来，"内陆开放高地"成为重庆的核心战略目标，并陆续体现在有关政策规划上。

2016 年 1 月，习近平总书记在视察重庆时强调，重庆是西部大开发的重要战略支点，处在"一带一路"和长江经济带的联结点上，要求重庆建设内陆开放高地，成为山清水秀美丽之地。2022 年 2 月，商务部与重庆市政府签署部市合作协议，支持重庆加快建设内陆开放高地是合作协议的第一项任务。

2021 年 9 月，重庆市人民政府发布《关于印发重庆市全面融入共建"一带一路"加快建设内陆开放高地"十四五"规划（2021—2025年）的通知》（渝府发〔2021〕24 号），提出了重庆建设内陆开放高地的新目标——"到 2025 年，内陆开放高地基本建成，初步形成'一带一路'、长江经济带、西部陆海新通道联动发展的战略性枢纽"；"到 2035 年，全面建成内陆开放高地，融入全球的开放型经济体系基本建成，开放程度和国际化水平在中西部领先，参与国际经济合作和竞争新优势明显增强"。

1. 开放通道体系基本形成

重庆地处内陆腹地，距离出海口 2000 多公里，此前产品出口主要靠江海联运和空运，因而打造陆海通道成为重庆弥补物流短板、发挥产业优势、扩大对外开放的关键一环。2017 年以来，贵州、广西、甘肃、青海、新疆、云南、宁夏七个省级行政区陆续与重庆签署"陆海新通道"合作协议。2018 年，重庆市人民政府、四川省人民政府联合出台《关于印发深化川渝合作深入推动长江经济带发展行动计划（2018—2022 年）的通知》（渝府发〔2018〕24 号），开放通道和平台建设是川渝两省市八个重点合作任务之一。2019 年两会期间，重庆代表团提出全团建议，建议将"陆海新通道"明确为国家战略。2019年 8 月，国家发展改革委印发《西部陆海新通道总体规划》，西部陆海新通道正式上升为国家战略。

西部陆海新通道的战略效应持续凸显。重庆获批成为全国唯一兼有陆港型、港口型的国家物流枢纽城市；渝新欧（重庆）物流有限公司先后开行渝满俄班列、中亚班列、中欧班列、中越班列、中老班列，并实现常态化运营。以中欧班列（渝新欧）为例，其由最初仅为重庆本地IT企业服务的定制专列，逐渐发展为稳定的常态化开行的双向、公共、固定班列，成为服务全市及沿线城市的国际大通道。2011年3月~2021年3月，中欧班列（渝新欧）十年累计开行近8000列，居全国前列，运输货值年年位居全国第一。①

重庆长江水道航运优势进一步发挥。重庆长江航道总里程达4472公里，2020年，重庆64%以上的货物周转靠长江航运，90%以上的外贸货物依靠长江航运，45%的水运货物来自周边省区，铁水联运量达2038万吨（比2015年翻一番）。②重庆港口货物吞吐能力突破2亿吨/年、集装箱吞吐能力达500万标箱/年，长江上游首座万吨级港口新生港开港，果园港（见图5-1）成为我国内河最大的铁水公空联运枢纽港。③另外，到2020年末，江北国际机场的国际及地区航线达101条；中国首条针对单一国家（新加坡）、点对点的国际互联网数据专用通道建成。

2. 开放平台体系更加健全

中新（重庆）战略性互联互通示范项目是中国和新加坡第三个政府间合作项目，以重庆为运营中心，聚焦金融服务、航空产业、交通

---

① 《重庆市人民政府关于印发重庆市综合交通运输"十四五"规划（2021—2025年）的通知》（渝府发〔2021〕30号），重庆市人民政府门户网站，http://www.cq.gov.cn/zwgk/zfxxgkml/szfwj/qtgw/202110/t20211018_9815430.html，2021年10月18日。

② 《看！这段黄金水道"含金量"满满》，新华网，http://www.cq.xinhuanet.com/2021-10/25/c_1127992183.htm，2021年10月25日。

③ 《［网络媒体记者重庆行］"铁水公空"多式联运 重庆果园港全力打造内陆开放门户》，每日甘肃网百度百家号，https://baijiahao.baidu.com/s?id=1679071062896684443&wfr=spider&for=pc，2020年9月28日。

图 5 - 1　果园港

注：果园港位于重庆两江新区的核心区域，已成为西部地区唯一的港口型国家物流枢纽，实现了东西南北四向联通、铁水公空四式联运，正成长为"世界的中转站"。

（冯旨意　摄）

物流、信息通信等重点领域开展项目合作。到 2021 年底，累计签署商业合作项目 162 个，总金额达 250 亿美元，签署金融领域项目 208 个，总金额达 232 亿美元，辐射力与影响力逐渐增强。

两江新区内陆开放门户效应凸显。重庆高新区"升级版"加速打造，国家级经开区综合发展水平不断提升，中国国际智能产业博览会、中国西部国际投资贸易洽谈会等展会的国际影响力日益壮大。到 2022 年 3 月，中国（重庆）自由贸易试验区累计培育重点制度创新成果 88 项（其中 7 项向全国复制推广，66 项在全市复制推广），新增市场主体 6.5 万家，新设外资企业占全市的 20%，吸引全市超 35% 的外商直接投资，集聚全市超 1/4 的进出口企业，贡献全市约 70% 的进出口贸易总额。

3. 开放型经济稳步较快发展

近年来，全面深化服务贸易创新发展、跨境电子商务综合试验区、汽车二手车出口等一批试点试验改革落地重庆，重庆的外贸整体规模进一步扩大，结构更加优化，外贸企业活跃度持续增强。同时，重庆积极推动内外贸融合发展，开通出口转内销产品快捷认证通道，促进内外贸产品的"同线同标同质"，引导和支持内贸企业国际化经营。到 2021 年 5 月，全市累计获批国家外贸转型升级基地 13 个，涵盖机电、农产品、纺织服装、医药、新型材料五大行业多个产品类别。2021 年，重庆外贸进出口总值达 8000.6 亿元，较 2020 年增长22.8%，延续了 2018 年以来的两位数增长态势，共与 215 个国家和地区有贸易往来，有进出口实绩的企业共 3756 家。在西部地区的 12 个省区市中，重庆进出口值居第二位，占同期西部地区外贸总值的22.5%；对同期西部地区外贸增长贡献率为 24.8%，贡献率居首位。

双向投资水平不断提升。重庆市政府部门组建市级"行政服务管家"队伍，创建外商投资企业智慧服务云平台，优化外商营商环境。2021 年，重庆新增外商投资企业 351 家，同比增长 22.3%；实际利用外资 106.7 亿美元，同比增长 3.8%，其中外商直接投资（FDI）22.4 亿美元，同比增长 6.4%，规模居中西部前列。截至 2020 年末，世界 500 强企业累计落户重庆达 296 家。对外投资合作稳步推进，例如，2016～2020 年重庆对共建"一带一路"国家的投资项目数量超过往年的总和。

一　川渝共建共享开放通道，促进融入双循环新发展格局

目前，成渝地区双城经济圈依托中欧班列（成渝）、西部陆海新通道、长江黄金水道等干线通道，初步形成"四向齐发、四式联运、四流融合"①的国内国际通道体系和"通道 + 枢纽 + 网络"的商贸物流高效运行体系。比如，西部陆海新通道三条线路均从成渝地区双城经济圈发端，通过铁海联运、国际铁路联运、跨境公路运输，覆盖全球超 100 个国家和地区的

---

① "四向"指东南西北四个方向，"四式"指水道、公路、铁路、航空四个通道，"四流"指信息流、商流、资金流与物流。

300 余个港口。

中老铁路（成渝—万象）国际货运班列（图 5-2 为开通仪式）分别从成都国际铁路港和重庆国际物流枢纽园区始发，途经云南最快 3 天到达老挝首都万象。中老铁路全长 1035 公里，线路北起昆明，过中国磨憨铁路口岸和老挝磨丁铁路口岸，最后到达老挝万象。中老铁路的终点万象南站距泰国廊开车站仅 10 余公里，中老铁路未来可与泰国、马来西亚等东盟国家铁路连通，通过衔接泰国林查班港、缅甸仰光港等沿海港口，可辐射印度洋、南海区域，将成为成渝地区双城经济圈铁路直达东盟地区的更经济、更便捷的物流运输通道，中国-东盟自贸区内的经济联系也将进一步增强。

图 5-2 中老铁路（成渝—万象）国际货运班列开通仪式

注：2022 年 3 月 2 日，中老铁路（江津—万象）国际货运列车分别从重庆和成都两地发出。

（供图：重庆市江津区发展改革委）

中欧班列（成渝）是川渝共建通道体系的重大实效成果。2020 年 3 月，中欧班列开行的第 10000 班被冠上了"中欧班列（成渝）"的称谓，成为中欧班列具有里程碑的一班。2021 年 1 月 1 日，经过国铁集团同意，重庆和成都的中欧班列从当日起，统一使用"中欧班列（成渝）"开展品牌宣传推广。2021年，中欧班列（成渝）开行量超5000列、发运集装箱超40万标箱，覆盖电子、机械、汽车及配件、智能终端、医疗药品及器械、食品饮料、衣服鞋帽等上千种产品，发运总量约占全国中欧班列的30%，回程班列占比达55%，实现双向运输平衡，开行线路已通达欧洲超百个城市，成为全国开行量最多、开行最均衡、运输货值最高、货源结构最优、区域合作最广泛、运输最稳定的中欧班列。

1. 川渝加强交通互联互通

《国家综合立体交通网规划纲要》将成渝地区双城经济圈明确为中国四个"国际性综合交通枢纽集群"之一，其他三个为京津冀、长三角、粤港澳大湾区。总的来看，交通基础设施建设是成渝地区双城经济圈建设的先行和重点领域。2022年160个川渝共建重大项目中，交通基础设施项目有35个（占共建项目数量的21.9%），总投资6049亿元（占共建项目总投资的45%），2022年计划完成投资504亿元（占共建项目计划完成投资的57%）。

2020年以来，川渝两省市交通部门加强联动协同，成立专项工作组，联合编制出台《成渝地区双城经济圈综合交通运输发展规划》《共建长江上游航运中心建设实施方案》等政策规划，协同调整高速公路、内河水运、普通省道的布局规划，合力推进现代交通基础设施建设，实现省际通道布局全对接、建设同时序、标准相衔接，加快打造成渝地区双城经济圈4个"1小时交通圈"[①]，一张内畅外联的一体化综合交通运输网络愈加清晰。

到2020年底，四川省公路总里程位列全国第一，高速公路运营里程突破8100公里，实现高速公路"市市通"；重庆高速公路运营里程突破3600公里，中心城区及周边1小时公路通勤圈基本形成。到2022年3月，川渝省际高速公路达13条，其中在建7条；累计开行跨省城际公交9条，实现

---

① 成渝地区双城经济圈4个"1小时交通圈"：成渝双核超大城市之间1小时通达、成渝双核至周边主要城市1小时通达、成渝地区相邻城市1小时通达、成渝主城都市区1小时通勤。

公交"一码通""一卡通"。川渝有关部门联合制定《嘉陵江梯级通航建筑物联合调度规程》，在全国首创开展跨省联合调度，有效破解嘉陵江全线船闸运行"业主不一、属性不一、机制不一"、船舶通行效率低的难题，压缩船舶全线 1/3 的过闸时间，提高了过闸效率。常态化开行嘉陵江川渝干支直达集装箱班轮，节省时间，降低成本。比如，广元至重庆航行用时减少 47%、成本降低 44%。联合制定发布全国首个智慧高速公路地方标准，为川渝智慧高速公路建设提供了根本遵循。

2. 多层次轨道交通建设加快推进

2021 年 12 月，国家发展改革委印发《成渝地区双城经济圈多层次轨道交通规划》，这是继《长江三角洲地区多层次轨道交通规划》后的第二个"多层次轨道交通规划"①。规划提出：到 2025 年，初步建成轨道上的成渝地区双城经济圈，进出川渝四向通道基本形成，枢纽实现"零换乘"；轨道交通总规模将达到 1 万公里以上，其中铁路网规模达到 9000 公里以上、覆盖全部 20 万以上人口城市。

由此可见，打造高效率高水平的"轨道上的成渝地区双城经济圈"，支撑区域一体化高质量发展将进一步提速增效。以城际铁路网为例，向东由成渝中线高铁、成达万高铁形成高标准沿江高铁通道，向南由渝昆铁路、成自宜高铁完善西部陆海新通道，向北由渝西高铁、成都至西宁铁路、成兰铁路构建对接丝绸之路经济带的国际大通道，新建的绵泸高铁从绵阳经内江、自贡抵达泸州，将联通成渝地区的南北中轴。

川渝地区铁路同属中国铁路成都局集团公司管段，亦属成都铁路监管局监督管理范畴，面临的安全管理问题具有一致性，制定出台铁路安全管理地方性法规，对两地铁路的建设安全、线路安全、运营安全等事项予以协同规范，有利于推进成渝地区双城经济圈铁路事业的健康发展。2022 年 3 月，川渝两省市人大常委会会议分别表决通过《重庆市铁路安全管理条

---

① "多层次轨道交通规划"是指将干线铁路、城际铁路、市域（郊）铁路、城市轨道交通以及车站进行整体规划，以实现不同轨道交通的融合发展。

例》《四川省铁路安全管理条例》，两部条例于 2022 年 5 月 1 日同步施行，这是继优化营商环境和嘉陵江流域生态环境保护协同立法后，川渝两省市协同立法的又一成果。两部条例在管理规范、执法要求、条文内容方面基本保持一致，并设置了信息通报、应急协调、双段长制、反恐协调、交通事故防控、信用评价、区域协同等协作机制。

3. 成渝世界级机场群加快建设

近年来，成渝地区双城经济圈的民航发展进入快车道，截至 2020 年底，该地区有运输机场 10 个，其中四川省 7 个、重庆市 3 个，形成了以成都、重庆国际航空枢纽为引领的全国第四大区域航空市场。受新冠肺炎疫情影响，2020 年成渝机场群旅客吞吐量同比下降 24%，但降幅远低于京津冀（49%）、长三角（39%）和粤港澳（55%）机场群；成都双流机场的年旅客吞吐量跃居全国第二，其成为全球第八大最繁忙机场，重庆江北机场的年旅客吞吐量排名上升至全国第四，体现出较强的市场发展韧性。

到 2019 年末，成都、重庆机场国际（地区）航线超过 230 条，海外通航城市达 86 个，基本覆盖全球主要经济体。成渝地区双城经济圈还是我国民航发展重镇，拥有多家实力雄厚的航空企业，以及飞行学院、民航二所等民航科教资源，形成门类齐全、产业完整的飞机设计、研发、制造、维修产业链和产教融合格局。

成都、重庆国际航空枢纽战略规划和《重庆市民航发展"十四五"规划（2021—2025 年）》等政策规划都强调了成都、重庆的国际航空枢纽战略定位。2022 年 3 月，民航局发布的《关于加快成渝世界级机场群建设的指导意见》则进一步明确"以成都、重庆国际航空枢纽为牵引，加快打造西部对外开放空中大通道"的目标任务。

2020 年 8 月，四川省机场集团、重庆市机场集团签署战略合作协议，推进市场、运行、服务、应急保障等方面的合作，共建世界级机场群。另外，《共建成渝地区双城经济圈 2022 年重大项目名单》的"合力建设现代基础设施网络项目"中，世界级机场群项目数量位居第一，有重庆江北国际机场 T3B 航站楼及第四跑道工程、乐山机场、阆中机场、南充高坪机场三期改扩建项目和万州五桥机场航站楼扩建项目共五座机场的建设项目。图 5－3 为成都天府国际机场。

图 5－3　成都天府国际机场

注：2021 年 6 月，成都天府国际机场正式投运，成都成为中国内地第三个拥有两个国际枢纽机场的城市。

（供图：民航资源网）

二　川渝自由贸易试验区协同开放示范区启动建设

在 2021 年的全国两会上，住川渝的全国政协委员联名提交《关于支持建设川渝自贸试验区协同开放示范区的提案》。2021 年 10 月发布的《成渝地区双城经济圈建设规划纲要》，则明确了"建设川渝自由贸易试验区协同开放示范区"的任务。一年多来，川渝自贸试验区协同推进流动型开放和制度型开放，两地商务部门强化目标、领域、产业、政策、机制、时序"六大协同"，集成和应用一批跨区域、跨部门、跨层级的川渝自贸区制度创新成果。

例如，川渝自贸区首创中欧班列跨省域共商共建共享合作机制，并首发中欧班列（成渝）。首创"'关银一 KEY 通'川渝一体化"项目，在全国首次实现"电子口岸入网＋线上金融"业务跨关区一站式通办，为企业的单次业务办理节约近 1000 元，业务办理时间压缩 2/3 以上，有效促进了跨境贸易的便利化。四川自贸试验区成都片区在成都市温江区、龙泉驿区建设自贸协同改革先行区，帮助两区打造全省首家花木（农产品）进出口基地，推动"川花"走向国际市场，并将生物医药企业中低风险特殊物品的进口审批时间压缩 80% 以上。川渝自贸区对标 CPTPP、RCEP 等高水平经贸规则，协同构建以铁路提单、多式联运"一单制"为核心的陆上贸易规则体系，携手推进国家赋予的金融科技创新监管、本外币合一银行结算账户体系等试点，形成川渝贸易跨境收支结算、西部陆海新通道融资结算等跨境金融创新应用场景。天府新区成都片区法院（四川自贸试验区法院）与重庆两江新区法院（重庆自贸试验区法院）签订司法合作框架协议，联合发布《货物买卖合同纠纷诉讼指引》《川渝自贸区法院市场主体投资风险典型案例》，促进裁判尺度的统一，优化跨区域立案诉讼服务，加强跨区域"云调解"和重大案件协作。

三 川渝携手优化区域营商环境

1. 协同完善优化营商环境制度设计

2021 年 3 月，川渝两省市人大常委会分别表决通过四川省、重庆市优化营商环境条例，并均于 2021 年 7 月 1 日起施行。在国务院《优化营商环境条例》的大框架下，两部条例的制定出台实现了工作进度、体例结构和条文内容的协同，有约 40% 的条款对同类事项做出相似规定，并将川渝政府部门、司法机关在优化营商环境工作、促进成渝地区双城经济圈建设方面的合作交流措施提炼上升为地方性法规规定。在加强工作联动方面，《重庆市优化营商环境条例》的第九条、《四川省优化营商环境条例》的第六条对川渝两省市协同推进优化营商环境工作做出完全一致的规定，包括加强毗邻地区合作、政务服务、公共法律服务、多元化纠纷解决、执法联动、司法协作等。

2022 年 1 月，川渝两省市政府办公厅联合印发《成渝地区双城经济圈优化营商环境方案》，以川渝两部优化营商环境条例为指引，围绕激发市场主体活力、提升政务服务质效、健全法治保障体系三个方面，聚焦解决企业生产经营中的堵点痛点问题，提出近 200 条举措，促进成渝地区双城经济圈的要素资源高效配置、政务服务规范便捷、法治保障协调联动，同步提升两地市场主体的获得感和满意度。

2. 川渝"放管服"改革合作取得阶段性成果

2020 年以来，川渝两省市政府签署《关于协同推进成渝地区双城经济圈"放管服"改革合作协议》，以机制一体化、事项精准化、平台畅通化、窗口标准化、服务贴心化、区域协同化推动"川渝通办"合作事项为目标，建立联席会议、业务部门对口协作、日常监管、重点领域监管、信用监管、互联共享政务数据等机制，推进事项办理标准统一、受理流程统一、办事指南统一。

依托全国一体化政务服务平台，四川"天府通办"和重庆"渝快办"两个电子政务平台已实现互联互通和统一身份认证，并开设"川渝通办"（川渝政务服务"一网通办"）线上政务服务专区（线上流程见图 5-4）作为总入口，实现"不见面审批"或者"最多跑一次"。川渝各级实体政务服务大厅全部设置"川渝通办"综合窗口。到 2021 年 11 月底，川渝两省市政府共发布并完成两批"川渝通办"事项 210 项（第一批 95 项、第二批 115 项），累计办件量超过 589 万件，2021 年日均办件量超过 1.8 万件，较 2020 年的日均 1.5 万件增加 20% 以上。

图 5-4 "川渝通办"线上办理流程
（供图：四川省政务服务网）

以跨省市缴税为例，"川渝通办"打通两省市"财税库银"通道，将原耗时 3～5 天的跨省市缴税流程优化为全程在线、当日入账。2021 年，川渝税务部门累计办理注册业务 9429 笔、涉税业务 5.5 万笔、异地缴纳税款 2.4 万笔，入库税款 3 亿元。同时，推出川渝纳税人"一键迁移"功能套餐，符合条件的纳税人实现迁出手续"即时办"，迁入手续"自动办"。

针对部分"川渝通办"事项仍需到实体政务服务大厅办理的情况，川渝政府部门采取三种方式优化政务服务。一是"全程网办"。打通两地用户体系，实现"川渝通办"专区与四川"天府通办"、重庆"渝快办"的深度对接，为两地市场主体、群众提供申请受理、审查决定、制证送达全流程网上办理服务，市场主体、群众办事"零跑路"，便利 1.28 万家市场主体在川渝两地异地兴办企业。二是"异地代收代办"。对法律法规明确要求必须到现场办理的事项，申请人可通过两地在政务服务大厅互设的"川渝通办"窗口提交材料，由窗口工作人员代为受理或直接办理，事项办结后，再快递送还申请人。三是"多地联办"。对需要申请人分别到不同地方现场办理的政务服务事项，两地也减少了申请人的办理手续和跑动次数，实现一地受理、内部协同、一地办成。

2022 年 2 月，川渝两省市政府联合发布《成渝地区双城经济圈"放管服"改革 2022 年重点任务清单》《川渝通办事项清单（第三批）》《川渝电子证照互认共享清单（第一批）》三个清单。

与前两批"川渝通办"事项清单主要是按照国家或行业主管部门要求实现"跨省通办"的任务事项相比，第三批"川渝通办"事项清单更具有区域特色，采取"政府端菜＋群众点菜"的方式，川渝政府部门在清单发布前公开向社会征集市场主体和群众最关心、最期盼的事项，超过 15 万人参与网上意见征集活动。101 项"川渝通办"高频政务服务事项中，车辆购置税申报、企业投资项目备案、律师执业许可等 89 项为特色事项，占比为 88%，其余事项为根据国家或行业相关任务的清单梳理。

另外，第三批"川渝通办"事项清单中超过 80 项涉及企业办事需求，包括"企业投资项目备案""跨省市保安服务公司设立分公司备案""会计师事务所及其分支机构设立审批""代开增值税普通发票"等，涉及企业投资审批、分支机构开设经营、税务事项办理、特种作业操作资格审核、安保服务公司异地备案等，打造"企业全生命周期"的跨区域通办服务正加快推进。

为推动更多事项实现跨区域全程网办，提升"川渝通办"的便利化水平，川渝两省市政府部门梳理了一批可共享互认的电子证照，涉及公安、民政、人社、自然资源、交通等领域共计 34 项，推动电子证照实现两地数据共享，进一步减少市场主体、群众办事所需提交的纸质材料，缩短办事流程，提高通办效率，让"川渝通办"从"能办"向"易办""好办"升级。三批共311 项"川渝通办"事项中，全程网办事项达 252 项、占比达 81%。

在"川渝通办"取得初步成效的基础上，川渝两省市积极与贵州、云南、西藏三个省区衔接，于 2021 年 4 月建立西南五省（区、市）政务服务工作对接机制。从"川渝通办"事项中选取 148 项高频事项，作为首批西南五省（区、市）"跨省通办"事项，涵盖民政、税务、交通等 17 个行业领域，2021 年 8 月，该服务专区正式上线运行。

在市场监管方面，川渝两省市建立市场准入"异地同标"服务机制，构建跨省（市）、跨区域"同一标准办一件事"的市场服务系统，实现身份"一次认证，异地可办"、名称"一处可取，异地同标"、经营"一处可营，异地通行"。实行信用联合奖惩，推进"失信被执行人"信用黑名单信息共享。加强川渝金融风险联防联治，共同推进防范和处置非法金融活动平台系统建设。

在税务合作方面，川渝税务部门在"政策执行标准化、税费征管一体化、办税缴费一体化"等方面通力合作，通过数据交换专线和会统核算数据共享机制，全面实现涉税业务实名信息互认、数据共享共用、纳税信用信息互查共认、通办数据实时同步。到 2021 年末，已累计交换税收实名认证等 5 类数据共 1100 余万条，并有 29 个市区县税务部门签署战略合作协议，成功推行 22 项重点合作任务落实落地。

3. 协同推进民营经济"逐浪成势"

川渝地区民营经济的交流合作基础良好，民营企业、民间投资往来密切。据四川省工商联数据，两地民营企业相互投资领域涵盖电子信息、汽摩配件、智能制造、医药、农业、房地产开发等几十个行业，重庆在四川投资的民营企业达5万余家，四川在重庆投资的民营企业达10万余家。例如，新希望集团与四川省政府签订投资规模达500亿元的战略合作协议，建设以屠宰肉食品加工、冷链物流、中央厨房为核心的大农业食品产业链；与重庆市政府签订投资规模达200亿元的战略合作协议，建设年出栏500万头生猪的产业化项目、现代化冷链物流基地、西部医学中心等。

过去的川渝民营经济合作主要是企业和商协会零散式、自发式行为，不成规模和体系，缺乏组织机制和平台渠道。成渝地区双城经济圈建设启动以来，川渝民营经济交流合作的机制更全、渠道更畅、平台更多、动力更强。比如，2020年11月，川渝中小企业服务一体化云平台上线，以两地中小企业公共服务平台为依托，集聚十几万家中小企业，云平台则提供信息服务、质量检测、培训、投融资中介等公共服务。

针对川渝毗邻地区民营经济协同发展，川渝两省市政府共同发布《成渝地区双城经济圈民营经济协同发展示范区总体方案》《成渝地区双城经济圈民营经济协同发展示范区建设工作机制》，重点建设"泸州－江津""广安－北碚"两个示范区。以"泸州－江津"示范区为例，两地政府办联合出台《成渝地区双城经济圈民营经济协同发展"泸州－江津"示范区实施方案》，提出通过产业协同发展、开放平台合作、优化营商环境、要素自由流动、工作运行机制等先行示范，到2025年，民营经济增加值达到3000亿元以上。

区域性、行业性商会联盟建设加快推进。例如，2020年，在首届成渝地区双城经济圈商会合作峰会上，川渝两省市工商联首次联合发布《汇聚双城商协会力量共促成渝经济圈建设重庆倡议书》，倡议两地商（协）会和民营企业探索建立川渝区域性、行业性商会联盟，共同开拓市场，实现抱团发展。首届川渝民营企业家合作峰会也倡议共同组建一个联盟（川渝民营企业家联盟）、举办一个峰会（川渝民营企业家合作峰会）、成立一个智库（川渝民营企业家智库）、建立一个中心（川渝民营企业维权服务中心）、创办一个论坛（巴蜀论坛）。重庆市渝北区、江北区与四川省广元市、南充市、广安市、达州市、巴中市工商联建立川渝五市两区商会联席会议制度。重庆市万州区、开州区、梁平区、云阳县、奉节县、忠县和四川省达州市7个市区县青年企业家组织联合建立川渝东北青年企业家商协会联盟。

案例 5-2　川渝协同建立外来企业跨区域投诉协作机制

2020年5月，重庆市人民政府民营企业维权投诉中心、重庆市经济和信息化委员会、重庆市工商业联合会、四川省人民政府外来企业投诉中心、四川省司法厅签署战略合作备忘录，联合编制工作指引，以"异地优先、以邻为重"为原则，对群体性、应急性、易造成社会不良影响的事件，以及严重影响企业生产、经营秩序的事件共同会商、共同调查处理；对牵涉企业重大利益的纠纷、对两地营商环境造成严重不良影响的事件，双方共同协商协作处置。四川省重庆商会、重庆市四川商会被认定为"成渝地区双城经济圈民营（外来）企业投诉服务工作站"，作为川渝跨区域民营企业投诉处理的公益组织。另外，重庆市渝北区和四川省资阳市等市区层面也建立了民营企业权益联合保护机制。

同月，重庆市人民政府外商投诉中心、重庆市商务委员会、四川省人民政府外来企业投诉中心、四川省司法厅共同签署《积极服务成渝地区双城经济圈建设，构建跨行政区域外商投资企业投诉处理协作机制战略合作协议》，共同构建跨行政区域外商投资企业投诉处理协作机制。

成渝地区双城经济圈跨区域投诉处理协作机制对于解决川渝民营（外商投资）企业异地维权难、投诉渠道不畅等问题起到了积极作用。比如，重庆市人民政府民营企业维权投诉中心联动四川省外来企业投诉中心，在绵阳市人民政府外来企业投诉工作委员会办公室、绵阳市司法局、绵阳市法律援助中心的共同努力下，成功帮助重庆某建筑企业追回被绵阳一企业拖欠长达5年之久的工程尾款。

第2节　成渝地区双城经济圈联手打造内陆改革开放高地面临的主要挑战和对策建议

一　成渝地区双城经济圈开放型经济改革面临的主要挑战

1. 川渝内陆开放型经济总量质量亟待进一步提升

当前国际国内环境、形势正发生深刻变化，百年变局与世纪疫情交织叠加，全球经济环境的不稳定性、不确定性明显增加，给国际经贸体系带来巨大冲击，世界经济持续低迷，经济全球化遭遇逆流，贸易保护主义、单边主义抬头，国际经济、科技、文化、安全、政治等格局持续深刻调整，国际产业链、供应链向区域化、本土化深刻调整，国际经贸规则更趋碎片化，导致外需下降、贸易投资受阻。

尽管两江新区、天府新区、川渝自贸区、开发区、高新区等产业载体内陆开放型经济已取得良好进展，但是从成渝地区双城经济圈全域来看，对标内陆改革开放高地的目标任务，不少地区仍面临产业基础薄弱、与中心市场对接程度不足、园区承载力不强、开放型经济总量小、外向型企业实力弱等问题，制约了全域开放的统筹协同。

从重庆和成都"双核"开放型经济质量来看，开放平台还需进一步丰富功能、提高能级、增强引领性。对外贸易主要依赖电子信息、汽车、机电等加工贸易，一般贸易①和服务贸易发展相对滞后。战略性新兴产业、高新技术产业仍需加大培育力度，研发设计等高价值环节发展不充分。城市经济文化的国际影响力与世界名城仍有差距，高水平国际交往平台较为缺乏，国际化生活配套不完善，与国际接轨的涉外服务供给不足，对外交往能力有待进一步提升。

---

① 一般贸易：指单边输入关境或单边输出关境的进出口贸易方式，其交易的货物是企业单边售定的正常贸易的进出口货物。

2. 对外通道网络尚不健全，交通"卡脖子"问题在一定程度上仍然存在

受新冠肺炎疫情、地缘政治挑战以及回程班列空返等影响，中欧班列（成渝）的正常运行存在诸多压力，尤其是地区冲突导致连带风险上升。比如，受俄乌冲突影响，部分发货方、货代方、承运方先后遭遇线路调整、时效降低、成本波动、结算困难等问题。

成渝地区双城经济圈综合交通网络布局仍需完善，结构有待优化，互联互通和网络韧性还需增强，部分出渝、出川大通道能力有待提升，长江上游内河航道能力亟待提升，规划城际铁路建设需要提速，部分高速公路繁忙路段通而不畅，毗邻地区路网连通性不足。部分地区综合的交通发展质量、效率和服务水平不高，跨区域规划、建设、运营、管理等统筹协调尚不到位。部分地区城际间联程联运不便捷，货物多式联运发展缓慢，现代物流体系有待进一步完善。

重庆、成都国际性综合交通枢纽能级亟待进一步提升，部分区域性中心城市的门户型枢纽发展不足。以机场为例，重庆、成都国际航空枢纽建设正处于基础设施建设、网络规模加速拓展、国际业务规模快速增长的快速发展期，但规模体量、国际网络、中转功能等关键指标与一线城市仍有差距，国际航空出行的通达性、便捷性还有较大提升空间。成渝机场群中的小机场存在机场设施和空管保障能力不足、业务量小、通达性差、设施薄弱、经营困难等问题，与成都、重庆枢纽相比存在较大的发展级差。

3. 营商环境亟待"同标同质"式全域优化提升

不断改进和优化的营商环境日益成为激发市场主体活力、增强经济发展内生动力、释放内需潜力、提升治理水平的"强心剂"和"推进器"。但囿于各种历史和现实因素，成渝地区双城经济圈营商环境存在不同区域、不同类型企业、不同要素之间不平衡不充分问题。虽然重庆、成都营商环境远优于成渝地区双城经济圈其他城市，但是在打造公平公正的法治环境、高效便捷的政务环境、诚实守信的信用环境、开放开明的人文环境、优质完善的要素保障环境等方面，两座城市与国内外发达城市相比仍

有一定的差距，并体现在城市经济发展、品牌影响力、包容与开放等核心指标上的差距。比如，在中国社会科学院财经战略研究院发布的"2021年中国营商软环境竞争力排行榜"中，成都名列第12，重庆名列第16，成渝地区双城经济圈其他城市排名最前的为绵阳（第64），而在该机构发布的"全国营商环境百强县（市）排行榜"中，只有德阳的广汉市、成都的简阳市入选，分别排名第55位、第80位。

另外，尽管成渝地区双城经济圈的中小城市在基础设施建设、政务服务等"硬环境"方面显著改善，但是一些城市仍然沿用拼政策、拼资源、拼土地等传统招商引资方式，环境、信用、服务等软环境的优化尚未形成长效机制，政府不作为、不担责等现象时有发生，相关领域制度体系与国际接轨尚不充分，且不同地区、部门和层级的部分制度规范、标准流程之间存在一定的矛盾冲突。由于新冠肺炎疫情防控需要，一些公共资源被征集和占用，客观上造成疫情发生地区政务服务效率下降和相关企业经营困难。中小城市、欠发达地区在教育、医疗、就业、创业等方面的民生保障不足，也制约了市场主体的发展，以及人才尤其是年轻人的扎根。

二　成渝地区双城经济圈联手打造内陆改革开放高地的对策建议

1. 加快构建对外开放大通道

做大做强西部陆海新通道。统筹东西南北四个方向，加快完善水陆空基础设施体系，推动西部陆海新通道、中欧班列（成渝）、长江黄金水道、国际铁路班列等通道在重庆和成都贯通连接，辐射成渝地区双城经济圈。深化西部省区市的协作，加强与沿海、沿边、沿江节点城市的联动和国际合作，完善重庆通道物流和运营组织中心、成都国家重要商贸物流中心功能，做强陆海新通道运营公司等跨区域综合运营平台，建立川渝口岸物流、通道建设等常态化沟通协调机制，加强通道基础设施建设、物流运营组织等全方位合作，加快境内外分拨集散中心建设，加密铁海联运班列、跨境公路班车、国际铁路联运班列，积极对接RCEP（区域全面经济伙伴关系协定）及澜湄流域经济发展带、中巴经济走廊、孟中印缅经济走廊等共建"一带一路"重大项目，探索开辟连接内陆地区的国际陆海贸易新通道。

完善欧亚通道网络。完善中欧班列（成渝）运行网络、境内外分拨点和仓储物流中心、货源网络，普及外贸出口定制化专列，优化回程货源、线路和运力，提升品牌知名度、影响力和通道性价比优势。打造丝路数字班列，加强基于数据的全流程信息化升级，实现通道无缝衔接，推动集结点、代理、运输、仓储、信息等要素资源的共建共享，加强多式联运衔接，提高通关运行效率和便利性、安全性水平。

优化畅通东向开放通道。加强长江黄金水道航道整治和集疏运体系建设，加强陆水和铁海联运、港口协同，构建通江达海、首尾联动的沿江综合立体国际开放通道。依托水运服务构建沿江加工贸易和物流产业集聚区。探索建立成渝长江物流统一运营品牌，统筹推进沿江省市港口、口岸合作，开通沿长江铁水联运班列，促进进出口货物降本增效。

提升国际要素集散能力。稳步推进经济圈内陆港型、港口型、空港型、生产服务型和商贸服务型物流枢纽建设，加快发展"陆水空铁"多式联运机制，共建内陆国际物流枢纽群，构建"通道＋枢纽＋网络"的现代国际物流体系。构建成渝都市圈1小时和城市群2小时高品质出行交通圈，加快构筑"干支通、全网联、体验好"的成渝机场群航线网络。

2. 推进高水平开放平台建设

加快构建类型齐全、功能完备、布局合理、优势互补的开放平台体系，健全川渝自贸区、国家级新区、开发区、高新技术园区、综合保税区、国际合作园区、跨境电商综合试验区等开放平台规划、功能、要素等的科学布局、有效衔接机制，推动开放平台之间基础设施互通、数据信息共享、产业招商联动、创新成果共用、优惠政策同标，促进错位发展、协同发展，共同发展高水平开放型经济，积极承接国内国际产业转移，共同打造具有国际竞争力的产业集群。

加快建设川渝自由贸易试验区协同开放示范区。持续开展陆上贸易规则、贸易金融、多式联运、数字贸易等首创性、差异化的内陆改革开放探索实践，健全适应高水平开放的行政管理体制，支持重庆、四川自由贸易试验区协同开放。推进知识产权、竞争政策、争端解决等制度探索，提升贸易、金融、物流、数字经济、公共服务等领域的开放度和竞争力，探索更加便利的贸易监管制度。推广自贸协同改革先行区等经验，在成渝地区双城经济圈复制推广自贸区改革创新成果，促进自贸区与其他开放平台和区域的功能互补、政策叠加、协同发展，促进全域开放型经济的赶超发展。

提升内陆开放门户的竞争力和引领性。以重庆两江新区、四川天府新区为重点，优先布局国家重大战略项目、试点示范项目，强化全球资源配置、科技创新策源、高端产业引领等功能，加快集聚高能级市场主体和全球高端要素资源，打造内陆开放型经济示范区。依托双方在中欧班列、航空枢纽、国家物流枢纽等方面的互补优势，加强航空互联、铁水联运等方面的合作，协同打造具有全球竞争力的现代产业集群。对标国际高水平经贸规则，推动符合条件的展示交易中心升级为"一带一路"商品展示交易中心，促进商品集散与对外贸易、双向投资、外向型产业发展的深度融合。

高标准实施高层级开放合作项目。加快建设中德、中法、中瑞（士）、中意、中以、中韩等国际合作园区，促进新型显示、集成电路、人工智能、生命健康、航空航天、新能源和智能网联汽车等高端高质高新产业集聚。推动中新（重庆）战略性互联互通示范项目合作由"点对点"向"面对面"拓展，带动西部地区对接东盟市场。发挥重庆、新加坡双枢纽作用，推动建设中新供应链金融、贸易金融、金融科技、航空产业、通道物流等领域的合作示范区（项目）。开展中日（成都）城市建设和现代服务业开放合作示范项目，加强新能源、服务贸易、文化创意、健康养老、生物医药、金融服务等领域的合作。

共建"一带一路"对外交往中心。打造提升成渝高端展会平台，办好中国国际智能产业博览会、中国西部国际投资贸易洽谈会、中国西部国际博览会、陆海新通道国际合作论坛、中新（重庆）战略性互联互通示范项目金融峰会、"一带一路"陆海联动发展论坛、中国（绵阳）科技城国际科技博览会等重要展会，申办、创办、联办、参与"一带一路"重要国际展会。深化文化、艺术、教育、体育、旅游、科技等领域的国际交流合作，重点培养更多高素质的知华、友华、亲华丝路青年和具有国际视野、国际主义精神的成渝青年，促进民心相通。逐步放开外籍"高精尖缺"人才的出入境和停居留限制，对外籍高层次人才的投资创业、讲学交流、经贸活动提供出入境和工作居留便利化服务。促进川剧、川菜、彩灯、油纸伞等川渝特色本土文化走出去，提升区域的国际知名度和文化影响力。

3. 共同营造一流可预期的营商环境

全面落实"放管服"等改革和"川渝通办"事项，对标国际一流水平，加快服务型、效率型政府建设，深入开展"互联网＋政务服务"，最大限度地精简行政审批事项和环节，加强部门间、城市间的协同联动，推行一站式审批、不见面审批和"一网通办"。推动川渝企业智慧服务云平台的互联互通，推广重点项目"行政服务管家"全流程服务机制。探索建立"市场准入异地同标"机制，推进成渝地区双城经济圈内同一事项的无差别受理、同标准办理。

大力发展民营经济，搭建川商渝商综合服务平台，全面实施外商投资准入前国民待遇加负面清单管理制度，完善诉讼、仲裁与调解一站式纠纷解决机制，加大民营企业、外商投资企业投诉事项调解处理力度，营造内外资企业一视同仁、公平竞争、亲商护商的良好环境。构建亲清政商关系，优化综合监管体系，健全行政执法联动响应和协作机制，对跨区域经营的新产业新业态新模式实行包容审慎监管。推进社会信用体系建设，健全区域内统一的守信激励和失信惩戒机制。

第6章
公共服务共建共享的
主要成效、挑战与建议

公共服务关乎民生，连接民心。川渝两省市拥有劳动力超过 6700 万人，农民工规模超过 3300 万人，人员双向流动频率高、规模大，普惠、均等、优质、同城的公共服务需求强烈。近年来，川渝各级党委、政府围绕"人民对美好生活的向往，就是我们的奋斗目标"，实施了"在发展中保障和改善民生""必须多谋民生之利，多解民生之忧"等一系列举措，公共服务体系建设处于历史最好水平。

"共享包容，改善民生"是《成渝地区双城经济圈建设规划纲要》的主要原则之一，其中明确要求，"坚持以人民为中心的发展思想，增加优质公共产品和服务供给，持续改善民生福祉，构建多元包容的社会治理格局，让改革发展成果更多更公平惠及人民"。按照"兜住底线、引导预期，统筹资源、促进均等，政府主责、共享发展，完善制度、改革创新"的原则，强化公共服务的共建共享，有利于促进川渝两地人员、信息等要素加快流动，有效促进公共资源在成渝地区双城经济圈各级各类城市间、城乡间合理配置，优化城市规模结构和功能布局，建设高品质生活宜居地，提高人民群众的获得感、幸福感、安全感。

第 1 节　川渝协同推进基本公共服务均等化便利化
和共建共享的主要成效

一　基本公共服务的便捷化标准化进一步完善

1. 川渝便捷生活事项持续增加

2021 年 1 月，川渝两省市政府办公厅共同印发《成渝地区双城经济圈便捷生活行动方案》，提出 2021 年的任务是实施交通通信、户口迁移、就业社保、教育文化、医疗卫生、住房保障六大便捷生活行动，包括 16 类公共服务事项，并同步建立便捷生活事项清单化管理制度和更新机制。2021年 11 月，据四川省发展改革委网站消息，《成渝地区双城经济圈便捷生活行动方案》确定的各行动事项已基本实现。

2022 年 1 月，川渝两省市政府办公厅再次发布《成渝地区双城经济圈便捷生活行动事项（第二批）》，提出 2022 年的任务是实施交通通信、身份认证、就业社保、教育文化、医疗健康、住房保障、"一卡通"、应急救援八大便捷生活行动，包括 27 类公共服务事项。相较于首批便捷生活行动事项，第二批增加了"一卡通"、应急救援两个领域，且将"医疗卫生"调整为"医疗健康"，体现出川渝公共服务共建共享事项随实际需求进行了动态调整。在此之前，在 2021 年 11 月，川渝两省市发展改革部门对第二批便捷生活行动事项进行了网上公开征求意见，可以说，第二批便捷生活事项进一步满足了两地群众最急迫和共性的公共服务需求。

两批成渝地区双城经济圈便捷生活行动事项实施后，将完成《成渝地区双城经济圈便捷生活行动方案》提出的发展目标：基本建立川渝标准统一、相互衔接的公共服务政策体系，实现优质公共服务资源总量不断增加、效能不断提升，便民事项不断拓展，供需对接更加精准，人民群众获得的公共服务更加高效便捷。例如，川渝两省市人社部门打通社保卡业务系统，采用"川渝协同、受办分离"的方式，为成渝地区双城经济圈有跨省异地申领和补换社保卡需求的群众提供社保卡申领补换便利服务，在不改变川渝社保卡业务规则的情况下，打破事项受理的属地化管理限制，异地窗口受理群众社保卡跨省异地申领或补换申请，将业务申请通过信息系统推送至属地人社部门，属地人社部门组织完成社保卡的制卡和邮寄。

重庆都市圈、成都都市圈和川渝毗邻地区政府部门也结合当地的民生保障改善需求，推进公共服务协同发展。比如，《成德眉资同城化公共服务规划》提出，通过实施打造一体化现代教育体系、推动优质医疗卫生资源扩容延伸、强化文旅体协同发展、构建社会保障同城化服务体系、联动开展社会治理体系建设五大行动，到2025年，力争实现成德眉资公共服务共建共享从按照行政区划配置资源向依据产业、人口布局配置资源转变，四市公共服务政策高度协同、制度有序衔接、标准基本统一。

2. 川渝明确基本公共服务保障标准

采取标准化方式推进基本公共服务，能够有效解决基本公共服务资源在不同区域、城乡和人群之间分配不均衡的问题，提升区域基本公共服务供给的有效性和全面性。2021年4月，国家发展改革委等21个部门联合发布《国家基本公共服务标准（2021年版）》，从幼有所育、学有所教、劳有所得、病有所医、老有所养、住有所居、弱有所扶以及优军服务保障、文体服务保障九个方面明确了国家基本公共服务的具体保障范围和质量要求。

2021年12月，重庆市发展改革委等19个部门共同发布《重庆市基本公共服务标准（2021年版）》。2022年1月，四川省发展改革委等21个部门共同发布《四川省基本公共服务标准（2021年版）》。川渝两省市对标九个方面的国家标准，提出了内容无缺项、人群全覆盖、标准不攀高、财力有保障、服务可持续的基本公共服务项目，每个项目均明确了服务对象、服务内容、服务标准、支出责任和牵头负责单位。

二 教育文化体育资源共享与多领域合作持续推进

1. 川渝教育协同发展全方位推进

2020年4月，川渝两省市教育部门签署《推动成渝地区双城经济圈建设教育协同发展框架协议》，建立"省级"和"区市县级"对应的教育部门交流沟通与合作机制，组建工作专班，制订专项计划，积极推动成渝地区双城经济圈的教育协同发展和教育公共服务全面对接、深度融合。

2021年11月，川渝两省市教育部门联合发布《成渝地区双城经济圈教育协同发展行动计划》，围绕教育双核引领发展、毗邻地区教育协同发展、优质教育资源共建共享、教师能力素质提升、职业院校提质培优、职业教育协同发展、高等学校协同创新、高等教育资源共享、民办教育发展等10个领域协同发展，共同打造具有全国重要影响力的教育一体化发展试验区、改革创新试验区、协同发展示范区、产教融合先行区。

到2021年11月，川渝各级教育部门和130余所高校共签署各类教育战略协议、合作协议、协同倡议90余份，推动成立成渝地区双城经济圈高校联盟、职业教育协同发展联盟、教师教育协同创新发展联盟、乡村振兴协同创新联盟等30个教育联盟，开展了一系列交流合作活动。

值得关注的是，通过完善随迁子女接受义务教育的就学政策，2021年四川省接收重庆籍义务教育学生达4万人，重庆籍随迁子女在四川省参加2021年普通高考的人数（含中职毕业生对口升入本科）达4200人；2021年较2019年两地相互增投普通高校招生计划共3000余名，较好满足了两地考生"上好学、读好书"的需求。

重庆和成都的教育协同合作持续推进。例如，重庆市渝中区、成都市锦江区教育部门签署"共同打造基础教育高地"战略合作协议，开展优质教育资源共建共享、"百名"名优教师协同培养、教学改革与质量提升等合作项目，尤其是两地知名学校成都七中、重庆巴蜀中学围绕教育教学、教师培训、在线教育、拔尖创新人才培养、教育科研、学校建设等方面建立战略合作关系，共同发挥名校的辐射带动作用。重庆两江新区与四川天府新区签订教育协同发展协议，已推动34所中小学校结为协同发展共同体，实施"智慧教育共进计划"，组织骨干教师围绕10个学科各开发100节优质课程资源，形成上千节精品资源库，通过教育云平台面向两地师生开放。重庆市巴南区、成都市温江区教育部门建立校际交流、学术交流、教师培养等领域合作关系，两地 22 所中小学校签署结对协议，两地名师、骨干教师开展"名师同堂教研"。重庆市九龙坡区、成都市新都区教育部门开展高品质课堂展示、教育评价改革、名师工作室交流、"名师名家库"共建共享、教育云平台共建、家校共育交流等领域合作。

川渝毗邻地区教育协同发展取得进展。例如，四川省泸州市和重庆市江津区、永川区、荣昌区教育部门战略合作，通过共建共享优质教育资源，推进基础教育优质发展、职业教育协同发展、教师教育创新发展等举措，携手打造渝西川南教育共同体。重庆市万州区、开州区和四川省达州市教育部门联合成立教育质量评价中心，建立教育人才交流培训、"互联网＋教育"资源共享、中小学体育竞赛交流互动、学前教育到高中教育入学机会同等等合作机制，组建职业教育联盟、青少年研学旅行联盟等合作组织，推进三地教育一体化协同发展。四川省遂宁市、重庆市潼南区教育部门签署《遂潼教育一体化发展协议》，联合出台实施方案，建立两地教育改革试点政策相互推广和延伸互享机制，共建教师教育创新试验区。成都市、德阳市、眉山市、资阳市教育部门联合印发《成德眉资教育同城专项合作组工作规则》《成德眉资教育同城专项合作组实施细则》等政策文件，共建优质教育、师资培养、数字教育、职教融合、研学基地、国际交流、监测评价、教育生态八大共享共育平台，促进成德眉资的教育同城化。

"职教联盟"共育川渝技能人才。2020 年 9 月，川渝两省市教育部门签署《成渝地区双城经济圈职业教育协同发展合作框架协议》，两地 126 所职业院校、42 家企业组建成渝地区双城经济圈职业教育协同发展联盟，协同建设职业教育川渝统筹发展示范区、渝西川南产教融合发展试验区。2021 年成渝地区双城经济圈职业教育活动周首次由川渝政府部门共同举办，设立川渝职教成果展示区、技能展示区、产教融合展示区，举办职业教育服务成渝双城经济圈主题展等活动，同步设立市（州）区（县）活动现场、职业院校现场和企业现场，覆盖职业院校近 700 所。

川渝高校共建科教创新共同体。近年来，川渝高校交流合作频繁，搭建多领域合作联盟，在人才培养、科学研究、社会服务、文化传承创新、国际交流等方面展开合作。比如，重庆大学、四川大学牵头发起成立成渝地区双城经济圈高校联盟，8 所重庆高校和 12 所四川高校成为联盟的首批成员，重点工作包括联合培养基础学科拔尖人才、学生跨校交流与培养、线上课程资源共享、教师共引共享和互聘互用、建设跨区域高校联合实验室、联合科技攻关等。成渝地区双城经济圈高校艺术联盟由四川音乐学院和四川美术学院倡议、川渝 68 所高校联合发起，联盟成员学校在学术讲座、教师交流与研修、艺术家驻留创作、学科建设、重大科研与艺术创作项目合作、科研平台建设、创新创业基地建设等领域开展合作。

2. 川渝文化和旅游公共服务加快融合发展

近年来，川渝文旅部门共同打造"成渝地·巴蜀情"区域文化活动品牌，双方轮流举办巴蜀合唱节、"川渝乐翻天"、成渝地区文化和旅游公共服务及产品采购大会、"技炫巴蜀"川渝杂技魔术展、"巴蜀情"——2020 川渝中国画作品展、《巴音蜀韵——成渝·双城国乐嘉年华》音乐会等文化活动，参与人数超 300 万人次。

两地公共文化机构联合实施社保卡川渝阅读"一卡通"项目，推动图书"通借通还"、场地活动"一键预约"，计划到 2023 年覆盖川渝 86 家公共图书馆的图书资源网络，实现基于居民身份证和社会保障卡（电子社保卡）的图书通借通还服务，让两地公共图书馆成为川渝居民的城市书房。目前，已在重庆市图书馆、四川省图书馆、成都市图书馆及江津等部分市区图书馆实现读者信息馆际互认和图书通借通还。

两地文博机构共同实施巴蜀文献保护利用工程。建立巴蜀特藏文献保护研究利用工程协调机制，轮流举办展示活动，共同建设巴蜀文献中心；建立非遗保护协调机制，共同推动川剧、川菜、蜀锦、蜀绣、石刻、竹编、夏布等川渝同根同源的非物质文化遗产项目的研究梳理和保护传承。

四川省、重庆市、陕西省文物部门签署《川陕片区革命文物保护利用合作协议》《加强文物保护利用战略合作协议》，合作加强革命文物资源的调查研究，开展革命文物集中连片保护利用，共建革命文物资源数据库；共同推进长征国家文化公园、川陕苏区红军文化公园建设；联合组建红色文化公园宣传联盟，开展红色文化公园整体品牌塑造和营销推介。

川渝文艺院团也开展了一系列的交流合作。比如，四川省歌舞剧院与重庆歌舞团、四川人民艺术剧院与重庆市话剧院、四川省川剧院与重庆市川剧院、四川省曲艺研究院与重庆市曲艺团、四川交响乐团与重庆交响乐团、成都市京剧研究院与重庆市京剧团分别签订对口合作协议，围绕人才交流、剧目创作采风、艺术培训、文艺理论研究、品牌节会打造、文艺资源开发、文旅融合、旅游演艺、大剧院合作、艺术品交易市场等领域开展合作，组建西部演艺联盟、巴蜀精品剧目创作联盟、巴蜀文艺家联盟，建设川渝剧本创作孵化基地、川渝文艺创作基地，举办中国诗歌节、川剧艺术节、巴蜀文化演出季、川渝话剧双城记、曲艺双向交流演出、川渝十大笑星大汇、云贵川渝省级画院学术交流展、川渝地区脱贫攻坚文艺巡演、川剧经典交响音乐会九大活动，合力打造巴蜀文化艺术传承创新区，共同培育壮大两地文化消费市场。

3. 川渝体育融合发展开启新局面

2020 年 4 月，川渝两省市体育部门签署《川渝两地体育公共服务融合发展框架协议》，联合实施行业标准互信互认、智慧场馆共建共享、体育赛事合作互推、人才培养协同，发起组建川渝体育场馆联盟，共建国家体育旅游示范区和体育公共服务融合发展合作平台。2020 年，两地各级体育部门、社会组织、企业等共签订合作协议 28 份，共同举办 2020 中国·金堂成渝双城铁人三项公开赛、成渝瑜伽大赛、青少年体育交流活动、成渝职业围棋擂台赛等赛事活动 100 余场（次），参与人数近 200 万人次。

2021 年 2 月，重庆市体育局、四川省体育局、成都体育学院共同签署《成渝地区双城经济圈体育产业协作协议》，成立领导小组、编制体育产业投资项目和赛事机会清单、组建体育产业联盟，共同推动成渝地区双城经济圈的体育产业规划衔接和联动发展。同时，川渝两省市体育部门还签署了《川渝体育深化融合发展施工图》，明确促进全民健身、推动竞技体育共建共享、加强青少年活动交流、建立成渝体育产业联盟、推进场地建设、实施成渝地区体育人才战略六大领域的任务清单和时间表。

2021年10月，川渝两省市体育、文化旅游部门首次联合主办的2021成渝体育产业联盟暨第五届重庆市体育旅游产业发展大会召开，发布了川渝体育旅游精品赛事、精品线路和综合体景区。据大会发布的信息，未来两地将共同举办体育旅游休闲消费季活动，开发集运动休闲、竞赛表演为一体的体育旅游产品，以及冰雪、山地户外、水上、航空、汽摩等时尚运动项目。

2021年12月，川渝体育场馆"一卡通"数据平台上线，主要功能包括体育场馆展示、订场购票、电子地图、惠民消费、推广宣传等，两地98家体育场馆首批入驻，为两地群众提供免费或者低收费开放服务。

三 卫生健康一体化发展提速提质

川渝两省市的总体医疗卫生资源较为丰富，拥有四川大学华西医院、重庆医科大学附属医院等高水平医疗机构，基层公共卫生体系完善，卫生健康一体化拥有较好的基础条件。2020年以来，川渝两省市卫生健康部门签署《川渝卫生健康一体化发展合作协议（2020—2025年）》《川渝中医药一体化发展合作协议》《川渝基层卫生交流合作协议》《川渝妇幼健康交流合作协议》《川渝疾病预防控制一体化发展合作协议》等多份战略合作协议，在落实领导互访机制、协同推进健康中国行动、健全"互联网＋医疗健康"服务体系、开展医改经验交流互鉴、推动医疗服务区域合作、加强基层卫生交流合作、健全卫生应急和传染病防控联动机制、加强人才培养和科研合作、建立食品安全标准与风险监测协作机制、深化中医药创新协作、推动健康产业协作发展、加强国际交流共12个领域深入合作。通过"一揽子"的卫生健康共建共享举措，川渝两地群众的看病就医渠道进一步畅通，医疗服务水平和公共卫生保障能力进一步提升，保障范围进一步拓展，卫生健康的获得感和满意度显著增强。

1. 医疗服务区域合作持续深化

川渝有关医疗机构已组建眼科、神经外科、疼痛科、皮肤科等80多个专科联盟，推进优质医疗卫生资源共享。例如，西南眼科专科联盟依托重庆医科大学附属第一医院眼科成立，成员涵盖川、渝、云、贵、藏五个省区市的92家单位。西南中西医结合皮肤专科联盟涵盖渝、川、云、贵四个省市的195家医疗单位，对于联盟成员单位接收到的疑难病例，联盟专家可以提供远程会诊支持，联盟三甲医院帮助成员单位培养皮肤病专科人才。成都市第二人民医院发起成立的皮肤专科联盟，成员单位包括成渝地区双城经济圈的50多家医疗机构，通过开展线上线下学术交流和人才培训，共享成都市第二人民医院资源，提升了成员单位皮肤科医教研水平及专科服务能力。四川大学华西口腔医院与重庆市大足区人民医院共建华西口腔专科联盟，开展人才培养、远程医疗、双向转诊、学科建设等领域的合作，推进大足区口腔医疗分级诊疗体系建设。

川渝广泛开展知名医疗机构和地方政府之间、医疗机构之间的交流合作，推进区域医疗协同服务。例如，四川省遂宁市中心医院与重庆市潼南区人民医院、潼南区中医院共同成立眼科、消化内科、重症医学科、心内科等10个专科联盟，建立联盟成员之间的双向转诊绿色通道，潼南区人民医院和潼南区中医院相应专科纳入遂宁市中心医院胸痛中心、卒中中心、急救中心协作管理，形成一体化发展模式。重庆大学附属肿瘤医院与四川省肿瘤医院签署《共创"川渝肿瘤融合发展共同体"框架协议》，在四川省达州市大竹县人民医院、开江县人民医院、渠县人民医院和广安市武胜县人民医院、广安区人民医院建立肿瘤规范化诊疗基地，加强科研、临床、教学、管理等方面的深度融合发展。重庆医科大学与四川省宜宾市第一人民医院合作，后者成为前者非直管附属医院，双方在技术指导、人才培养、专家派遣、远程医疗、双向转诊、科研教学等方面开展合作。重庆医科大学附属第二医院在重庆市巫山县、奉节县、秀山县、彭水县和四川省广安市邻水县以建立分院的形式组建医联体集团，开展医联体内远程会诊、影像诊断、双向转诊、教学交流、知识共享等互动合作。

案例6-1　四川大学华西医院建立分级协作医联体，助力川渝医疗健康服务一体化建设

四川大学华西医院（以下简称华西医院）始建于1892年，是西部地区疑难危急重症诊疗的国家级中心、我国著名的高等医学学府，也是全国一流的医学科学研究和技术创新的国家级基地，综合实力处于国内一流、国际先进水平。华西医院优质的医疗资源，吸引了众多国内外患者前往诊疗，但是华西医院本部资源有限，患者过度集中导致医疗服务质量降低、医患关系紧张。为此，华西医院建立集团型医联体、领办型医联体、华西远程联盟、华西学科联盟、华西城市社区联盟，覆盖多个成渝地区双城经济圈城市，促进优质医疗资源的下沉和共享，让患者就近享受华西医院的医疗服务，提升就医体验。

集团型医联体包括华西天府医院、成都上锦南府医院，由华西医院派驻管理和业务团队，全面负责合作医院的医疗服务、学科规划、运营管理、人力资源管理、财务管理、后勤管理等各个方面，实现人财物全方位同质化协同发展。

领办型医联体包括成都市双流区第一人民医院、广安市人民医院、资阳市第一人民医院、眉山市人民医院、雅安市人民医院、德阳市绵竹市人民医院等11家成渝地区双城经济圈市区县医疗机构。通过与地方政府深化合作，以数据信息、业务管理、资源管理统一共享为靶向，以管理、技术输出为载体，由华西医院领办当地区域龙头医疗机构，由当地龙头医疗机构向下辐射区域内的医疗卫生机构，构筑"华西医院—地市级医院—县级医院—基层医疗机构"分级协同的医疗服务体系。

到2021年底，华西远程联盟已覆盖25个省区市，联盟医院约

700家，实现四川省183个县市区全覆盖，在线培训各级各类基层医务人员700余万人次，为基层医院提供疑难疾病远程会诊咨询服务突破5万例。

华西医院以优质学科资源为支撑，学科协作为纽带，组建以西部地区为主、辐射全国的学科联盟（特色专科医联体），通过医教研帮扶，实现区域学科优势互补、协同发展。到2021年，华西医院已牵头成立近40个学科/专病联盟，来自全国30个省区市的800多家医院、2400多个科室加入。

华西医院成立双向转诊办公室，组建华西城市社区联盟，建立上下联动的"N+1+n"（临床科室—分级诊疗暨双向转诊办公室—基层医疗机构）联盟管理服务模式，构建"医院—区域"转诊通道，服务转诊患者。到2021年底，华西城市社区联盟成员单位达114家，涵盖社区卫生服务中心、乡镇卫生院、区（县）属医院，覆盖成都、德阳、宜宾、南充、泸州、乐山等多个成渝地区双城经济圈城市。

值得关注的是，"华西口腔"是四川的金字招牌，被誉为中国现代口腔医学的发源地和摇篮，享誉全球。四川大学华西口腔医院与重庆医科大学附属口腔医院签署口腔医学学科共建框架协议，双方在口腔医学教育、科研平台、专科联盟、国家口腔疾病临床医学研究中心、全国口腔医学学科"双一流"建设等领域加强合作。2017年，华西牙科有限责任公司成立，是四川省资阳市中国牙谷的首批入驻企业。到2022年4月，围绕华西牙科的产业集聚效应，中国牙谷已招引87家口腔企业，成为全国最大的口腔装备制造聚集地。

川渝医疗服务互认持续推进。2021年7月，川渝电子健康卡[①]互联互

---

① 电子健康卡是按照国家统一标准生成的、具备身份识别功能的"健康身份证"，可实现诊前、诊中、诊后各环节医疗服务"一码通用"。作为个人的健康身份证，电子健康卡是挂号就诊、检查检验、缴费取药、信息查询等全流程医疗健康服务的重要机制，是居民全生命周期医疗健康信息的基础载体，是实现医疗卫生机构之间信息互通共享的重要纽带。

通功能启动，无论是在四川还是在重庆申领的电子健康卡，都可以在对方医疗机构实现"扫码就医""一码通用"，方便川渝往来人员在两地看病就医，有效解决了传统就医模式下"一院一卡、重复发卡、多卡并存互不通用"等堵点、难点问题。到 2021 年 7 月，四川累计发放电子健康卡 3900 余万张，448 家二级及以上公立医疗机构和 544 家基层医疗机构实现"扫码就医"；重庆累计发放电子健康卡 1000 余万张，170 家二级及以上公立医疗机构和 971 家基层医疗机构实现"扫码就医"。通过搭建省（市）检验检查结果互认平台，川渝已实现省（市）内同级医疗机构检验检查资料的数字化存储、传输、共享、结果调阅和互认、质量监测、数据统计。同时，四川省广安市、重庆市潼南区等地在辖区内率先开展了二级甲等以上医疗机构检查检验结果的互认。2021 年，川渝两省市卫健部门将 38 家三甲医院纳入互认单位，成立两地检验检查结果互认质量控制专家组。按照《推动成渝地区双城经济圈建设川渝医疗管理协同发展合作协议》，到 2025 年，将实现川渝二甲及以上综合医院的检验检查结果互认，切实减轻患者就医负担。

川渝妇幼健康服务协作深入推进。川渝两省市卫生健康部门签署妇幼健康交流合作协议，建立川渝妇幼健康专家库、川渝互派专家机制、妇幼远程诊疗机制，在标准规范协同、资源共建共享、母婴安全保障、人才培养等领域联动协作。川渝妇幼保健机构的合作也在加快推进。比如，《国家卫生健康委关于设置国家儿童区域医疗中心的通知》（国卫医函〔2020〕343 号）提出，在西南区域以重庆医科大学附属儿童医院为主体，联合四川大学华西第二医院设置国家儿童区域医疗中心。四川省妇幼保健院与重庆市妇幼保健院签署合作协议，在医院管理、医疗保健、科研教学、人才培养、公共卫生等方面开展战略合作。重庆医科大学附属儿童医院与四川省广安市广安区妇女儿童医院建立学术主任团队技术指导合作，重庆医科大学附属儿童医院派遣专家团队定期赴广安区妇女儿童医院开展查房、坐诊、疑难/危重病例处置、专科医师培养等工作。

川渝老年人医疗健康服务协作也在加快推进。比如,重庆医科大学附属第一医院老年病科是老年国家临床重点专科,与四川大学华西医院合作,建立国家老年疾病临床医学研究中心(华西医院)分中心。四川省第五人民医院、重庆市第十三人民医院是川渝省级老年病医院,双方在医师互访、技术交流、"导师带教"、课题研究、成果共享、专业培训基地建设、医养结合等领域建立战略合作。

2. 川渝中医药合作全面推进

2020 年 5 月,川渝两省市中医药管理部门签署《川渝中医药一体化发展合作协议》,在打造川渝结合部中医医疗集群、实施中医药人才培养工程、建设川渝中医药科技创新高地等领域开展深度合作。川渝中医教学、医疗机构交流合作进一步深入。比如,四川省中医医院与重庆市中医院、重庆医科大学超声医学工程国家重点实验室,西南医科大学附属中医院与重庆市北碚区中医院分别签署国家中医临床基地合作协议及医院战略合作协议。

案例 6 - 2 成都中医药大学引领成渝地区双城经济圈中医药协同发展

成都中医药大学是新中国成立后国家最早建立的 4 所中医药高等院校之一,是一所以中医药学科为主体、医药健康相关学科专业相互支撑协调发展的高水平中医药大学。到 2021 年 7 月,成都中医药大学在重庆有 1 所合作共建附属医院(重庆市中医院)、4 所非直属附属医院、1 所教学医院、5 所实习医院、17 所医联体联盟医院,各医院年均举办各类讲座和学术活动 200 余场次,接纳见习医生、实习生 300 余人。

成都中医药大学、成都中医药大学附属医院(四川省中医医院)与重庆医科大学等川渝 9 家医疗机构发起成立成渝地区双城经济圈中医药发展联盟,在医疗服务、人才培养、科学研究、产业发展、对外交流等领域加强合作。

成都中医药大学附属医院(四川省中医医院)牵头组建西部中医

内分泌暨糖尿病联盟、西南地区中医妇科专科联盟、西南中医眼科联盟等医联体，吸纳重庆市中医院、重庆市垫江县中医院、重庆市江津区中医院等成渝地区双城经济圈中医医疗机构加入，共同推进中医专科诊疗服务能力建设。

成都中医药大学与重庆市中医院共建成都中医药大学附属重庆中医院/第四临床医学院，加强成都中医药大学的人才培养，提升重庆市中医院的医疗、教学、科研能力。自 2019 年开始，重庆市中医院承接成都中医药大学临床医学院中医学"一体化班"学生的临床实习，到 2021 年 7 月已培养三届共 120 名学生。双方还合作开展成建制中医本科生"黄星垣班"教学，培养学生超百人。重庆市中医院多位专家被聘为成都中医药大学研究生导师。成都中医药大学向重庆市中医院开放中医、中药、中西医结合三个方向的博士后流动站，吸收医院博士后进站工作。成都中医药大学还举办"西学中"专题培训班，安排优质师资到重庆市中医院授课。另外，成都中医药大学还为重庆市中医院提供国家自然科学基金等科研项目申报专家辅导，支持其获批多项国家级科研项目。

2021 年，成都中医药大学与重庆市中医院共建的"川渝共建感染性疾病中西医结合诊治重庆市重点实验室"被重庆市科技局批准，是获批建设的唯一一个医学领域重点实验室，重点开展感染性疾病病原菌通用型高灵敏快速筛查技术、感染性疾病中医药防治、感染性疾病严重并发症的中医药干预等研究和成果转移转化。

川渝中医药产业合作也有新突破。比如，川渝两省市科技部门分别立项两地中医药机构共同承担的研发资助项目"川渝道地药材品质保障关键技术研究和应用""川渝道地药材绿色种植技术研究与应用"等，推动构建川渝一体化的中药资源动态监测和技术服务体系，实现川渝中药资源信息、技术、产业、服务的共享融合。四川省中医药科学院联合川渝 60 多家企事业单位共同成立成渝地区双城经济圈道地药材产业高质量发展联盟，并与重庆华森制药公司、重庆市中药研究院共建川渝中医药大健康产业科技创新中心，开展川渝中药传承创新合作。重庆市中药研究院在四川省内江市开展天冬种植规范化、药材等级标准化、以天冬为主要原料的药品等产学研合作。

3. 疾病预防控制一体化深入推进

2020 年 3 月，川渝两省市政府签署《协同加强新冠肺炎疫情联防联控工作备忘录》，从疫情信息动态互通共享、人员流动互认互通、两地务工人员安全有序返岗服务协作、应急生活物资互帮互济、共保物资运输车辆通行、交界处防疫检查卡口管理、社会治安联合管理、完善两地卫生应急机制八个方面建立新冠肺炎疫情联防联控工作机制，切实筑牢疫情防控的"屏障"。依据 2020 年 4 月签署的《川渝卫生健康一体化发展合作协议》，川渝卫生健康部门建立成渝地区重大疫情和突发公共卫生事件联防联控机制，包括共建突发公共卫生事件应急防控指挥中心、医疗物资储备中心、演练培训中心，建立卫生应急和传染病疫情信息共享机制，对突发急性传染病疫情信息进行通报，实现预警信息及时共享。另外，川渝两省市还建立了境外入境人员信息推送联络机制和省（市）级数据信息共享平台，实现区域内隔离期满入境人员"点对点"数据信息的实时共享。

结合人员流动、产业协同等特点，川渝毗邻地区基层政府加强新冠肺炎疫情联防联控。比如，四川省广安市邻水县高滩镇与重庆市渝北区大湾镇、茨竹镇政府部门签署《新型冠状病毒感染肺炎跨界联防协议》，建立联席会议制度，从定期召开工作会议、流动人口管理、设站检查、信息互通等方面开展跨界联防联控协作。

近年来，川渝各级疾病预防控制中心在血吸虫病、鼠疫等传染病的联防联控，落实免疫规划及健康企业创建等方面建立常态交流合作机制。2020 年 8 月，结合新冠肺炎疫情的联防联控，川渝两省市的疾病预防控制部门签署合作协议，在健全"互联网 + 疾控"服务体系、推进重大疾病防控技术研究、开展疾控机构改革经验交流互鉴、健全卫生应急和传染病防控联动机制、建立公共卫生相关专业领域协作机制等方面进一步加强合作。

四　养老服务开放共享加快推进

总体来看，成渝地区双城经济圈人口老龄化形势较为严峻，面临老年人口总量大、老龄化加速快、高龄化程度深等突出问题，川渝携手共同积极应对人口老龄化形势刻不容缓。

川渝两省市民政部门签署《川渝民政合作框架协议》《川渝养老工作协同发展合作协议》等战略合作协议，协同推进川渝养老服务开放共享。四川、重庆、贵州、广东、湖南、陕西等省市民政部门陆续签署《川渝黔三省养老服务协同发展合作框架协议》《西部养老服务协同合作发展宣言》《旅居养老合作框架协议》，推动养老服务政策衔接、标准共制共享、监管协同、资质互通互认。

川渝两省市民政部门出台《川渝两地养老机构设立备案办事指南》，实现川渝养老机构备案、信息等的共享互认，通过"渝快办"或"天府通办"的"川渝通办"专区，即可实现养老机构的网上备案。

川渝地方政府、养老机构、教育机构等的交流合作持续推进。比如，重庆市第三社会福利院与成都市第二社会福利院等12家单位"结对"，在旅居养老、资源信息互联互通、养老标准共建共享、人才培养、医养结合互助发展等方面开展合作。重庆汇橙、凯尔、龙湖、三心堂等养老企业到成都、德阳等成渝地区双城经济圈有关城市建设运营养老服务设施，四川寿而康养老服务公司在重庆市潼南区设立养老服务中心。四川城市职业学院、重庆城市管理职业学院牵头组建成渝地区双城经济圈智慧健康养老职教集团，吸纳相关职业院校和企事业单位参与，开展养老服务产教融合合作。

川渝两省市人力资源社会保障部门通过社保业务"川渝通办"等方式，积极推进川渝两地在社保关系无障碍转移，社保待遇资格互认互办，劳鉴专家共享、结果互认，灵活就业人员不受户籍限制就近参保等领域的交流协作，截至 2021 年 10 月，已有 18 项社保业务实现 "川渝通办"。以养老保险为例，2020 年，川渝两省市互转城镇职工养老保险关系 2 万余人，涉及转移资金约 6 亿元。2021 年 11 月，川渝两省市人力资源社会保障部门签署《川渝城镇企业职工基本养老保险关系转移资金定期结算合作协议》，在全国率先推行转移资金定期结算，两地社保经办机构办理城镇企业职工养老保险关系转移业务不再以划拨转移资金为必要条件，该事项的办理时限由之前的 15 个工作日缩短至 10 个工作日。

五 加快推进应急管理体系共建

川渝两省市水域相通、地域相接、空域相连，面对自然灾害和事故灾难，两地都不能完全保证不受影响、不受损害。共建川渝两省市应急联动响应机制，是应对各类突发公共事件的现实需要，更是保护川渝人民群众生命财产安全的需要。

1. 川渝应急管理部门加强协同合作

川渝各级应急管理部门在政策规划、信息通报、预案措施、资源共享、联合指挥等方面建立了一系列合作机制。比如，川渝两省市应急管理部门签署救灾物资协同联动保障协议，在灾情互联互通、物资储备共享、物资保障联动三方面建立合作机制。四川、重庆、贵州、云南、西藏、陕西、甘肃、青海 8 个省区市应急管理厅（局）共同签署《应急联动工作备忘录》，在工作互联、预案互补、能力共建、信息互通、力量互援、救援互动等方面加强合作。四川省泸州市、内江市、宜宾市、自贡市，重庆市永川区、荣昌区、江津区，贵州省毕节市、遵义市，云南省昭通市等川渝滇黔 10 市（区）有关部门共同签署区域应急管理协议，建立联席会议、信息通报、应急联动响应、资源共享保障等合作机制。川渝两省市生态环境、水利、应急等部门已联合开展长江流域地质灾害调查、勘察与评估工作，加强汛期长江、嘉陵江流域雨情水情预警和风险处置。

案例6-3 遂潼应急管理一体化加快推进

总的来看，部分川渝毗邻地区的生态环境较为脆弱，自然灾害多发频发，防范应对灾情险情的工作任务十分繁重，必须发挥跨区域协同作战、整体作战的优势，共建灾害防治长效机制，才能争取主动、化险为夷。比如，经探明，四川省遂宁市和重庆市潼南区两地所辖区域天然气储量达4363亿立方米，技术可采储量达3054亿立方米，是国内最大的单个单层整装天然气田。两地沿界有油气井100余口、天然气管道200余公里、输水管道60余公里，部分井站、管线都是跨界运行，是两地安全生产事故防控的重中之重，一旦发生突发事件，需要两地密切配合，联合处置。

四川省遂宁市与重庆市潼南区应急管理部门签署《关于推动遂潼应急管理一体化发展协议》，建立联席会商、联合演练、信息通报、应急响应、资源保障等方面的合作，推进遂潼川渝毗邻地区一体化发展先行区应急管理体系建设。其中，按照联席会商与联合演练制度，两地应急部门联动研究研判区域面临的重点风险，共同开展跨区域协作应急演练；按照信息通报制度要求，两地应急部门对可能影响本市（区）及合作市（区）的较大及以上突发事件或重点人群，加强趋势会商、风险研判和舆情共享，加强森林火灾、雨情、汛情、水情、地震、地质灾害等自然灾害的信息共享和联合处置。

2. 共同开展气象灾害防御

2020年5月，川渝两省市气象局签署合作协议，建立联席会议机制，设立联合办公室，在规划编制、跨区域人工影响天气作业、数值预报研发、研究型业务、智能网格预报、交通气象服务、科技人才交流合作、生态遥感、信息共享、旅游气象服务共10个方面开展合作。2020年11月，川渝两省市气象局联合主办川渝气候经济发展大会，签署《共同推动川渝气候经济发展合作协议》，在开展川渝地区农业气候资源区划和特色农产品种植适宜性区划研究、挖掘川渝地区自然山水和历史文化两大"本底"、推进旅游景区特殊气象景观智能化监测和旅游气象指数等的预报方法研究、加强气候可行性论证能力建设等方面开展合作。

川渝城市间的气象防灾减灾合作也在加快推进。比如，四川省自贡市与重庆市綦江区、成都市都江堰市与重庆市南川区等气象局陆续签署合作协议，围绕防灾减灾、公共服务、产业保障、科技创新等领域开展合作。2020年8月，重庆市铜梁区遭遇特大洪水，为共同抵御洪水灾害，铜梁区气象部门与四川毗邻地区气象部门及时交换气象水文信息，加强会商研判，准确及时开展气象预警，为防汛抢险赢得了宝贵时间，洪峰过境铜梁时未发生人员伤亡。

3. 应急演练和应急救援联动开展

川渝有关部门的应急演练合作持续开展。例如，2020年6月，重庆市綦江区安全生产委员会、中国移动重庆公司、中国移动（成都）产业研究院、重庆国飞通用航空设备制造有限公司共同开展5G网联消防无人机应急消防救援演练，形成"云、网、端、应用、安全"一体化的消防安全救援方案。2021年10月，四川省卫生健康委员会、重庆市卫生健康委员会、四川省军区动员局联合举办川渝卫生应急暨国防动员联合演练（见图6-1），有来自两地的28支队伍参加，演练模拟新冠肺炎疫情救援环境开展，训练项目包括大规模人群核酸检测、核化伤员应急救援等内容。2021年6月，共青团重庆市委、重庆市人民防空办公室等部门举办成渝地区双城经济圈应急志愿服务综合演练，科目包括疏散演练、水上救援、心理防护、医疗救护等。2021年6月，四川省资阳市、成都市简阳市与重庆市大足区、永川区的网信、公安部门联合主办成渝地区双城经济圈规模最大的网络安全应急演练。2022年3月，重庆市荣昌区龙集镇、盘龙镇、荣隆镇与四川省内江市隆昌市石碾镇党委、政府联合举办川渝毗邻镇街跨区域综合应急演练。

川渝有关部门应急救援合作深入开展。例如，川渝两省市卫生健康部

图 6 - 1　川渝卫生应急暨国防动员员联合演练现场

（供图：光明网）

门联合印发《统筹川渝跨界毗邻地区 120 应急救援服务范围实施方案》，协同推进毗邻地区跨界 120 应急救援服务，携手打造 "2 小时应急救援圈"，目前已在重庆市永川区、大足区、荣昌区和四川省泸州市、内江市、自贡市等市（区）毗邻地区实现 120 一体化服务。重庆市应急管理局组建 "重庆航空应急救援总队"，形成 "飞机＋专业队" "有人机＋无人机" 救援的 "空地" 配合立体作战方式，以 30 ~ 50 公里为救援半径，初步建立市域内 1 小时、成渝地区 2 小时航空救援圈。2020 年 3 月，为协助重庆市抓实即将到来的森林防灭火任务高峰，四川省森林消防总队派遣 100 余名指战员驻防重庆，帮助执行森林火灾扑救和技战术培训等任务。

第 2 节　成渝地区双城经济圈公共服务共建共享面临的主要挑战与建议

一　成渝地区双城经济圈公共服务普惠均等优质面临的主要挑战

随着成渝地区双城经济圈高品质生活宜居地建设及新型城镇化、乡村振兴的深入推进，进一步催生了多层次、多样化、品质化的公共服务需求。随着相关城市普遍进入老龄化社会，家庭小型化趋势明显，加之全面二孩、三孩生育政策的实施，使养老、托育等公共服务供需矛盾更加突出。突发公共卫生事件、洪涝灾害、森林火灾、地质灾害、危化品事故、环境污染事故等应急管理也需要加强跨区域协同联动。

受限于经济社会发展条件以及大城市、大农村的区域发展结构，成渝地区双城经济圈公共服务仍然存在发展不平衡不充分、服务水平与人民群众需求存在差距等问题，基础教育、公共卫生、医疗健康、养老服务、住房保障等领域的基本公共服务短板仍然突出，婴幼儿照护、家政服务、文化旅游体育公共服务、应急服务等非基本公共服务也有一定的弱项。另外，部分地区还存在公共服务基础设施不足与利用率不高并存、专业人才缺乏、社会力量参与公共服务供给的活力和动力有待激发等问题。尤其是优质公共服务资源向重庆、成都等中心城市中心城区集中，本地公共服务资源向城区、城镇集中，造成城乡、区域间资源配置不均衡、软硬件不协调、服务水平差异较大。北京师范大学政府管理研究院等机构发布的《2021年中国民生发展报告》显示，成渝地区双城经济圈尚未有城市入选2021地级市前100强，西部地区其他省区有16座城市入选。

另外，传统公共服务资源主要是基于行政区划配置，以满足城乡居民的民生需求为导向，因此在居住区、生活区的覆盖率高，而投资者、创业者、就业者、年轻人较为集中的产业园区、商务楼宇、商业街区覆盖率则相对较低。同时，商务人士工作和生活异地化，在社区的社会圈子小，存在公共教育、住房等竞争性公共服务获取成本高，医疗、社会保障等普惠性公共服务获取困难的窘境，进而影响其对城市的认可度，增加了城市人才流失风险。

二　成渝地区双城经济圈公共服务共建共享与提质同标的对策建议

1. 完善基本公共服务均等化标准化制度机制

落实国家、四川省、重庆市基本公共服务标准，推动川渝各级政府完善广覆盖、更公平、可持续的公共服务制度体系。基于增进民生福祉、促进共同富裕的原则，立足于人的全生命周期公共服务共性需求，围绕幼有所育、学有所教、劳有所得、病有所医、老有所养、住有所居、弱有所扶、优军服务保障、文体服务保障的民生保障改善目标，打破行业分割、地区分割、行政层级分割，建立满足常住人口需求的成渝地区双城经济圈基本公共服务标准①及动态调整机制，促进基本公共服务的同标同质，多元扩大普惠性非基本公共服务的供给，丰富多层次多样化生活服务供给，提高资源利用效率和政策实施效果，稳步提升公共服务的保障水平。

提升基本公共服务的可及便利水平。强化街道（乡镇）、社区（村）基本公共服务职能，合理规划布局基本公共服务网点，完善基层各类基本公共服务设施，促进城市优质资源向基层下沉，优化公共服务资源结构。建立川渝统一的人力资源市场，促进公共就业创业服务数据共享、业务协同、融合发展。推进养老、失业、医疗保险关系无障碍转移接续，推广以社会保障卡为载体的"一卡通"服务管理模式。

提升公共服务的智能化水平。整合分散于各部门的数字公共服务资源，实现公共服务一云贯通、一码通用。加大数字公共服务智能客户端推广力度，将智能客户端二维码向"川渝通办"线上线下窗口、商业区、产业园区、特色小镇、商务楼宇、居住区、景区、公园、地铁、车站、机场及企业、社会组织、高校、中小学等延伸，并与重大活动推广及融媒体、公益广告宣传等结合，通过提高智能客户端二维码覆盖面和流量转化，提高不同群体对公共服务的知晓度、参与度、获得感和满意度。

---

① 《四川省基本公共服务标准（2021年版）》和《重庆市基本公共服务标准（2021年版）》在服务标准上存在较明显不一致的服务项目有22项，包括特殊儿童群体基本生活保障，学前教育幼儿资助，农村学前教育儿童营养膳食补助，职业技能培训、鉴定和生活费补贴，农村符合条件的计划生育家庭奖励扶助，计划生育家庭特别扶助，老年人福利补贴，公租房保障，农村危房改造，最低生活保障，特困人员救助供养，受灾人员救助，困难残疾人生活补贴和重度残疾人护理补贴，无业重度残疾人最低生活保障，残疾儿童及青少年教育，残疾人文化体育服务，送戏曲下乡，观赏电影，读书看报，少数民族文化服务，公共体育设施开放，全民健身服务。

2. 提升各类市场主体民生保障改善的获得感、幸福感和满意度

民生保障改善是守住新时代高质量发展的"初心"，有关城市与其冥思苦想，投入大量公共资源去招商引资，不如踏踏实实、久久为功地建设民生强市，让各类市场主体真切感受到融入城市的"毫无后顾之忧"，用城市的温暖激发创新创业的激情。

其一，坚持"底线思维"。破除依据户籍配置民生资源的传统路径，将中小微企业的创业者、就业者纳入民生保障体系，用市场红利增量弥补民生成本支出。尤其是应针对灵活就业创业人员和年轻人精准施策，以民生保障促其成长成功。比如，将稳企稳岗从降低户籍劳动者失业率的救助措施转向提升劳动者素质和新经济新业态竞争力的政策工具，实现以人才驱动经济的"腾笼换鸟"。

其二，遵循"木桶原理"。市场主体最关心、影响最直接、最现实的问题即是民生保障和改善的短板，如果能把民生问题解决好，则会大大提高市场主体的幸福指数。比如，有关城市可以在高级人才扶持政策中，增加人才及其家庭的民生保障权重。通过适度发展教育、医疗、养老等民生产业，以市场价格为杠杆，为各类人群提供多元化的公共服务。通过医联体、医共体等机制创新和分级诊疗、数字医疗等技术手段，填平补齐医疗服务质量的短板。

3. 共建共享优质教育文化资源

推动教育合作发展。推进学前教育普及普惠安全优质发展，重点发展公益性、普惠性学前教育，引导成渝优质幼教机构建设运营农村地区、城郊接合部、移民搬迁安置地、民族地区、新增人口集中地区幼儿园。促进川渝教育部门、中小学校在课程教学、教师队伍建设、数字教育平台开发、教育科研等领域结对合作，推进义务教育优质均衡发展，缩小城乡、区域、校际的办学条件差距。落实进城务工人员随迁子女就学和在流入地升学考试的政策措施，全面实现义务教育学校免试就近入学。统筹川渝职业教育布局和专业设置，扩大招生规模，推动川渝职业院校在人才联合培

养、精品课程共建、学科专业联办、优秀教师共享、产教融合等领域加强合作，促进职业教育强基提质。推动川渝重点高校联合开展世界一流大学和一流学科建设，在成渝地区双城经济圈区域性中心城市、重要支点城市布局教学基地和创新载体，促进全域产学研用一体化。

推动公共文化服务高质量发展。优化城乡文化、旅游、体育资源配置，推进成渝地区双城经济圈公共文化服务体系一体化建设，增强对老年人、未成年人、残疾人、农民工等特殊群体文化供给的精准性。鼓励重庆、成都品牌文化机构跨区域运营文化设施和场馆，打造"嵌入式"新型文化空间和成渝文化消费新场景。鼓励将川渝毗邻地区人口集中、工作基础好的乡镇综合文化站建设为覆盖周边地区的区域文化中心。构建"书香成渝"全民阅读服务体系，鼓励图书馆、博物馆、美术馆、文化馆等建立成渝地区双城经济圈总分馆体系、合作联盟，联合开展经典诵读、阅读分享、大师课、公益音乐会、艺术沙龙、手工艺作坊等体验式、互动式的公共阅读和艺术普及活动。鼓励成渝文化机构共同开展创意市集、街区展览、音乐角、嘉年华等文化活动，打造"成渝地·巴蜀情"等文化品牌。推动成渝地区双城经济圈公共文化机构、文艺院团、文化类社会组织等探索云展览、云课堂、云演出、云阅读等云端文化服务开发。

4. 加强公共卫生和医疗健康服务协作

共建强大的公共卫生体系。加快建设体系完整、分工明确、城乡联动、反应灵敏、运转高效、全域同质的"防、控、治、学、研、产"五位一体公共卫生体系，共建预防为主的医防协同机制，加强慢性病、重点传染病及地方病的联合防治，构建突发公共卫生事件跨区域监测预警、检测救治、医学救援、物资保障等联防联控与群防群控长效机制。联动开展健康教育、精神卫生、职业病防治、卫生健康监督等专业公共卫生服务。

共建整合型医疗卫生服务体系。鼓励川渝优质医疗机构和科研院校建立合作办医、学科共建、技术培训、人才培养、多点执业、远程会诊等各种形式的交流合作机制，协同打造医教研产创新平台。推动基层医疗卫生机构加入川渝知名医疗机构发起的医联体、城市医疗集团、专科联盟，构建"基层首诊、双向转诊、急慢分治、上下联动、横向协作"的特色分级诊疗体系。在常住人口较少、居住分散、交通半径大的川渝毗邻地区行政村，采取设立中心卫生室、与相邻行政村联合设置村卫生室、开展巡回医疗、上级机构驻村服务、发展移动智慧医疗等方式，确保群众就医的可及性。深化中医药传承创新协作，推动有关城市普遍建成融预防保健、疾病治疗和康复于一体的中医药服务体系，共建世界级中医药产业集群。协同建设普惠、精准、共享的医疗卫生服务数字化应用体系，普及建设5G智慧医院。

5. 推进养老服务体系共建共享

促进川渝基本养老服务清单同标同质，大力发展普惠型养老，探索公益性养老服务向常住人口普遍开放，建设老年友好型社会。鼓励川渝养老服务机构跨区域、连锁化布局，开展家庭养老床位、老年餐桌、互助幸福院、嵌入式养老服务机构、巡访关爱、适老化改造等比较成熟的居家社区养老服务，探索养老顾问、时间银行、智慧养老等新型养老服务。推动医疗卫生、中医药与养老、文旅等的深度融合，大力发展医养融合新业态，共建全国康养产业高地，满足川渝老年人的健康养老需求。推动老年人照护需求评估、老年人入住评估等的互通互认，建立多层次长期照护保障机制。

6. 健全公共安全应急管理联动机制

川渝执法部门要协同加强城乡社会治安防控体系建设，共建织密国家安全、社会治安、矛盾纠纷、技防人防四张防控网，联合依法严厉打击和惩治电信网络诈骗、黄赌毒黑拐骗、暴力恐怖、家庭暴力、网络犯罪、非法用工、破坏野生动物资源等违法犯罪活动。川渝毗邻地区要率先建立统一指挥、专常兼备、上下联动、平急结合、区域协同的应急管理体系，强化安全生产、自然灾害等的联防联控联调，推动食品、药品、交通、消防、环境等安全管理标准统一、措施协同与执法联动。共建流域、铁路、航空、矿山、森林、公共卫生、紧急医学等应急救援网络，打造"2小时成渝应急救援圈"。

第7章
川渝一盘棋，唱好双城记：成渝地区
双城经济圈交流合作及高质量发展展望

自2020年成渝地区双城经济圈建设启动以来，在2年多的时间里较快完成了一系列顶层设计和协同机制建设，取得了重大阶段性成果，进入稳中加固、稳中提质、稳中向好的高质量发展攻坚期。2021年成渝地区双城经济圈实现地区生产总值73919.2亿元，同比增长8.5%，经济增速较上年提高4.5个百分点，经济总量占全国的比重为6.5%，占西部地区的比重为30.8%，经济增速比西部地区平均水平高出1.1个百分点。经济发展增速领跑西部，呈现经济恢复稳中向好、引领作用持续增强、产业发展支撑有力、需求引领带动强劲、协同创新成效显著和多领域合作纵深推进六大发展特点。

随着新冠肺炎疫情进入第三个年头，尽管全球抗疫已经取得重要进展，但疫情反复，给人民的生命安全和身体健康带来影响，全球产业链供应链紊乱、大宗商品价格持续上涨、能源供应紧张、复合型通胀等风险相互交织，南北差距、复苏分化、发展断层、技术鸿沟、债务增加等问题更加突出，加剧了世界经济复苏进程的不确定性。同时，成渝地区双城经济圈发展不平衡不充分问题仍然较为突出，综合实力和竞争力仍与东部发达地区存在较大差距，特别是基础设施瓶颈依然明显，城镇规模结构不尽合理，区域性中心城市发育不足，部分地区产业链分工协同程度不高、科技创新支撑能力偏弱、城乡发展差距较大、生态环境保护任务艰巨、民生保障还存在不少短板。

"一分部署，九分落实"。成渝地区双城经济圈有关部门要梳理双边、多边合作协议、重点项目及出台的法规、政策、规划，建立目录清单、机会清单及相关数据库，健全战略导向、结果导向的川渝重点合作项目（事项）绩效评估机制，保障具体事项有章可依，并按照时间表、路线图务实高效地推进。及时清理地方合作事项与国家、川渝两省市有关战略部署不一致的提法、思路、布局，确保在"川渝一家亲"的基础上实现"川渝一盘棋，唱好双城记"。

为此，我们提出以下几方面的建议。

一 协同建设现代产业体系

优化先进制造业的要素配置和区域布局，建好先进制造业合作产业载体，协同开展双向集群招商、产业链互补招商，有序承接域内外先进制造业产业转移，建立园区开发、要素配置、产业转移、产业链合作等一体化协作共赢机制。

推进数字产业融合协同发展，共同打造"云联数算用"全要素集群和"芯屏器核网"全产业链。加强新型基础设施的协同建设和互联互通，共同建设全国一体化算力网络国家枢纽节点。协同促进数字科技与实体经济深度融合，促进各类市场主体供应链、经营链、生产链、消费链等按需"上云用数赋智"。共同推动数字"善治"和区域"智治"，联动构建以数据要素高效配置和算力支撑"智治"为特色的智慧城市中枢（"城市大脑"）。

加快构建一体融合的现代高效特色农业要素网络和产业体系、生产体系、经营体系，提升全域农业质量效益和竞争力。推动生产性服务业向专业化和价值链高端延伸、生活性服务业向高品质和多样化升级，联合打造"成渝服务"区域品牌。探索成渝金融服务一体化和同城化试点，共建西部金融中心。

二 共建具有全国影响力的科技创新中心

营造包容开放、近悦远来的科技创新环境，全域推广职务科技成果所有权、共有产权、长期使用权等改革，完善容错纠错免责、重大成果超常规激励等机制，激活科技人员的创新活力。构建"科学家＋企业家＋经纪人＋投资人"的新型科创人才结构，建立科技创新人才共享和政策同享机制，确保在待遇大致不变情况下实现科技人才在区域内自主流动、择业创业和深化合作。探索"区内注册、海外孵化、全球运营"的"柔性引才"机制，鼓励海外人才将科研成果留在成渝。拓宽"技术—项目—产品—产业"投融资对接通道，完善科创企业"全生命周期"金融服务体系。共建技术研发、创业孵化、科技金融、技术交易、成果（异地）转化、知识产权保护等平台载体，联合开展原始创新、应用创新、场景创新等共性关键核心技术攻关和成果转化。健全产学研用深度融合的科技创新体系，共建共享安全可控的产业链和创新链。

三 打造富有巴蜀特色的国际消费目的地

立足巴蜀文化特色、资源禀赋，坚持高端化和大众化并重、快节奏和慢生活兼具，加快形成以重庆主城都市区和成都为"双核"，多个区域消费中心共同发展、城乡均衡的高品质消费空间布局。推动品牌商圈、商业街区向智能化、场景化、体验式、互动性、综合型、品质型、一站式、环保绿色的以"商品＋服务＋体验"为特色的区域性消费中心节点转型。建立巴蜀文化旅游走廊一体化建设机制，培育地域文化旅游公共品牌，打造国际范、中国味、巴蜀韵的世界级休闲旅游胜地。支持重庆、成都发展全球品牌荟萃、总部集聚的首店经济，引导国内外消费品牌在成渝地区双城经济圈就近开展市场网络和供应链、产业链布局，发展体现巴蜀风情、承载城市记忆、展现工匠精神的特色小店，建设跨境电商零售中心、"一带一路"进口商品旗舰店、免税店、离境提货点等。打造"川菜渝味"美食品牌、美食地标，引导消费企业构筑全链条、全流程数字化产供销网络。构建安全友好、协同共享的一体化消费环境，探索消费回补和消费促进政策互认，引导金融机构规范发展基于场景的消费金融服务，联动加强市场监管与消费者权益保护。

四　共筑长江上游生态屏障

加强生态环境共建共保共管，共同构建以长江、嘉陵江、乌江、岷江、沱江、涪江为主体，其他支流、湖泊、水库、渠系为支撑的绿色生态廊道。坚持一张负面清单管川渝，推进全域生态环境联防联治，严格执行生态损害赔偿制度。加强流域上下游水资源的统一治理和联合调度，落实最严格的水资源管理制度，建设节水型城市。建立污染天气应急管理联动机制，推进毗邻地区高污染行业、重点污染源的联合整治。加强工业园区、矿山、"三高"企业生产地、受污染耕地等的修复与治理，严格落实危险废物跨省市转移"白名单"制度。探索共建"双碳"示范区新路径，引导制造企业实施全要素、全流程的清洁化、循环化、低碳化、智能化改造，打造"成渝氢走廊""成渝绿电走廊"等世界级绿色产业集群。共建西部环境资源交易中心，鼓励开发碳中和金融产品，大力发展绿色金融，普及绿色低碳生活方式。

五　联手打造内陆改革开放高地

加快完善水陆空基础设施体系，共建"通道＋枢纽＋网络"的多式联运现代物流网络。构建成渝"都市圈1小时"和"城市群2小时"高品质出行交通圈，建设"干支通、全网联、体验好"的成渝机场群航线网络。推动平台之间的基础设施互通、数据信息共享、产业招商联动、创新成果共用、优惠政策同标，促进全域开放型经济赶超发展。重庆两江新区、四川天府新区强化全球资源配置、科技创新策源、高端产业引领等功能，加快集聚高能级市场主体和全球高端要素资源，打造内陆开放型经济示范区。高标准实施中德、中法、中瑞（士）、中意、中以、中韩、中新（重庆）、中日（成都）等高层级开放合作项目，共建"一带一路"对外交往中心。共同营造一流可预期的市场化、法治化、国际化营商环境，普及一站式审批、不见面审批和"一网通办"。探索经济区与行政区适度分离改革，构建规划编制、产业政策、招商引资、政务服务、财税政策、市场监管"六统一"的区域合作机制，因地制宜推广"功能总部＋制造基地""技术研发＋成果转化""头部入驻＋产业配套"等"中心城市＋毗邻地区经济区"联动发展模式。

六　公共服务共建共享与提质同标

建立满足常住人口需求的成渝地区双城经济圈基本公共服务标准及动态调整机制，将中小微企业的创业者、就业者纳入民生保障，实现公共服务一云贯通、一码通用。促进川渝教育部门、中小学校、职业院校在课程教学、教师队伍建设、数字教育平台开发、教育科研等领域结对合作，支持川渝重点高校在区域性中心城市、重要支点城市布局教学基地和创新载体。鼓励重庆、成都品牌文化机构跨区域运营文化设施和场馆，将川渝毗邻地区人口集中、工作基础好的乡镇综合文化站建设为覆盖周边地区的区域文化中心，构建"书香成渝"全民阅读服务体系。

构建突发公共卫生事件跨区域监测预警、检测救治、医学救援、物资保障等联防联控与群防群控长效机制。共建整合型医疗卫生服务体系，鼓励川渝优质医疗机构和科研院校协同打造"医教研产"创新平台，构建"基层首诊、双向转诊、急慢分治、上下联动、横向协作"的特色分级诊疗体系。促进川渝基本养老服务清单同标同质，探索公益性养老服务向常住人口普遍开放，鼓励川渝养老服务机构跨区域、连锁化布局，大力发展医养融合新业态。健全公共安全应急管理联动机制，共建织密国家安全、社会治安、矛盾纠纷、技防人防四张防控网。建立统一指挥、专常兼备、上下联动、平急结合、区域协同的应急管理体系，打造"2小时成渝应急救援圈"。

专题报告

打造成渝地区双城经济圈重要战略支点的江津实践

刘　洋　唐任伍　方　宁

江津区是重庆辐射川南黔北的重要门户和"一区两群"的重要支点，也是串联"一带一路"与长江经济带重要口岸、西部陆海新通道的重要节点。成渝地区双城经济圈建设启动以来，作为重庆主城都市区同城化发展先行区、长江经济带与西部陆海新通道"叠加区"和渝川黔省际交界"缝合区"，江津切实发挥区位优势、产业优势、生态优势，强化基础设施、现代产业、科技创新、生态治理、内陆开放、公共服务等领域的协同发展。目前，江津区政府与泸州、雅安、德阳、郫都等市（区）政府分别签订了合作协议，江津区属单位与四川市（区）属单位签署合作协议达110余份，有关重点合作项目、事项与协同发展机制正加快推进落实和完善。成渝地区双城经济圈建设的发展红利在江津区得以示范性显现。2021年，江津区实现地区生产总值1257.96亿元，同比增长8.4%，在重庆所属区县中排名第六；规上工业总产值超1600亿元，社会消费品零售总额实现408.4亿元。建成千亿级专业市场集群，重要战略支点作用日益凸显。

一　以加快同城化提升在成渝地区双城经济圈中的城市节点功能

《成渝地区双城经济圈建设规划纲要》提出，重庆都市圈要梯次推动重庆中心城区与渝西地区的融合发展，畅通璧山、江津、长寿、南川联系中心城区的通道，率先实现同城化。重庆"一区两群"城市发展战略明确将江津定位为主城都市区四大同城化发展先行区之一，由此，江津区第十五次党代会明确将"高质量建设同城化发展先行区"确定为江津区未来五年的总体战略目标任务。

同城发展，交通先行。江津区正全面畅通联系重庆中心城区的轨道交通、过江大桥、快速道路等通道。截至目前，重庆首条市郊铁路轨道交通5号线跳磴至江津段建成通车，渝赤叙高速、永津高速等开工建设，江泸北线高速、渝昆高铁川渝段等加快推进，油溪长江大桥成功合龙，白沙长江大桥建成通车，江津塘河至泸州合江白鹿省际公交线路开通运行。江津区高速公路、铁路通车里程分别达191公里、182公里，区域性交通枢纽功能持续增强。

公共服务同标同质是都市圈同城化的重要风向。近年来，江津区扎实办好"20 + 38 + N"① 件民生实事，加大与毗邻地区公共服务的共建共享，解决市场主体与群众最关心、最直接、最现实的"急难愁盼"问题。2021年，江津区居民人均可支配收入达38601元，比全市平均水平（33803元）高14.2%，同比增长8.3%，民生事业支出占一般公共预算支出达78.5%，新增城镇就业2.7万人，新建养老服务中心18个，城乡养老保险和医保综合参保率稳定在96%以上。

进一步看，民生获得感幸福感已经媲美区位优势、产业先发等传统营商要素，营商环境的优化重点也随之转向民生软环境的填平补齐和效率质量提升。近年来，江津区协议引资超5000亿元，累计引进产业类项目622个，建成1个国家重点实验室、12个国家级创新平台、7个院士专家团队，高新技术企业、科技型企业总量位居全市前列②，这都得益于其着力推动民生保障改善"七有六性"③，打造更具开放包容性的便商亲商友商的营商

① "20 + 38 + N"：实施20件重点民生实事、38件区级层面重点民生项目，征集梳理实施一批"急难愁盼"的民生事项（即N件民生事项）。
② 《江津区委书记李应兰：锚定"同城化"，建设先行区》，江津融媒百度百家号，https://baijiahao. baidu. com/s？id = 1722439546758723642&wfr = spider&for = pc，2022年1月20日。
③ "七有六性"："七有"为幼有所育、学有所教、劳有所得、病有所医、老有所养、住有所居、弱有所扶，"六性"为便利性、快捷性、宜居性、多样性、公正性、安全性。

环境，促进了各类人才和市场主体的"近悦远来"。

二 深度融入成渝地区双城经济圈现代产业体系

近年来，江津区相继印发《江津区推动工业经济高质量发展激励政策》《关于鼓励扶持企业挂牌上市的意见》《江津区加快工业转型升级推动存量企业"倍增"行动方案（2022—2026年)》等政策文件，构筑平台建设、技术研发、成果转化、应用推广等制度体系，建成德感、双福、珞璜、白沙四大工业园（图1为江津白沙工业园全景），形成装备制造、汽摩及零部件、新型材料、电子信息、食品加工五大优势特色产业集群，规模以上工业企业总量居全市第一位，主要工业指标居全市前列。以食品工业为例，江津区出台《江津区打造消费品工业高质量发展示范区行动计划（2020—2022年)》《江津区支持消费品工业高质量发展政策》等政策文件，打造重庆消费品工业高质量发展示范区，集聚金龙鱼、鲁花、中储粮、广州双桥、沈阳桃李面包、江小白、荷花米花糖等明星企业，2021年实现规模以上消费品工业产值450亿元（占规上工业产值的28.1%），规模以上消费品工业企业数达135家（占规上工业企业数的25%）。

图1 江津白沙工业园全景

（供图：重庆市江津区发展改革委）

《成渝地区双城经济圈建设规划纲要》及川渝两省市出台的相关政策

规划提出，培育装备制造、电子信息、汽车摩托车三大世界级万亿产业集群和健康食品等特色消费品产业集群。上述产业在江津区均已形成规模和竞争力，并深度融入成渝地区双城经济圈的产业链和供应链。例如，江津区地处渝川黔白酒"金三角"，酿酒地理条件优越，酿酒历史悠久，拥有江小白、驴溪烧酒、三五挚友等多个品牌，年产值可达数十亿元，泸州市政府负责人在 2021 年川渝白酒产业发展论坛上提出"与江津联合打造集白酒酿造、主题旅游、主题农业三产联动的酒镇酒庄"的合作设想，之后江小白旗下的江记农庄与四川高粱研究所合作开展高粱育种与种植，江津 – 泸州酒业合作区也正加速成型。

进一步看，《成渝地区双城经济圈建设规划纲要》提出，支持自贡、泸州、内江、宜宾、江津、永川、荣昌等共建川南渝西融合发展试验区，协同建设承接产业转移创新发展示范区。依据这一指引，江津区积极探索与周边地区的融合发展。例如，江津工业园中与宜宾、泸州等城市的产业形成配套合作的企业达 37 家，通过参股、设立子公司等方式形成合作的企业达 13 家。江津还联合泸州、永川实施 60 万亩花椒产业带、50 万亩晚熟荔枝龙眼产业带等现代农业重大项目。

泸永江融合发展示范区是川渝毗邻地区协同合作的"先手棋"之一。四川省泸州市、重庆市永川区和江津区三地携手打造成渝地区双城经济圈南翼重要的增长极，建立领导小组、常务协调会、联合办公室等协调机制，2021 年梳理出 44 个合作事项，每个事项均明确了牵头领导、牵头单位、配合单位。目前，已形成一批前期成果。比如，合江·江津（珞璜）新材料产业合作示范园区、泸永江现代农业合作示范园等产业载体加快建设，联合组建川南渝西大数据产业联盟、装备产业联盟等产业合作组织，首批重大项目集中签约 9 个、总投资为 175 亿元。

三 创新驱动，助力西部（重庆）科学城建设

高标准建设西部（重庆）科学城被纳入《成渝地区双城经济圈建设规

划纲要》重点任务。2021 年 3 月，西部（重庆）科学城江津园区管委会挂牌，目前正着力打造西部（重庆）科学城南部创新中心、团结湖大数据智能产业园等载体，已引进重庆能源职业学院科技园、中科（重庆）智慧产研城、润通摩托车整车及通机电控系统、戴屹智能打磨机器人西南研发及生产基地、深圳科达等多个智能制造、新材料、新能源领域产学研项目 64 个，协议引资超 220 亿元。

同时，江津区出台《关于深入推动科技创新支撑引领高质量发展的实施意见》《江津区科技创新激励扶持办法》等政策文件，构筑内生式创新发展环境，支持企业及科研机构科技创新。2021 年，江津区新增科技型企业 333 家，总量达 1482 家；新增高新技术企业 35 家，总量达 280 家，位居重庆主城新区第一；培育国家专精特新"小巨人"企业 8 家，重庆市"隐形冠军"企业 4 家、"小巨人"企业 2 家、"专精特新"企业 31 家，总数位列全市第二。图 2 为重庆耐世特转向系统有限公司 EPS 生产数字化车间。

图 2　重庆耐世特转向系统有限公司 EPS 生产数字化车间
（蒋雨航　摄）

作为工业大区，江津区有工业企业超过 2600 家，但不少企业处于产业链中低端，利润低，竞争力不强。江津区第十五次党代会、江津区"十四五"规划均将"培育以智能产业为重点的战略性新兴产业集群"和"大力发展数字经济"作为传统制造业迭代升级及企业"上云用数赋智"的重要抓手，通过实施骨干企业数量倍增、优质企业规模倍增、低效企业质量倍增、数智绿色改造倍增、企业创新能力倍增五大行动，推动工业企业加快转型升级。按照江津区有关规划，2025 年，智能产业总产值将达到 200 亿元。2021 年，江津区规模以上工业中战略性新兴产业产值的占比已提升至 24%，重庆市工业互联网试点示范项目达 32 个，27 家企业通过国家两化融合管理体系贯标评定，位居全市前列。① 技术创新、模式创新、业态创新的红利正在显现。

值得关注的是，江津区以固链、强链、补链的共赢机制大力整合成渝地区双城经济圈战略性新兴产业资源，取得一定成效。例如，总部在乐山市的四川和邦集团有限公司在江津白沙工业园投资建设年产 8GW 光伏材料及组件项目，总投资为 62 亿元，达产后可实现年产值 240 亿元以上。据和邦集团公告，项目公司武骏重庆光能有限公司将分拆至上交所主板上市。

四　带头开放、带动开放，积极融入西部陆海新通道

自西部陆海新通道开行之始，江津区就开始围绕其布局，成为首批融入通道建设的重庆区县。江津珞璜临港产业城是"重庆陆港型国家物流枢纽"建设的主要承载地之一，截至 2022 年 5 月，累计开行西部陆海新通道江津班列 508 列，运输货物 23394 标箱，运输货值共计 29.45 亿元，其中外贸货值合计 7.61 亿元。江津珞璜小南垭铁路物流中心成为西部陆海新通道与中欧班列（渝新欧）的重要衔接点、西部陆海新通道班列的主要到发

---

① 《江津：坚持工业强区不动摇，建设先进制造业基地》，江津融媒百度百家号，https://baiji-ahao. baidu. com/s？id = 1728679799904697236&wfr = spider&for = pc，2022 年 3 月 30 日。

站点，其通道和物流枢纽中心的重要性及实效性在成渝地区双城经济圈市区层面较为少见。

发挥江津珞璜临港产业城多式联运和多通道集聚优势，江津区立体式与内畅外联的开放格局正加快形成。向南，江津区已开通连接老挝万象及广西钦州、凭祥、防城港等边境口岸的西部陆海新通道班列线路，联通东盟市场；向东，"重庆水运口岸扩大开放至珞璜港区"列入国家"十四五"口岸发展规划，珞璜港至上海港集装箱班轮成功开行，至泸州、宜宾等成渝地区双城经济圈有关城市的水上穿梭巴士已实现常态化运行，同时，江津区依托长江黄金水道，加速对接东部沿海地区，承接更多优质产业转移；向西，江津区加快与中欧班列（成渝）的衔接，联结"一带一路"市场；向北，江津区加快融城通道建设，借助重庆主城航空、自贸区等口岸优势，提升开放层次和能级。

成渝地区双城经济圈建设深入推进后，川渝货物往来规模不断扩大。2021 年成渝双向货物运输量达 3.79 亿吨，其中公路运输占 95%，铁路运输占 4.2%，铁路运输潜力巨大。2022 年 5 月，成渝地区双城经济圈货运班列（重庆江津—成都青白江）首发，该班列系江津珞璜临港产业城与重庆国际物流集团有限公司合作开发，有利于优化川渝经贸物流结构，紧密衔接西部陆海新通道、中欧班列和长江黄金水道，加强重庆和成都两大陆港型国家枢纽的互联互通，推动双城的产业协同和经贸合作，促进绿色物流的发展。

通道带物流、物流带经贸、经贸带产业，消费品、装备制造、汽摩、智能家居、纸制品等江津区及成渝地区双城经济圈重点行业在珞璜临港产业城形成集散、销售、加工、物流等配套，并构筑了江津内陆开放型经济竞争力的底层逻辑。如今，在江津区落户的世界 500 强企业已达 23 家，进出口总额年均增长 45.6%，并在江津综保区封关运行。2021 年，珞璜工业园实现工业总产值 600 余亿元，其中规模以上工业企业达 155 家，实现外贸进出口额约 192 亿元。图 3 为重庆江津综合保税区全景。

图3 重庆江津综合保税区全景

（供图：江津摄影家协会）

五 江津实践的启示

从江津实践看，通过发挥要素、区位、交通、通道、产业等综合比较优势，以及把握融入国家战略产生的新机遇新空间，坚持从全局谋划一域、以一域服务全局，大力推进交通便捷通畅、产业局部领先、公共服务均等同质，发力建设"五地一城"①，打造成渝地区双城经济圈重要战略支点和同城化发展先行区，已形成三大经验供相关城市参考借鉴。

一是强化创新链产业链协同，建设成渝地区双城经济圈重要的科技创新基地。出台推动科技创新"黄金29条"意见，以赛马机制营造内生式创新环境。高标准建设西部（重庆）科学城江津片区，融入"一城多园"西部科学城及成渝地区双城经济圈全域创新体系，跨区域整合创新要素，建设产学研用融合型科技创新基地，推动"江津制造"向"江津智造"升级。

二是加快发展开放型经济，建设内陆开放前沿和陆港型综合物流基地。推动西部陆海新通道、中欧班列（成渝）、长江黄金水道、国际铁路班列、成渝班列等通道在江津贯通连接，主动承接重庆主城都市区及渝川

---

① "五地一城"："五地"即科技创新基地、内陆开放前沿和陆港型综合物流基地、先进制造业基地、乡村振兴示范地、休闲旅游胜地，"一城"即宜居城市。

黔等周边地区的物流服务功能，做优做活珞璜"水公铁"多式联运体系，发展临港经济、物流经济、保税经济，营造市场化国际化法治化营商环境，形成联动周边、对接外埠、面向世界的开放合作新格局。

三是坚定不移地实施"工业强区"战略，建设成渝地区双城经济圈重要的先进制造业基地。积极融入重庆都市圈产业链供应链配套及成渝地区双城经济圈世界级产业集群布局，推动传统制造业的智能化转型，培育电子信息、高端装备制造、新能源、节能环保等战略性新兴产业。通过产业配套、交叉投资、相互参股、设立子公司等多种合作方式，推动形成以研发在中心城区、制造在江津为特色的"链式配套、梯度布局"型产业分工体系。引领川渝毗邻地区的产业合作，共建食品、新能源、新材料、智能制造等特色产业合作园区，加快打造川渝滇黔接合部经济中心。

经济区与行政区适度分离改革的成渝地区双城经济圈创新实践、典型案例、主要挑战及对策建议

龙希成　陈弘明　何　双　林　森　姚棋志

行政区是国家为了进行分级治理，对领土进行合理划分而形成的地域范围，其创置和变更是有意识的国家行为，主要为国家政治服务。经济区是以城市为经济中心，将自然条件、发展方向大体一致的行政区按照经济规律组合而成的地域，主要任务是促进国民经济因地制宜合理发展，以获得最佳经济效果。在市场经济条件下，生产要素为了实现利益最大化催生出跨行政区配置的需求，但部分行政区之间政策存在差异，在一定程度上影响了生产要素的自由流动和高效配置。

推行经济区和行政区适度分离改革，是在不打破行政区治理机制的前提下，经济区所属政府间让渡一部分经济社会管理权限，共同构建统一开放的市场，促进要素的高效配置和产业、项目的合理布局，更好形成有效市场和有为政府。值得关注的是，行政区内的微调整由于不涉及经济权益让渡及潜在流失风险，是相对容易的经济区配套改革，比如撤县建区、撤县建市、撤乡并镇、行政村合并等。实际情况是，产业空间布局并非一域的"腾笼换鸟"，可能涉及毗邻、非毗邻行政区，因而需要更加全面精准的制度设计和机制创新，比如前海合作区、深圳汕尾特别合作区、川渝高竹新区、遂潼川渝毗邻地区一体化发展先行区等。

进一步来看，管理权和所有权分离最早应用于企业经营，催生了职业

经理人群体和高效的管理分工，促进了现代公司治理体系的建设，即创始人及其法定继承人拥有基于股权比例的企业所有权，但是保证企业高效运作的管理权则交付给赛马机制，遴选职业经理人团队提升经营质效，同时保证股东权益。

而后，所有权和管理权分离的改革实践被应用到土地制度改革、园区建设运营、自然保护区建设等领域，比如土地制度改革的所有权、使用权和经营权"三权分置"就是典型案例。还有一些国家森林公园、自然保护区的空间范围是跨行政区的，其中涉及的环境治理、植树造林、生物多样性保护、旅游开发、乡村振兴等，需要涉及不同行政区之间的协调，甚至联合设立专门部门、共同执法、合资成立平台公司开发生态资源等。

一 成渝地区双城经济圈经济区与行政区适度分离改革取得突破

"经济区和行政区适度分离改革"被纳入《成渝地区双城经济圈建设规划纲要》，上升为川渝联手建设内陆改革开放高地的重点事项，也被纳入重庆、成都及有关市区县"十四五"规划等区域发展战略中。从实践看，川渝毗邻地区多为小城镇、乡村，离所在行政区中心城区的空间距离较远；从行政区视角来看，多为后开发地区，甚至是经济欠发达地区。随着成渝地区双城经济圈建设上升为国家战略，川渝毗邻地区在要素资源、产业载体、区位空间方面的比较优势逐渐凸显，成为川渝产业合作的热土，也是重庆主城区、成都"双核"疏解和转移产业的优选地域。

（一）川渝国土空间规划协同加快推动

2020年5月，川渝两省市自然资源部门签署《深化规划和自然资源领域合作助推成渝地区双城经济圈建设合作协议》，在国土空间规划编制、区域经济布局、筑牢长江上游重要生态屏障、自然资源领域改革试点、综合防灾减灾能力建设等方面深入合作。围绕建立统一编制、联合报批、共同实施的规划管理体制，川渝两省市共同编制《成渝地区双城经济圈国土空间规划（2021—2035年）》以及川渝高竹新区、遂潼川渝毗邻地区一体化发展先行区等国土空间规划，为毗邻地区 10 个合作共建区域发展功能平台、13 个示范区、27 个基地建设做好战略"留白"和预留发展空间，着力构建"盆周生态保育、盆中优化发展、空间战略全方位协同"的区域保护开发总体格局。

另外，川渝两省市自然资源部门还联合建立重大工程项目选址协商制度，共同做好项目选址论证、用地预审、规划许可等服务，促进基础设施、产业发展、社会民生类重点项目尽早落地。

（二）川渝产业发展成本共担利益共享机制初步建立

川渝两省市财政部门签署《跨区域合作项目财税利益分享框架协议》等合作协议，引导川渝毗邻地区按照"一事一议"的原则，以共建园区、合作项目为载体，建立财税利益分享机制，通过总部经济、园区共建、飞地经济、项目合作、企业迁建、招商引资、异地流转等方式加强跨区域合作；对地方留存部分的税收，川渝有关市（区）县协商确定税收共享范围、税收分享比例、解缴地点、解缴方式；统一两地逾期未申报简易处罚标准，联合制定差异化处罚措施，推动两地税收处罚标准的统一，已初步统一七大类、66 项税务违法违章行为行政处罚裁量基准；推出税款跨省电子缴库新模式，打破两地跨省缴库的行政区划限制，推动实现"缴库同城化、流程电子化、业务标准化"。

（三）10 个区域发展功能平台集成探索先行先试

2020 年 7 月，川渝两省市政府办公厅联合出台《川渝毗邻地区合作共建区域发展功能平台推进方案》，提出规划建设九个区域发展功能平台，分别是：围绕川东北渝东北地区一体化发展规划建设万达开川渝统筹发展示范区、明月山绿色发展示范带、城宣万革命老区振兴示范区；围绕成渝中部地区协同发展规划建设川渝高竹新区、合广长环重庆主城都市区经济协同发展示范区、遂潼一体化发展先行区、资大文旅融合发展示范区；围绕川南渝西地区融合发展规划建设内江荣昌现代农业高新技术产业示范区、泸永江融合发展示范区。加上《成渝地区双城经济圈建设规划纲

要》提出规划建设川南渝西融合发展试验区，川渝毗邻地区合作共建的 10
个区域发展功能平台全部出炉。

其中，川南渝西融合发展试验区涉及自贡、泸州、内江、宜宾、江
津、永川、荣昌、綦江、大足、铜梁 10 个市区，2020 年常住人口为 2420
万人，经济体量超 1.2 万亿元。区域内合作陆续开展，比如，自贡开通川
渝首条"自贡—永川"飞行训练航线；泸州、永川、江津共同规划建设泸
永江融合发展示范区；内江与川南渝西城市签署数十项合作协议，推进基
础设施、现代产业、生态环保、公共服务等方面协同发展；江津、泸州共
建民营经济协同发展示范园；永川、泸州市泸县开通川渝首条对开公交班
车；荣昌、内江协作建设现代农业高新技术产业示范区；綦江、自贡共建
川渝产业合作示范园区等。

二 成渝地区双城经济圈经济区与行政区适度分离改革典型案例

（一）川渝高竹新区探索经济区和行政区适度分离改革"536"机制①

川渝高竹新区是四川省、重庆市共同批准设立的唯一一个跨省域省
级新区，距重庆两江新区 15 公里、木耳国际物流分拨中心 30 公里、江
北机场 38 公里、重庆果园港 55 公里、重庆北站 58 公里，也是四川省距
重庆市主城区最近的园区。川渝高竹新区规划范围包括重庆市渝北区茨
竹镇、大湾镇和四川省广安市邻水县高滩镇、坛同镇的部分行政区域，
总面积 262 平方公里，其中涉及渝北区的为 124 平方公里、邻水县的为
138 平方公里。到 2021 年 12 月，川渝高竹新区初步形成"536"改革实
践，累计签约入驻企业 158 家，其中 60% 以上的企业是 2020 年 8 月川渝
高竹新区启动建设之后入驻的；常住人口为 11 万余人，比 2020 年初新
增超过 1 万人。

---

① "536"机制："5"是按照"政策就高不就低、成本就低不就高"的原则，实现发展规
　划、开发建设、基础设施、公共服务、运行管理 5 个经济活动一体化；"3"是村镇管理、
　基层治理、社会保障 3 个社会事务属地化；"6"是构建运行管理、市场化经营、人才一
　体化发展、税费征管服务、要素保障、法务联动 6 大跨省域共建机制。

广安市、渝北区共同成立川渝高竹新区开发建设领导小组、管委会和开发建设平台公司，建立联席会议制度，联合出台工作要点、重大项目清单、行动方案等制度文件，以对等股权的方式共同组建川渝高竹新区开发建设集团有限公司，构建"领导小组＋管理机构＋开发公司"的新区开发建设运营机制，并采取"全域覆盖、分区报批"的方式，一体编制新区概念性规划、国土空间规划、控制性详细规划和交通、产业等专项规划，确保全域"一张网"、建设"一幅图"。

川渝高竹新区建立时间、现状、边界"三锁定"和"存量收益各自分享、增量收益五五分成"等机制，创新跨区域投资成本共担、利益共享新模式。对川渝高竹新区历史投入、存量收益等进行清理、界定和明确，对未来投入采取"共同出地、共同出钱、共同出人"的方式，由广安市、渝北区统筹分配建设用地指标、项目资本金等投入。

渝北区、广安市的税费政策、征管流程、纳服标准、法制事项等财税机制存在较大差异，过去曾导致入驻企业办税程序烦琐、效率不高。对此，两地税务部门和川渝高竹新区管委会按照"政策从优、程序从简、税负从轻"的原则，制定《川渝高竹新区税费政策差异执行规范》，设立全国首个税费征管服务中心，纳税人登录一个平台即可办理所有税费业务，两地税务部门实现"一个团队统征管、一本规范明口径、一套系统优服务"的征管新模式。

广安市、渝北区共同制定《渝北广安人才一体化发展先行区政策互认暂行办法》，两地在政策互通互融、人才联引联育、服务共建共享等方面推出一系列改革举措。凡川渝高竹新区新引进培育的优秀人才，不仅可择优享受广安市、渝北区相关优惠政策，还可同时享受两地人才公寓、子女入学、配偶就业等配套公共服务。

（二）"成德眉资同城化"探索经济区与行政区适度分离改革

成德眉资区域属于成都平原经济区的"内圈"，是"天府之国"的中心，涵盖成都、德阳、眉山、资阳四市，包含 17 个区、18 个县（市），东西最宽约 280 公里，南北最长约 250 公里，总面积为 3.31 万平方公里。

2018 年 6 月，中共四川省委十一届三次全会提出"成德眉资同城化发展，促进成都平原经济区的一体化发展，带动全省高质量发展"的战略部署。随后，成德眉资四市签署同城化合作协议，建立党政主要领导定期互访、常务副市长牵头的综合协调会议、分管市领导负责的专项协调会议等机制，在基础设施互联互通、产业共兴、公共服务共建共享等方面取得良好成效。

1. 成德眉资同城化制度机制创新

同城化发展并不意味着要改变行政区划，而是要探索经济区与行政区适度分离，建立一套优势互补、相互成就的区域合作利益联结机制，激发各类主体的参与积极性，增强市民的获得感，形成互利共赢的发展格局。

2020 年，四川省召开成德眉资同城化发展推进会，省委办公厅、省政府办公厅印发《关于推动成德眉资同城化发展的指导意见》，建立"领导小组统筹、同城办协调、省直部门指导、4 市主体落实"的工作推进机制，同城化办公室实现"常态化运作、实体化运行"，省直部门和四市分领域共同组建 14 个专项合作组，构建以都市圈发展规划"定性"，国土空间规划"定量"，各类专项规划、毗邻地区区域规划"定点"的"1 + 1 + N"规划体系，以"清单制 + 责任制"方式按年度推进重点工作的落地落实。

2. 做强成都都市圈

同城化是城市间区域合作最紧密、最高级的形态，也被认为是现代化都市圈形成的必由之路，而都市圈则是区域经济加快发展的重要驱动力和未来城镇发展格局演变的主要方向。成德眉资是典型的"大带小"城市组群，德眉资三市的经济总量加起来不到成都的 1/3，但三市中心城区距离成都主城区均在 50 公里左右，都在高铁半小时、高速一小时通勤圈内，便于跨城创业、就业、生活、消费，可以共享成都的发展红利，而成都的产业发展也因此增加了纵深空间。

2021 年 11 月，国家发展改革委正式批复《成都都市圈发展规划》。这是继南京都市圈、福州都市圈之后，国家层面批复的第三个、中西部的第一个都市圈规划，该规划明确了成都都市圈的空间范围为成德眉资四市。自此，成德眉资同城化的核心目标升级为共建成都都市圈。

3. 成德眉资同城化形成多个实践成果

基础设施同城同网加速推进。成都都市圈日开行动车对数和客流量分别为动车公交化运营前的 2.9 倍和 2.2 倍，实现"天府通"一卡通刷、一码通乘、优惠共享。

推进创新政策协同。联合制定科技创新券互认互通实施方案、新经济发展城市机会清单、创新资源指南等政策文件；共建协同创新中心，集聚四市科创平台 2000 余家，协同开展新产品保险补偿机制试点，探索重点产业技术联合攻关。

推进产业协作。联合印发产业协同发展实施方案等政策文件，组建产业生态圈联盟，举办产业生态建设企业供需对接大会。

共建共享开放平台。带动德眉资优质货源通过中欧班列（成渝）出口欧洲，强化四川自贸试验区成都片区与德眉资协同改革先行区的联动发展，率先复制推广多式联运"一单制"等经验。探索建立同城化利益协调机制，建设成德眉资同城化综合试验区①。

三 成渝地区双城经济圈经济区和行政区适度分离改革落地见效面临的主要挑战

在东部地区的经济区和行政区适度分离改革实践中，出现过政府主体责任划分不清、办事效率低下、双方争议"扯皮"增多、人事及融资管理体制机制不顺、市场竞争行政化、要素资源配置碎片化等问题。

---

① 根据《四川省发展和改革委员会关于印发〈成德眉资同城化综合试验区总体方案〉的通知》（川发改城镇〔2022〕134 号），成德眉资同城化综合试验区包括成都东部新区（含托管天府新区简阳片区）和德阳凯州新区、金堂淮州新城、简阳城区、资阳临空经济区、眉山眉东新城，面积为 2997 平方公里，2020 年末常住人口为 148 万人、地区生产总值为 824 亿元。

成渝地区双城经济圈主要采取川渝毗邻地区合作共建区域发展功能平台的形式探索经济区和行政区适度分离改革，挑战在于需要充分研判合作城市的资源禀赋、产业基础，并在传统合作机制中分析堵点、痛点和短板，进而规划布局，厘清明确经济区和行政区适度分离改革的空间载体、管理模式、产业发展、资源配置、财税分享、财政投入、统计分算、要素价格、环境治理等共商共治共管长效机制，处理好本地合作区和其他区域的协作关系。

从已有的实践看，相关改革已进入深水区。比如，项目如果落户重庆境内，经济数据只能统计在重庆，落户四川境内，经济数据则只能统计在四川，长此以往将影响两地合作的积极性。川渝合作城市建设用地指标紧张，两地共建合作区如果只是利用优惠政策叠加效应招商引资，则会面临入驻企业与重点产业脱节、项目用地指标趋紧、优质企业的项目用地难以保障等挑战。在川渝税收政策不一致的情况下，企业落户会选择税收更优惠的城市，造成市场主体布局的不均衡。

更大的挑战在于，经济区的起步点和突破口设在合作行政区之中的经济后发毗邻地区，产业发展红利相对容易通过规划、建设、政策、财税等的统一和统筹实现"1＋1＞2"的倍增效应，尤其是将医疗、教育、社保等民生事务移交给行政区，合作的经济区因减轻民生经济负担，可以很快实现爆发式增长，这是不少开发区"短跑赛冠军"的要诀。但是产业培育发展尤其是打造具有竞争力的产业生态和产业集群非一日之功，尤其是沿用传统开发区模式的单一发力政策优惠和要素低成本，可能集聚的还是若干对政策敏感的"候鸟式"企业，并不能充分满足产业固链补链强链的目标。同时，人气增加是否会孳生房地产"大跃进"，尤其是在经济区产业发展基础相对薄弱，产业集群尚未形成竞争力的情况下如何规范发展房地产业，做好产城融合文章，决定了经济区的长期竞争力。

四 成渝地区双城经济圈探索经济区和行政区适度分离改革对策建议

其一，加快重庆都市圈、成都都市圈的引领发展，推进川渝毗邻区域相关功能平台、合作园区等的融合发展，推动互补性强的非毗邻地区打造跨行政区合作示范平台，构建规划编制、产业政策、招商引资、政务服务、财税政策、市场监管"六统一"的区域合作机制，打造具有竞争力的跨区域产业生态圈。

其二，探索经济区与行政区的要素调配、产业布局等利益协调机制，共建统一开放的经济区土地、人才、资本、知识产权等要素市场。探索建立行政区公共服务均等化、一体化机制，推动公交、社保、教育、医疗、养老等领域的无障碍转移接续和同标同质。根据功能平台、飞地经济、总部经济、合作园区等不同跨区域合作模式特点，按照"投入产出对等"等原则，探索建立互利共赢的前期财政投入分担、经济统计分算、税收征管分享、利益争端处置等机制。

其三，推动在经济区合作园区共同组建管委会、平台公司，协作开发建设运营，因地制宜推广"功能总部＋制造基地""技术研发＋成果转化""头部入驻＋产业配套"等"中心城市＋经济区"联动发展模式，推行招商引资项目异地流转和企业迁移利益共享机制。引导川渝港口、机场、物流等企业采取市场化机制，以共同出资、互相持股等模式促进资源整合和高效运营。

加快建设区域教育培训中心——泸州市推动渝西川南（泸永江荣）教育共同体建设的实践与探索

陈　邦　朱庭宽　祝　燕

泸州是川渝滇黔接合部的中心城市，教育和人文氛围浓厚，尊师重教是当地的重要风俗，如今已发展为西南地区教育大市，形成了从高等教育、职业教育到学前教育的全序列教育联动并进发展格局，且与毗邻地区的教育交流合作形成常态机制，"泸州教育"成为中国酒城泸州的又一张名片。成渝地区双城经济圈建设启动以来，本着优势互补、服务泸州高质量发展的原则，泸州市教育和体育局相继与重庆市多个区县签署教育合作协议。比如，与江北区开展教育全方位合作，与渝中区推动教育学会等学术团体共建，与万盛经开区协同实施干部教师队伍建设，与大足区探索社区教育合作。

随着川南渝西融合发展试验区上升为国家战略，泸州与毗邻的重庆市永川区、江津区、荣昌区教育合作面临提质增效的重大机遇，2021 年 7月，四地教育行政部门签署《渝西川南（泸永江荣）教育共同体框架协议》，明确探索跨区域教育协同发展机制、共建共享优质教育资源、推动基础教育优质发展、推动职业教育协同发展、推动教师教育创新发展等合作机制。同时，泸州市与江津区协同承担川渝两省市教育行政部门联合下达的"渝西川南教育融合发展试点"重大改革项目，与永川区联合实施川渝两省市教育行政部门联合部署的"推动成渝地区双城经济圈教师教育协同创新合作"项目。

通过积极推动建设渝西川南（泸永江荣）教育共同体，打造成渝地区双城经济圈教育协同发展示范区，加快教育综合配套改革，为泸州建设以区域性教育培训中心为特色的教育强市提供了源泉动力，为泸州加快建设省域经济副中心提供了坚实的人才支撑，也为川渝毗邻地区的教育协同发展提供了经验参考。图1为"渝西川南（江津－泸州）教育融合发展试点工作推进会"现场。

图1　"渝西川南（江津－泸州）教育融合发展试点工作推进会"现场
（陈邦　摄）

一　渝西川南（泸永江荣）教育共同体建设的泸州实践

（一）推动市、区县、学校三级教育共同体机制建设

泸州市教育和体育局牵头编制《渝西川南（泸永江荣）教育共同体章程》，并担任教育共同体第一届轮值理事长单位，实行理事会统筹协调下的四地教育协同发展，并明确有关工作对接、目标任务、项目专班、经费保障等制度机制。泸州市各区县、市属学校和局管单位按照市教育和体育

局总体部署，结合自身实际情况和发展需要，加强与渝西地区的教育合作，编制合作项目工作方案，建立合作项目部门（单位）负责制，建立工作台账、协调会商、经验总结、成果推广等机制，泸州市教育和体育局根据项目工作绩效予以奖补。

（二）协同打造教育共同体五大品牌

泸永江荣四地教育行政部门协同打造"优师智库""共享课程""智校互联""集成改革""立体研修"五大教育共同体品牌项目。

其一，组建名师、名校长、名班主任、研训专家、评估专家、改革专家等优秀教育人才库，建立互动交流机制，定期开展活动，建设"优师智库"。目前，泸州已推荐49名省级名优教师入选教育人才数据库。

其二，通过遴选与开发相结合的方式，实施优质教育资源共建共享工程，建立中小学生研学实践基地、职教学生实习实训基地、教师教育基地三类教育基地数据库，打造"共享课程"。目前，四地教育部门已建立学前教育、基础教育、职业教育、教师培训四类课程资源数据库，其中泸州市教育部门牵头开展教师培训优质课程资源数据库1.0建设，征集已公开出版或发表、已用于或可用于教师培训的课程资源200余件。

其三，推动四地教育资源数字化共建共享，实现"智校互联"。四地教育行政部门指导优质学校、特色学校、薄弱学校开展结对合作，建立小学、初中、高中、幼儿园教育联盟，助推区域内学校之间实现优质校本教育资源共享，依托钉钉、腾讯会议等互联网平台开展远程教育合作。目前，泸州市有关学校与永川区4所普通高中、3所职业高中结对，与江津区4所职业院校结对；牵头组建渝西川南（泸永江荣）乡村教育联盟，联盟内有3对幼儿园、6对小学、6对初中建立了结对合作关系。

其四，整合教育共同体内各方优质资源，协同推进五育融合、教育评价、城乡一体化、县管校聘、产教融合、区域合作等教育综合改革，实现"集成改革"成效。例如，泸州推动幼儿园就近就便、小学向乡镇集中、初中向中心城镇或片区集中、高中向县城集中、资源向寄宿制学校集中的"一就近四集中"集成改革，着力解决"进城入学难"、校舍"闲"的问题。

其五，基于泸州市教师培训"立体研修"经验，搭建跨区域教师研修平台，建设区域教师培训"师道""师德""师能"三类课程，探索混合式研修、大校本研修、大教研格局，以"渝西川南（泸永江荣）名师课博会"为窗口，打造"立体式研修"品牌。例如，泸州市教育科学研究所、泸县教师进修学校、纳溪区教育科学研究中心入选成渝地区双城经济圈研训机构"10＋20"协同体；泸州市教育和体育局牵头开展渝西川南（泸永江荣）乡村教育专家培训、五育融合试点学校领航培训，协同组织两届渝西川南（泸永江荣）名师"课博会"；泸州市泸县教师进修学校、永川区教育科学研究所、江津区教师发展中心、荣昌区教师进修学校开展教师培训项目合作，泸州市合江县与江津区教育部门联合开展校（园长）培训。

（三）泸州有关高校积极参与成渝地区双城经济圈建设

例如，西南医科大学与重庆市合川区、荣昌区、成都市青白江区等政府部门，与泸州航空航天园、国家北斗数据中心四川分中心、重庆市卫生人才交流中心等园区、机构广泛开展校地合作、校企合作，在重庆建立了7个临床教学基地，参与发起成立川南高校联盟、成渝地区双城经济圈就业创业协同发展联盟医卫健康分盟。泸州职业技术学院与重庆两江新区、永川区等政府部门签署合作协议，与重庆城市职业学院共同发起组建成渝地区双城经济圈智慧新零售产教融合发展共同体。四川化工职业技术学院与重庆化工职业学院共同发起成立成渝地区双城经济圈化工职业教育产教协同发展联盟。

二　泸州以多边合作融入成渝地区双城经济圈教育协同发展的经验和思考

围绕泸渝教育一体化发展"243"战略格局①，泸州教育系统联动实施

---

① 泸渝教育一体化发展"243"战略格局："2"为积极对接重庆、成都的优质教育资源，"4"为立足泸州、永川、江津、荣昌四地教育的个性发展和共同愿景，"3"为着力打造渝西川南教育融合发展先行区、核心区和示范区。

区域教育协同发展"1435"行动方略①，渝西川南（泸永江荣）教育共同体基本建成。实践证明，以共同体建设为载体，可以避免区域教育合作的碎片化、短视化、形式化问题；以共同体章程为准绳，可以避免区域教育合作无章法、无约束、无系统问题；以共同体品牌为引领，可以避免区域教育合作缺抓手、缺重点、缺特色问题。

下一步，泸州应加快建设区域教育培训中心，突出"融合"和"示范"两大特色，将教育共同体的区域教育合作模式扩展到川渝滇黔接合部其他毗邻城市，完善教育共同体的联席会议、项目推进、工作协调、督导考核、资源配置、财政支持等长效机制，扩大教育对川南渝西融合发展示范区高质量发展的支撑效应，推动区域教育的均衡优质高质量发展。

---

① "1435"行动方略："1"为聚焦一个目标（创建渝西川南教育融合发展示范区），"4"为建立四大机制（市级联动、县级推动、院校互动、校地行动），"3"为共建三大资源（人才、课程、基地），"5"为打造五大品牌（优师智库、共享课程、智校互联、集成改革、立体研修）。

巴蜀文化旅游走廊建设的
实践探索与战略路径

曾登地 郑正真 黎 川

川渝两省市历史文化悠久，文物古迹众多；非物质文化遗产资源丰富，人文气息浓厚；生态类型多样，自然景观独特；旅游资源禀赋好、数量多、品质高。现拥有 8 项世界遗产、9 个国家历史文化名城、17 个国家一级博物馆、148 个全国重点文物保护单位、2 个国家级文化生态保护实验区、206 项国家级非物质文化遗产代表性项目、3 个世界地质公园、23 个国家地质公园、39 个国家级自然保护区、63 个国家森林公园、22 个国家级风景名胜区、12 个国家全域旅游示范区、25 个国家 5A 级旅游景区、5 个国家级旅游度假区、10 个国家生态旅游示范区、66 个全国红色旅游经典景区、6 个国家级旅游休闲街区、83 个全国乡村旅游重点村镇，这些资源为巴蜀文化旅游走廊建设奠定了坚实的基础。随着成渝地区双城经济圈建设的不断深入，多层次、多样化、网络化的区域综合交通体系基本建成，两地人员往来更加密切，文化旅游跨区域合作机制逐步建立，互为文化发扬地、旅游集散地和重要客源地的川渝旅游合作成效愈加显著。

一 建设巴蜀文化旅游走廊上升为国家战略

《中华人民共和国国民经济和社会发展第十四个五年规划和 2035 年远景目标纲要》将"打造巴蜀文化旅游走廊"列入重大工程项目之一。《成渝地区双城经济圈建设规划纲要》明确要求"编制印发实施巴蜀文化旅游走廊规划"。2022 年 5 月，文旅部、国家发展改革委和川渝两省市政府联合印发《巴蜀文化旅游走廊建设规划》，提出建设全国文化旅游发展创新改革高地、全国文化和旅游协同发展样板、世界级休闲旅游胜地的战略定位。至此，巴蜀文化旅游走廊从谋篇布局进入协同共建新阶段。

从空间范围看，巴蜀文化旅游走廊是以重庆主城和成都为核心，以连接两地的高速铁路、高速公路和长江水系沿线的市区（县）为重要组成部分的区域，核心区域与成渝地区双城经济圈大体一致。由于川渝山水相依、历史同源、文化同脉，以经济区空间来划定文化旅游产业布局与协同发展并不能完全体现资源特色，因此，巴中、奉节、武隆、石柱、秀山、酉阳、彭水等川渝未纳入成渝地区双城经济圈的市区（县），根据其资源禀赋进行了统筹安排。因此《巴蜀文化旅游走廊建设规划》明确了空间范围要辐射带动重庆市和四川省全域范围。

从空间格局看，巴蜀文化旅游走廊重点构建"双核、三带、七区、多线"的空间格局。"双核"为重庆主城和成都，"三带"为成渝古道文化旅游带、长江上游生态文化旅游带、成绵乐世界遗产精品旅游带，"七区"为大峨眉—大熊猫生态文化旅游协同发展区、古蜀文化与嘉陵山水休闲旅游协同发展区、石窟石刻艺术与乡村旅游协同发展区、大巴山生态休闲与高峡平湖旅游协同发展区、武陵山—乌江流域生态文化旅游协同发展区、大华蓥—明月山红色旅游与绿色康养协同发展区、民俗文化与江河风光旅游协同发展区，"多线"为多条旅游支线、生态旅游大环线。空间格局更多考量的是要素资源、地理区位和协同打造等综合因素。由此可以看出，川渝文化旅游合作进入了全产业链协同合作的新阶段，通过深化跨区域合作，力促机制创新，增强协同发展能力，共建文化旅游发展强劲、创新活跃的增长极，联合打造国际范、中国味、巴蜀韵的世界级休闲旅游胜地。

二　川渝文化旅游协同合作走深走实

2020 年以来，川渝两省市文化和旅游部门签订《推动巴蜀文化旅游走廊建设工作机制》《推动成渝地区双城经济圈文物保护利用战略合作协议》《成渝地区文化旅游公共服务协同发展"12343"合作协议》等合作协议，联合印发《深化四川重庆合作推动巴蜀文化旅游走廊建设工作方案》等政策文件，川渝文化旅游协同合作进一步走深走实。按照有关合作目标，力争到2035年，川渝两省市文化旅游综合性总收入突破5万亿元，文化旅游消费总人次突破15亿人次。

两年多来，川渝两省市文旅部门成立推动巴蜀文化旅游走廊建设专项工作组，设立联合办公室，定期召开协调会议，联合开展"巴蜀文化旅游走廊自由行"（两地近200家旅游景区分别面向重庆、四川籍游客推出120万张免费门票和旅游消费优惠政策）、"大篷车"巡游营销推广等旅游推广活动，持续加强规划协同、政策相通、产品相连、品牌共享等旅游协同合作。拓宽"重庆文化旅游惠民消费季"的覆盖群体，特设"巴蜀文创潮集"文创产品专场。截至2021年12月，已向川渝居民和游客发放惠民消费券140.05万张，发放优惠补贴1719.35万元，拉动文化旅游市场消费5.75亿元。

到2022年3月，川渝两地签订各层级文化旅游战略合作协议63份，覆盖成渝地区双城经济圈大部分市区（县）；发起成立成渝地区双城经济圈文化和旅游发展产业联盟、巴蜀文化旅游推广联盟、成渝乐（山）旅游行业联盟、川渝泛琼江流域文化旅游联盟等文化旅游合作联盟11个，促进文旅行业上下游的交流合作；川渝文旅部门联合实施巴蜀文化旅游走廊建设重点任务107项、重点文物保护项目200个，联合举办展览展示活动50个，实施川陕苏区红军文化公园、五华山康养旅游度假区等9个重大项目，累计完成投资56.7亿元；资阳-大足、遂宁-潼南、万州-达州-开州、渝北-广安、合川-广安-长寿、城口-宣汉-万源等川渝毗邻片区已率先开展文化旅游深度合作试点。

案例　川渝协同开展巴蜀石窟保护利用开发

川渝两省市现有石窟寺及石刻8032处，是我国石窟分布最密集的区域，以其分布之广泛、规模之宏大、内容之丰富、雕刻之精美，被誉为"中国石窟艺术的下半阕"。"十三五"期间，川渝两省市文物部门联合编制《川渝石窟保护与利用重大工程规划》。2020年，两地文旅部门联合举办中国石窟（南方）保护学术研讨会，形成南方石窟保护《乐山共识》；共同召开川渝石窟保护利用专家座谈会，成立"巴蜀世界遗产联盟""巴蜀石窟文化旅游走廊联盟"；举办"巴蜀地区石窟与摩崖造像艺术展""天下大足——大足石刻的发现与传承"等展览；推动共建资阳大足文旅融合发展示范区，支持四川省资阳市、重庆市大足区共推文物保护利用、共倡石刻研学文化、共促石刻技艺活态传承；共同创建川渝石窟寺国家遗址公园，打造中国南方石质文物保护利用的典范。

重庆市大足区、四川省资阳市是巴文化与蜀文化的交融地，区域内现有国家级、省级石刻（窟）类文物保护单位90处。2022年2月，川渝两省市发展改革委联合印发《资大文旅融合发展示范区总体方案》，该示范区是川渝毗邻地区合作共建区域发展功能平台中唯一一个以"文旅融合"为主题的平台。该总体方案提出，大足和资阳将共同推进川渝石刻文化公园等工程项目，争创川渝石窟寺国家遗址公园，推动安岳石窟申报世界文化遗产，共同打造川渝石刻（窟）精品文化旅游线路，共同打造"资足常乐""石刻之乡"等地域文化标识，联合创办世界石刻（窟）文化艺术节，共同创建国家文化产业和旅游产业融合发展示范区。

三 川渝协同开发巴蜀文旅资源

1. 联合实施重大文旅项目建设

近年来，川渝文旅部门联合实施"巴蜀考古"（已纳入国家文物局"考古中国"重大项目）、长征国家文化公园（重庆段、四川段）、天府文化旅游中心、巴蜀文献中心、川渝阅读"一卡通"等一批有引领带动作用的重大文化旅游项目，共同开发"文旅＋大熊猫""文旅＋影视""文旅＋数字动漫""文旅＋主题游乐""文旅＋新艺术创作""文旅＋音乐产业""文旅＋舞蹈产业""互联网＋旅游"等新业态，培育"巴蜀文脉"人文旅游、"巴蜀风韵"民俗旅游、"巴蜀脊梁"红色旅游、"巴山蜀水"生态康养、"巴蜀乡愁"乡村旅游、"通识巴蜀"科普研学、"创意巴蜀"文旅创意、"潮玩巴蜀"都市文娱、"艺术双星"音乐美术、文旅装备制造十大巴蜀特色优势产业集群，推动洪崖洞和宽窄巷子、金佛山和都江堰等知名景区达成战略合作。

2. 协同推进智慧旅游建设

加强川渝城市群无障碍旅游合作，联袂打造"智游天府"和"惠游重庆"公共服务平台，集"吃住行游购娱"功能于一体，以移动终端（手机）为载体，通过 App、小程序、微信公众号，为公众提供旅游、文化、公共服务三大类共 16 项服务。打通平台数据壁垒，实现游客身份和健康信息互通共享及跨平台核验认证，川渝游客可凭借"一码"游览两地 660 余个景区和文化旅游场馆。

3. 统筹打造巴蜀精品文旅 IP 和 CP

突出成都和重庆中心城区在旅游精品线路组织中的交通门户、集散中心、旅游接待中心、都市型旅游目的地功能，通过协助宣传推广、提供公共数据、重点线路补贴等方式，支持川渝市场主体以"成都—重庆中心城区"为主线，整合都市旅游、乡村旅游、长征文化、红岩文化、石窟艺术等特色文化旅游资源，串联区域内优质景区（点），开发川渝两地一程多站旅游线路，打造跨省市的精品旅游联线产品；先后发布红色文化研学、重走巴蜀古道、走进伟人故居等精品线路 70 余条。

例如，华蓥山是世界三大褶皱山系之一川东平行岭谷的主体山脉，由北向南延绵 300 余公里，纵跨四川、重庆的 15 个县区市，集雄、奇、险、幽于一身，被文学大师郭沫若誉为"天下第一雄山"。重庆市和四川省广安市文旅部门合作共建大华蓥山生态旅游度假区，构建红色旅游、生态旅游精品线路。重庆将广安纳入主城都市区文化旅游联盟，开通重庆—广安红色旅游专列及旅游直通车，共同打造"行千里 致广大""小平故里行 华蓥山上游"区域旅游品牌形象。

再如，重庆、南充、广元、广安等嘉陵江沿线城市协同构建嘉陵江流域生态环境联防联治与综合开发协同联动机制，建立嘉陵江国际文化旅游产业联盟，推选"嘉陵江十大旅游地理坐标"，举办嘉陵江国际文化旅游节，深化文化旅游资源共享、节会共襄、品牌共建、线路互联、市场互动等合作，共同培育嘉陵江文旅大 IP 和嘉陵江文化旅游产业带。图 1 为南充印象嘉陵江湿地公园。

图 1　南充印象嘉陵江湿地公园

注：嘉陵江流经四川省南充市 7 个县区市，南充市积极融入嘉陵江文化旅游产业带，打造"印象嘉陵江·山水南充城"整体旅游品牌形象。

（供图：搜狐网）

四　川渝协同共建巴蜀文化旅游走廊对策建议

1. 携手开展巴蜀文化保护传承开发

川渝社科人文机构要系统梳理、研究、解读巴蜀文化的形成、演进和发展全过程，提炼巴蜀人民在长期不懈的奋斗中形成的崇德尚实、坚忍顽强、达观友善、开放包容的性格特点和精神特质，弘扬长征精神、抗战精神、红岩精神、老区精神、"两弹一星"精神、三线建设精神、抗震救灾精神等巴蜀精神，提升巴蜀文化的表达能力、吸引力与凝聚力。川渝两省市的文物部门应联合开展巴蜀文化遗产的保护传承利用，发布巴蜀各级各类文物和文化遗产名录，提高预防性保护和系统性开发能力。完善"先考古保护、后出让开发"制度机制，加强对历史文化名城名镇名村、传统村落、历史街区、乡土建筑等的保护利用。创新文物与文化遗产的活化利用，打造一批服务全龄用户、具备沉浸式服务能力的数字博物馆，促进非物质文化遗产项目有机融入旅游景区、商业街区。引导川渝文化艺术机构共建共享剧目、曲目、演出资源库，推动巴蜀本地或者以巴蜀文化为题材的文化艺术与旅游深度融合，因地制宜地发展实景演出、驻场演出、流动演出等旅游演艺项目。培育数字创意、网络视听、创意设计、直播带货等新业态，开发推出一批具有巴蜀文化特色的城市礼物、乡村好礼。

2. 共建国际都市旅游目的地

建立政策协调、品牌共享、景区合作、营销互推、开发协同等巴蜀文化旅游走廊一体化建设机制，充分挖掘长江文化、红色文化、古蜀文明、巴渝文化、三峡文化等巴蜀文化资源，共同培育文化旅游公共品牌。推动重庆主城以都市游、温泉游、红色游、遗产遗址游、康养游为重点，建成全国美丽山水之都、国际商务会展之都、世界知名旅游枢纽城市。推动成都加快建成具有国际影响力的世界文化名城、山水人城和谐相融的公园城市。推动区域内的中小城市因地制宜发展文旅商康养新业态，以产城景智融合推进城旅一体化建设和全域旅游的发展。

3. 联动打造高品质文旅景区和项目

支持 A 级景区丰富产品、创新业态、完善设施、提升服务。围绕 A 级景区、旅游度假区、森林公园、江湖流域等载体，发展户外运动、温泉、游轮、自驾、露营、民宿等特色化、品质化旅游产品，促进"旅游 +"一二三产业的融合。依托特色自然风光、民族文化、民俗风情、农耕文化等，采取"三变"改革、公办民营、民办公助、PPP 等多种方式，打造一批设施完备、功能多样、服务特色的巴蜀"乡村旅游＋"产业平台和示范项目。打造贯通川渝的自然风光、人文遗产、红色文化、熊猫文化等精品旅游线路，推出川渝 A 级景区旅游地图，扩大长江三峡、九寨沟、江津四面山、武隆喀斯特、都江堰－青城山、峨眉山－乐山大佛、三星堆－金沙、阆中古城、大足石刻、自贡彩灯、铜梁龙舞等国际旅游品牌的影响力和带动性。图 2 为四面山望乡台瀑布。

图 2　四面山望乡台瀑布

注：四面山位于重庆江津区南部，北距重庆主城 100 余公里、江津主城 60 余公里，西邻四川宜宾、泸州，东靠贵州遵义，集山、水、林、瀑、石于一身，融幽、险、雄、奇、秀为一体，荣获国家级风景名胜区、国家 AAAAA 级旅游景区、国家生态旅游示范区、2018 中国品牌旅游景区 TOP20 等荣誉称号。

（供图：重庆市江津区发展改革委）

五　结语

面对百年变局叠加世纪疫情带来的"需求收缩、供给冲击、预期转弱"严峻挑战，单靠某个城市的救济性纾困政策和刺激性消费回补举措，很难使文旅产业从严重的冲击中复苏重振。巴蜀文化旅游走廊建设的重要意义在于，以文旅资源、要素资源协同发展和集成发展为要，打破传统行政区对文旅产业跨区域发展的限制，探索区域文化旅游协同发展的体制机制和路径模式，发挥区域整体比较优势，打造满足当地居民休闲生活与游客旅游度假需求的多样化、品质型文旅产品和服务，全面提升巴蜀文化旅游走廊的品牌形象和整体竞争力，进而打造全国文化旅游发展的新增长极，为成渝地区双城经济圈打造中国经济第四增长极提供源源不断的文化源泉和产业动力。

融入成渝地区双城经济圈的
巴中后发赶超机遇与路径

刘　洋　邓超明　李　冲　胥　川

巴中市位于四川省东北部，曾是川陕苏区后期的政治中心、国家"三线建设"重点地区，与成渝地区双城经济圈山水相依、文化同源、人文相亲，产业联动和要素融通频繁。如今，作为成都、重庆、西安三大国家中心城市的几何中心、联结"一带一路"和成渝—关天经济区的重要节点，巴中在成渝地区双城经济圈北向拓展外延空间、实现与关天经济区联动发展、促进西部地区南北经济融合中的战略价值进一步提升。尤其是随着通道建设和产业升级的加快推进，大山不再是巴中发展的阻碍，"山水、洞天、红色、人文、康养"成为金字招牌，巴中将深度参与川渝陕甘藏青疆滇桂的跨区域要素资源调配融通，西部地区枢纽型城市的独特战略地位凸显，后发赶超的发展潜力巨大。

一　巴中部署：打造成渝地区双城经济圈的北向门户

值得关注的是，2021年10月发布的《成渝地区双城经济圈建设规划纲要》并未将巴中纳入四川省入选的15个市。作为与粤港澳大湾区、长三角地区、京津冀地区同档的中国经济第四增长极，国家层面可能的考虑是：在西部地区经济发展相对滞后且发展不平衡不充分的现实下，不宜走"摊大饼"式的传统发展路径，而是将与重庆主城区、成都"双核"地理位置更近的城市纳入，集中力量形成"双核引领，区域协同"的示范经验，因而并未将巴中、广元、攀枝花、阿坝、甘孜、凉山六市州纳入，这些地区的重点任务是"融入成渝地区双城经济圈"。巴中、广元、攀枝花、阿坝、甘孜、凉山六市州提出的融入成渝地区双城经济圈战略部署见表1。

表1 巴中、广元、攀枝花、阿坝、甘孜、凉山六市州提出的
融入成渝地区双城经济圈战略部署

城市	融入成渝地区双城经济圈战略部署
巴中	打造成渝地区绿色产品供给地和产业协作配套基地、成渝地区北向重要门户枢纽。
广元	建设成渝地区北向重要门户枢纽、成渝地区生态康养"后花园"、成渝地区绿色产品供给地、成渝地区产业协作配套基地。
攀枝花	加快"两城"① 建设、争创省级新区，建设成渝地区双城经济圈优势独特的重要支点。
阿坝藏族羌族自治州	大力发展生态经济，主动融入、服务、贡献成渝地区双城经济圈建设。
甘孜藏族自治州	打造成渝地区双城经济圈战略资源保障、休闲旅游度假、绿色产品供应、宜居生活圈延伸的"大后方"，筑牢长江黄河上游生态屏障。
凉山彝族自治州	打造"一通道、四基地、一屏障"②，融入成渝地区双城经济圈。

注：①作为成渝地区双城经济圈辐射区域，六市州均将融入成渝地区双城经济圈建设作为重大发展红利和战略机遇，出台专项政策措施，组建工作专班或者专门机构，积极开展与成渝地区双城经济圈在产业、科技、金融、教育、医疗、文化、体育等领域的交流合作。

②六市州依据地理区位、要素资源和产业基础，均提出了融入成渝地区双城经济圈的相关战略部署。比如，巴中、广元同属川东北经济区，重在打造成渝北向门户枢纽和产业协作配套基地；攀枝花、凉山同属攀西经济区，矿产、生态、水能等资源丰富，工业基础较好，提出了全方位对标、对接成渝地区双城经济圈的发展思路；阿坝、甘孜同属川西北经济区，是四川省未设定GDP发展目标的区域，重点任务是建设生态示范区，两座城市据此提出了发挥生态优势，与成渝地区双城经济圈共筑长江上游生态屏障及协同发展生态经济的思路。

③除了重庆主城区、成都"双核"具有较强的要素集聚和辐射功能外，成渝地区双城经济圈其他中小城市经济实力相对不强，如何与成渝地区双城经济圈周边地区形成联动协同，尚未形成成熟的经验和模式，六市州需要避免同质化竞争，做好差异化文章，在细分领域、重点产业、重大项目与毗邻地区、非毗邻地区建立紧密型联动合作。

这在2021年11月发布的《"十四五"特殊类型地区振兴发展规划》

---

① "两城"：钒钛新城和攀西科技城。

② "一通道、四基地、一屏障"："一通道"为南向开放大通道，"四基地"为清洁低碳能源生产基地、钒钛新材料示范基地、优质农产品供应基地、阳光康养度假旅游目的地，"一屏障"为长江上游重要生态屏障。

中得到了印证。该规划提出支持川陕革命老区发展清洁能源和绿色产业、保护建设秦岭重要生态屏障、融入成渝地区双城经济圈建设，并对巴中提出"建设成渝地区重要交通枢纽"的明确要求，而其清洁能源、绿色食品、生物医药产业基地以及红色旅游目的地、生态文明示范区等经济社会发展战略定位，均可与成渝地区双城经济圈实现对接、配套和联动。

2020年7月发布的《中共四川省委关于深入贯彻习近平总书记重要讲话精神 加快推动成渝地区双城经济圈建设的决定》提出，支持巴中建设成渝地区北向重要门户枢纽、成渝地区绿色产品供给地和产业协作配套基地。

2020年8月发布的《中共巴中市委关于加快融入成渝地区双城经济圈建设的决定》进一步明确，着眼建设川陕革命老区振兴发展示范区总体目标，加快建设成渝地区北向重要门户枢纽、绿色产品供给地、产业协作配套基地和休闲度假后花园。巴中融入成渝地区双城经济圈的战略定位和战略路径日益明确。

2022年3月，巴中市主要领导在接受媒体采访时提出，巴中要以建设"三市两地一枢纽"①为牵引，加快融入成渝地区"一轴两翼三带"②区域经济布局，落实成渝地区双城经济圈北翼振兴战略部署，努力走出后发赶超振兴发展的新路子。

二 巴中实践：融入成渝地区双城经济圈建设的主要成效

围绕成渝地区双城经济圈建设的战略目标、战略重点，巴中市委市政府主要领导牵头，组建工作推进专班，梳理重大合作事项464项，与四川省成都市、南充市、广安市、达州市，重庆市江北区、北碚区、开州区、

---

① "三市两地一枢纽"："三市"为全国革命老区振兴发展示范市、国家生态文明建设示范市、国家全域旅游示范市，"两地"为全国爱国主义教育和红色文化传承基地、成渝地区绿色产品供给地和产业协作配套基地，"一枢纽"为成渝地区北向重要门户枢纽。

② "一轴两翼三带"："一轴"指成渝发展主轴，即成都与重庆北线、中线和南线交通运输通道沿线地区；"两翼"指成渝地区双城经济圈北翼、南翼，即川东北渝东北地区、川南渝西地区；"三带"指德绵眉乐雅广攀经济发展带、成遂南达经济发展带、攀乐宜泸经济发展带。

万州区等川渝市区县建立战略合作。

2020 年 4 月，巴中市政府与重庆市发展改革委签署战略合作框架协议，在深化交通建设、重点产业协调发展、生态环境联防联治、社会事业交流合作四个领域达成合作，并共同推动部门间、县（区、市）间、政企间、企业间、社会团体间的全方位合作。

2020 年 4 月，巴中市人民政府与重庆市江北区人民政府签署友好城市合作协议，双方协定通过园区对接、产业联动、产业梯度转移等方式，推动巴中的自然资源、特色产业、市场潜力与江北区的社会治理、商贸、金融、智能智造、人才资源等优势领域的互动、互补、互惠发展。至今，巴中市和江北区的合作已形成系列成果。比如，两地组织部门推动江北区"江北英才"与巴中市"巴山优才"高级人才对等互认，江北区智慧城管信息平台系统与巴中市城管执法局实现资源共享，两地退役军人事务局在思想政治、基层基础、权益维护、安置工作、军休服务、就业创业、双拥优抚、褒扬纪念、人才培养、信息建设 10 个方面开展合作，两地金融监管部门在金融服务、要素市场建设、多层次资本市场建设、金融风险防范、金融人才培养等领域开展合作，两地住房公积金管理部门在信息共享、互认互贷、联合治理违规提取等方面开展合作。

2021 年 10 月，巴中市政府与重庆市北碚区政府签署《推动成渝地区双城经济圈建设战略合作协议》，围绕基础设施互联互通、产业发展协同协作、文旅融合走深走实、生态环保联建联治、乡村振兴共促共进、公共服务共建共享等方面开展合作。2022 年 2 月，两地人力资源和社会保障部门签署合作协议，共同推动人社公共服务的协同发展，并形成养老保险关系无障碍转移接续等阶段性成果。

三 巴中机遇：把握成渝地区双城经济圈建设的战略牵引力、政策推动力和发展支撑力

1. 交通强市建设加快融入成渝 1 小时经济圈

巴中已初步构建四通八达的交通网络。巴广渝、巴陕、巴万高速相继建

成通车，实现县县通高速，截至 2020 年末，全市公路通车里程达 25115.6 公里，路网密度超过全国和全省平均水平。开行巴中至成都、重庆动车，西成高铁、兰渝高铁、兰渝铁路、汉巴南城际铁路、成巴铁路、广巴达铁路加快建设。巴中恩阳机场已开通至北京大兴、上海浦东、广州、深圳、成都、昆明、青岛、南京、西安、宁波、乌鲁木齐、郑州、兰州、厦门等 18 条城市航线，2021 年旅客吞吐量达 38.2 万人次，有望融入成渝世界级机场群。《巴中市"十四五"综合交通运输发展规划》提出，巴中要推动以航空、铁路、高速公路为主的跨区域交通运输大通道建设，构建南下成渝、北上陕甘的南北向大通道和连通大西北、畅通万达开、快达长三角的东西向新通道，到 2035 年可实现巴中至成渝西 1.5 小时的客货交通圈。

2. 资源禀赋具备与成渝地区双城经济圈互补配套的良好基础

巴中自然资源和矿产资源丰富，石墨储量达 3 亿吨以上、天然气储量达 1.4 万亿立方米；巴中还着力培育壮大食品饮料、生物医药、新能源新材料、电子信息"四大新型工业"，建成 2 个省级开发区，拥有特色无公害农产品 200 余种、"三品一标"农产品 377 个，"巴食巴适""巴中云顶"获四川省十佳、优秀农产品区域公共品牌称号，成功创建省级农产品质量安全监管示范市。基于资源禀赋优势，巴中可成为成渝地区双城经济圈现代高效特色农业、先进制造业的协作配套基地，巴中绿色产品也可直供成渝消费大市场。

3. "巴文化中心"成为集聚成渝要素资源的文化名片

巴文化是成渝地区双城经济圈共有的文化资源，巴中是巴地和巴文化的中心地带，既有历史渊源，也有地理区位特色。巴中持续擦亮"巴文化中心"文化名片，将十六字红军训词"智勇坚定、排难创新、团结奋斗、不胜不休"确定为新时代巴中城市精神，连续多年举办巴人文化艺术节、文旅康养产业投资推介会和巴商发展大会。巴中生态环境优美，旅游资源富集，生态文化、蜀道文化、三国文化、红色文化、名人文化底蕴深厚，拥有 1 个世界地质公园、21 个国家 AAAA 级旅游景区，有望成为成渝地区双城经济圈游客休闲度假、康养旅游的"后花园"。

四 对标国家战略，谋划特色路径

对巴中而言，需要将门户枢纽的区位功能、资源禀赋、产业发展与成渝地区双城经济圈建设深度对接，形成产业链、供应链、价值链配套联动的"1+N"倍增效应，从而有效破解基础设施滞后、产业支撑乏力、开放程度不深、群众收入不高、返贫压力大等发展不平衡不充分问题，率先走出"三区①叠加"区域全方位振兴的新路。

一是高位谋划，精准对接。巴中政府部门应系统研究成渝地区双城经济圈有关法规、政策、规划，梳理川渝两省市各类合作事项，形成适用巴中的机会清单和项目库，使招商引才、项目合作更具针对性和实效性。既要瞄准重庆和成都"双核"，争取成为其生产加工和区域市场配套，同时也要与周边城市、成渝地区双城经济圈其他中小城市抱团合作，整体提升要素配置和产业承载效能。

二是布局带动性强的大产业、大项目。瞄准成渝地区双城经济圈电子信息世界级万亿产业集群，利用巴中的要素成本优势和技能人才资源，承接智能终端、智能穿戴、智能家居等要素成本敏感型产品及关键零部件生产加工，带动巴中制造业"上云用数赋智"。招引头部企业和大院大所，积极打造服务成渝地区双城经济圈新一代信息技术、航空航天装备、节能环保、新能源等先进制造业市场需求的石墨烯产业链，建设产学研用一体化的国家级石墨（烯）先进碳材料产业基地。结合巴中生态优势和通道网络，积极开拓成渝绿色消费市场，融入成渝碳中和碳达峰行动，探索生态产品价值实现机制。结合川渝中医药一体化发展，融入成渝地区双城经济圈国家重要中医药产业基地建设，推进中药材种植、初深加工、研发应用、市场流通等产业链建设，打响"巴中健康"品牌，联动文旅商康养融

---

① 三区：革命老区、秦巴山区、后发地区。

合发展。

三是加大改革开放力度。对标成渝地区双城经济圈，促进产业、人才、投资、金融等政策的"无差别"。融入万达开川渝统筹发展示范区建设，参与川东北渝东北地区一体化发展，与万州、达州、开州、广元等城市共建成渝地区北向门户。推进经济区与行政区适度分离改革，建立灵活有度的跨区域产业发展成本共担利益共享机制，促进国家级新区、国家级经开区、川渝自贸区、保税区等产业载体及川渝头部企业在巴中建设合作园区、产供销基地，扩大"巴中产""巴中造"产品在成渝市场的供给率，形成"总部在成渝、基地在巴中，研发在成渝、转化在巴中，消费在成渝、生产在巴中"的川渝产业合作新机制。

附件
已公开发布的成渝地区双城经济圈
重要法规政策规划*

序号	法规政策规划	发文机构	发布日期
1	《深化四川重庆合作推动成渝地区双城经济圈建设工作方案》（渝委发〔2020〕7号）	中共重庆市委、中共四川省委	2020年3月
2	《推动成渝地区双城经济圈建设工作机制》（渝委办发〔2020〕6号）	中共重庆市委办公厅、中共四川省委办公厅	2020年3月
3	《深化四川重庆合作推动成渝地区双城经济圈生态共建环境共保工作方案》	四川省生态环境厅、重庆市生态环境局	2020年4月
4	《关于立足"四个优势"发挥"三个作用"加快推动成渝地区双城经济圈建设的决定》	中共重庆市委	2020年4月
5	《关于加快推进成渝地区双城经济圈产业合作园区建设的通知》（川经信园区〔2020〕103号）	重庆市经济和信息化委员会、四川省经济和信息化厅	2020年6月
6	《关于深入贯彻习近平总书记重要讲话精神 加快推动成渝地区双城经济圈建设的决定》	中共四川省委	2020年7月
7	《成渝地区双城经济圈建设县域集成改革试点方案》	四川省委全面深化改革委员会	2020年7月
8	《关于印发川渝毗邻地区合作共建区域发展功能平台推进方案的通知》（渝府办发〔2020〕97号）	重庆市人民政府办公厅、四川省人民政府办公厅	2020年7月
9	《关于印发〈深化四川重庆合作推动巴蜀文化旅游走廊建设工作方案〉的通知》（渝文旅发〔2020〕136号）	重庆市文化和旅游发展委员会、四川省文化和旅游厅	2020年7月
10	《关于推动成德眉资同城化发展的指导意见》	中共四川省委办公厅、四川省人民政府办公厅	2020年7月

---

* 依据公开资料整理，统计时间截至2022年8月8日。

续表

序号	法规政策规划	发文机构	发布日期
11	《关于推动成渝地区双城经济圈建设的若干重大改革举措》	重庆市委全面深化改革委员会、四川省委全面深化改革委员会	2020 年 8 月
12	《四川省人民政府办公厅 重庆市人民政府办公厅关于印发川渝通办事项清单（第一批）的通知》（川办发〔2020〕67 号）	四川省人民政府办公厅、重庆市人民政府办公厅	2020 年 10 月
13	《重庆市发展和改革委员会 四川省发展和改革委员会关于印发〈川渝高竹新区总体方案〉的通知》（渝发改合作〔2020〕2051 号）	重庆市发展和改革委员会、四川省发展和改革委员会	2020 年 12 月
14	《四川省发展和改革委员会 重庆市发展和改革委员会关于印发〈遂潼川渝毗邻地区一体化发展先行区总体方案〉的通知》（川发改地区〔2020〕698 号）	四川省发展和改革委员会、重庆市发展和改革委员会	2020 年 12 月
15	《重庆市人民政府关于印发推动成渝地区双城经济圈建设加强交通基础设施建设行动方案（2020—2022 年）的通知》（渝府发〔2020〕30 号）	重庆市人民政府	2021 年 1 月
16	《重庆市人民政府办公厅 四川省人民政府办公厅关于协同推进成渝地区双城经济圈"放管服"改革的指导意见》（渝府办发〔2021〕1 号）	重庆市人民政府办公厅、四川省人民政府办公厅	2021 年 1 月
17	《重庆市人民政府办公厅 四川省人民政府办公厅关于印发成渝地区双城经济圈便捷生活行动方案的通知》（川办发〔2021〕2 号）	四川省人民政府办公厅、重庆市人民政府办公厅	2021 年 1 月
18	《最高人民法院关于为成渝地区双城经济圈建设提供司法服务和保障的意见》（法发〔2021〕4 号）	最高人民法院	2021 年 3 月
19	《四川省人民政府办公厅 重庆市人民政府办公厅关于印发〈成渝地区双城经济圈"放管服"改革 2021 年重点任务清单〉〈川渝通办事项清单（第二批）〉的通知》（川办发〔2021〕10 号）	四川省人民政府办公厅、重庆市人民政府办公厅	2021 年 3 月
20	《重庆市卫生健康委员会 四川省卫生健康委员会关于印发统筹川渝跨界毗邻地区 120 应急救援服务范围实施方案的通知》（渝卫发〔2021〕9 号）	重庆市卫生健康委员会、四川省卫生健康委员会	2021 年 3 月
21	《川渝汽车产业链供应链协同工作方案》	重庆市经济和信息化委员会、四川省经济和信息化厅、重庆市发展和改革委员会、四川省发展和改革委员会	2021 年 4 月

序号	法规政策规划	发文机构	发布日期
22	《重庆市优化营商环境条例》	重庆市第五届人民代表大会常务委员会第二十五次会议审议通过	2021 年 4 月
23	《四川省优化营商环境条例》	四川省第十三届人民代表大会常务委员会第二十六次会议审议通过	2021 年 4 月
24	《加强重庆成都双核联动引领带动成渝地区双城经济圈建设行动方案》	重庆市委市政府、四川省委省政府	2021 年 5 月
25	《国家发展改革委 交通运输部关于印发〈成渝地区双城经济圈综合交通运输发展规划〉的通知》（发改基础〔2021〕829 号）	国家发展改革委、交通运输部	2021 年 6 月
26	《四川省经济和信息化厅等 4 部门关于做好川渝地区水泥常态化错峰生产工作的通知》（川经信材料〔2021〕149 号）	四川省经济和信息化厅、四川省生态环境厅、重庆市经济和信息化委员会、重庆市生态环境局	2021 年 8 月
27	《成德眉资都市现代高效特色农业示范区总体规划》	四川省委农村工作领导小组	2021 年 9 月
28	《四川省交通厅 重庆市交通局关于印发〈嘉陵江梯级通航建筑物联合调度规程（试行）〉的通知》	四川省交通厅、重庆市交通局	2021 年 9 月
29	《四川省发展和改革委员会关于印发〈成德眉资同城化公共服务规划〉的通知》（川发改社会〔2021〕360 号）	四川省发展和改革委员会	2021 年 9 月
30	《成渝地区双城经济圈建设规划纲要》	中共中央、国务院	2021 年 10 月
31	《四川省发展和改革委员会关于印发〈内江自贡同城化发展总体方案〉的通知》（川发改地区〔2021〕413 号）	四川省发展和改革委员会	2021 年 10 月
32	《四川省人民政府办公厅 重庆市人民政府办公厅关于印发〈成渝现代高效特色农业带建设规划〉的通知》（川办发〔2021〕67 号）	四川省人民政府办公厅、重庆市人民政府办公厅	2021 年 11 月
33	《四川省人民政府关于印发〈成都都市圈发展规划〉的通知》（川府发〔2021〕34 号）	四川省人民政府	2021 年 11 月
34	《四川省嘉陵江流域生态环境保护条例》	四川省第十三届人大常委会第三十一次会议审议通过	2021 年 11 月
35	《重庆市人民代表大会常务委员会关于加强嘉陵江流域水生态环境协同保护的决定》（重庆市人民代表大会常务委员会公告〔五届〕第 160 号）	重庆市人大常委会	2021 年 11 月

序号	法规政策规划	发文机构	发布日期
36	《四川省发展和改革委员会 重庆市发展和改革委员会关于印发〈泸永江融合发展示范区总体方案〉的通知》（川发改地区〔2021〕424号）	四川省发展和改革委员会、重庆市发展和改革委员会	2021年11月
37	《重庆市发展和改革委员会 四川省发展和改革委员会关于印发〈明月山绿色发展示范带总体方案〉的通知》（渝发改合作〔2021〕1449号）	重庆市发展和改革委员会、四川省发展和改革委员会	2021年11月
38	《重庆市教育委员会 四川省教育厅关于印发〈成渝地区双城经济圈教育协同发展行动计划〉的通知》	重庆市教育委员会、四川省教育厅	2021年10月
39	《发挥区（市）县改革创新主体作用 推动成渝地区双城经济圈建设工作方案（2021—2025）》	成都市推动成渝地区双城经济圈建设工作领导小组办公室	2021年11月
40	《国家发展改革委关于印发〈成渝地区双城经济圈多层次轨道交通规划〉的通知》（发改基础〔2021〕1788号）	国家发展改革委	2021年12月
41	《重庆四川两省市印发贯彻落实〈成渝地区双城经济圈建设规划纲要〉联合实施方案》	中共重庆市委、中共四川省委、重庆市人民政府、四川省人民政府	2021年12月
42	《关于印发〈成渝共建西部金融中心规划〉的通知》（银发〔2021〕312号）	中国人民银行、国家发展改革委、财政部、中国银行保险监督管理委员会、中国证券监督管理委员会、国家外汇管理局、重庆市人民政府、四川省人民政府	2021年12月
43	《关于支持川渝高竹新区改革创新发展的若干政策措施》	四川省人民政府办公厅、重庆市人民政府办公厅	2021年12月
44	《重庆市农村人居环境整治工作领导小组办公室 中共四川省委农村人居环境整治和乡村建设专项工作领导小组办公室关于印发〈成渝地区双城经济圈美丽巴蜀宜居乡村示范带先行区建设规划〉的通知》（渝农居组办〔2021〕25号）	重庆市农村人居环境整治工作领导小组办公室、中共四川省委农村人居环境整治和乡村建设专项工作领导小组办公室	2021年12月
45	《四川省人民政府办公厅 重庆市人民政府办公厅关于印发〈成渝地区双城经济圈优化营商环境方案〉的通知》（川办发〔2022〕7号）	四川省人民政府办公厅、重庆市人民政府办公厅	2022年1月
46	《推动成渝地区双城经济圈建设联合办公室关于做好共建成渝地区双城经济圈2022年重大项目实施有关工作的通知》（双城办〔2022〕7号）	推动成渝地区双城经济圈建设联合办公室	2022年1月

序号	法规政策规划	发文机构	发布日期
47	《重庆市发展和改革委员会　四川省发展和改革委员会关于印发〈城宣万革命老区振兴发展示范区总体方案〉的通知》（渝发改推进〔2022〕159号）	重庆市发展和改革委员会、四川省发展和改革委员会	2022年1月
48	《重庆市发展和改革委员会　四川省发展和改革委员会关于印发〈合广长协同发展示范区总体方案〉的通知》（渝发改推进〔2022〕160号）	重庆市发展和改革委员会、四川省发展和改革委员会	2022年1月
49	《重庆市人民政府办公厅　四川省人民政府办公厅关于印发川渝地区实行告知承诺制证明事项目录（第一批）的通知》（渝府办发〔2022〕9号）	重庆市人民政府办公厅、四川省人民政府办公厅	2022年1月
50	《四川省人民政府办公厅关于印发〈增强协同创新发展能力行动方案〉的通知》（川办发〔2022〕13号）	四川省人民政府办公厅	2022年1月
51	《重庆市人民政府办公厅　四川省人民政府办公厅关于印发成渝地区双城经济圈便捷生活行动事项（第二批）的通知》（渝府办发〔2022〕3号）	重庆市人民政府办公厅、四川省人民政府办公厅	2022年1月
52	《关于金融支持川渝毗邻地区跨省域示范区发展的指导意见》	人民银行重庆营业管理部、人民银行成都分行、国家外汇管理局重庆外汇管理部、国家外汇管理局四川省分局	2022年1月
53	《四川省发展和改革委员会　重庆市发展和改革委员会关于印发〈资大文旅融合发展示范区总体方案〉的通知》（川发改双城项目〔2022〕79号）	四川省发展和改革委员会、重庆市发展和改革委员会	2022年2月
54	《重庆市人民政府办公厅　四川省人民政府办公厅关于印发成渝地区双城经济圈"放管服"改革2022重点任务清单等3个清单的通知》（渝府办发〔2022〕20号）	重庆市人民政府办公厅、四川省人民政府办公厅	2022年2月
55	《关于印发〈成渝地区双城经济圈生态环境保护规划〉的通知》（环综合〔2022〕12号）	生态环境部、国家发展和改革委员会、重庆市人民政府、四川省人民政府	2022年2月
56	《重庆市人民政府办公厅　四川省人民政府办公厅关于印发成渝地区双城经济圈碳达峰碳中和联合行动方案的通知》（渝府办发〔2022〕22号）	重庆市人民政府办公厅、四川省人民政府办公厅	2022年2月
57	《全国人民代表大会常务委员会关于设立成渝金融法院的决定》	全国人民代表大会常务委员会	2022年2月
58	《重庆市人民政府办公厅　四川省人民政府办公厅关于印发〈共建成渝地区双城经济圈口岸物流体系实施方案〉的通知》（渝府办发〔2022〕24号）	重庆市人民政府办公厅、四川省人民政府办公厅	2022年2月

续表

序号	法规政策规划	发文机构	发布日期
59	《重庆市人民政府关于支持西部（重庆）科学城高质量发展的意见》（渝府发〔2022〕12 号）	重庆市人民政府	2022 年 2 月
60	《民航局关于加快成渝世界级机场群建设的指导意见》（民航发〔2022〕15 号）	中国民用航空局	2022 年 2 月
61	《重庆市铁路安全管理条例》	重庆市人民代表大会常务委员会	2022 年 3 月
62	《四川省铁路安全管理条例》	四川省人民代表大会常务委员会	2022 年 3 月
63	《四川省发展和改革委员会关于印发〈成德眉资同城化综合试验区总体方案〉的通知》（川发改城镇〔2022〕134 号）	四川省发展和改革委员会	2022 年 3 月
64	《重庆市交通局　四川省交通运输厅关于印发〈川渝地区统一交通运输行政处罚裁量基准（第一批）〉的通知》（渝交规〔2022〕2 号）	重庆市交通局、四川省交通运输厅	2022 年 3 月
65	《川渝自贸区法院〈著作权及商标侵权纠纷诉讼指引〉》	重庆两江新区（自贸区）人民法院、天府新区（四川自贸区）法院	2022 年 4 月
66	《文化和旅游部　国家发展改革委　重庆市人民政府　四川省人民政府关于印发〈巴蜀文化旅游走廊建设规划〉的通知》（文旅资源发〔2022〕54 号）	文化和旅游部、国家发展改革委、重庆市人民政府、四川省人民政府	2022 年 5 月
67	《四川省人民政府办公厅　重庆市人民政府办公厅关于推进成渝地区双城经济圈"无废城市"共建的指导意见》（川办发〔2022〕52 号）	四川省人民政府办公厅、重庆市人民政府办公厅	2022 年 6 月
68	《四川省人民政府办公厅关于印发〈四川省加强成渝地区双城经济圈交通基础设施建设规划〉的通知》（川办发〔2022〕56 号）	四川省人民政府办公厅	2022 年 7 月
69	《重庆市人民政府办公厅　四川省人民政府办公厅关于印发共建长江上游航运中心实施方案的通知》（渝府办发〔2022〕82 号）	重庆市人民政府办公厅、四川省人民政府办公厅	2022 年 7 月

参考文献

1. 周洪双，张国圣，吕慎等.西部大开发：新时代 新格局.光明日报，2021 - 11 - 4.

2. 国家发展和改革委员会.推动成渝地区双城经济圈建设 打造高质量发展重要增长极.人民日报，2021 - 10 - 21.

3. 庄灵辉，卢志坤.成渝地区双城经济圈建设"加速度".中国经营报，2022 - 1 - 24.

4. 申晓佳.成渝地区双城经济圈建设跑出"加速度".重庆日报，2022 - 1 - 4.

5. 刘琳.携手并进 川渝剑指世界级电子信息产业集群.四川经济日报，2020 - 10 - 29.

6. 佘振芳.加快"四链"融合 成渝地区将协同推进电子信息产业高质量发展.华龙网，http://cq.cqnews.net/html/2020 - 05/21/content_50935554.html，2020 - 5 - 21.

7. 曹宇阳."开门造车"：成渝共做强链文章.成都日报，2021 - 11 - 29.

8. 单鹏.成渝地区加速打造世界级万亿汽车产业集群.中新网，https://www.chinanews.com.cn/cj/2021/05 - 20/9482013.shtml，2021 - 5 - 20.

9. 宋丹蕾，林丽江.两江天府携手打造汽车制造产业联盟 推动成渝地区汽车产业转型升级和高质量发展.中国发展网，http://gjxq.chinadevelopment.com.cn/zxbd/2021/1724296.shtml，2021 - 5 - 6.

10. 李洋.四川：建设万亿世界级重大装备制造产业集群.四川经济日报，2021 - 10 - 28.

11. 单鹏.成渝地区打造装备制造产业集群：推动深层次产业协同.中新

网，https://www.chinanews.com.cn/cj/2021/06 – 05/9493127.shtml，
2021 – 6 – 5.

12. 余如波，宋开文.德阳加快建设世界级重大装备制造基地 让重装之都的名片更加闪亮.四川日报，2020 – 8 – 10.

13. 刘洋.数字经济稳促扩升新发展格局.经济，2020（10）.

14. 樊自甫.抢抓战略机遇协同打造数字双城经济圈.重庆日报，2020 – 5 – 12.

15. 重庆市发展和改革委员会.推动成渝地区双城经济圈建设的 N 个第一次.重庆日报，2020 – 7 – 10.

16. 王国平.成都超算中心投运一年，主机性能排名进入全球前十"硅立方"算出哪些成果？.四川日报，2021 – 10 – 31.

17. 赵颖文，许钰莎，李晓.成渝地区农业比较优势测度及协同发展对策研究.中国西部，2020（4）.

18. 杨露勇.重庆江津区聚焦农业产业集群共融 扎实推进成渝地区双城经济圈建设.中国县域经济报，2022 – 3 – 1.

19. 洪瑜."开梁"示范区的水产大棋怎么下？.四川农村日报，2022 – 2 – 16.

20. 许彦.构建成渝地区双城经济圈服务业协同发展新格局.先锋，2020（6）.

21. 徐翔.成渝一体化 物流在先行.中国储运，2020（12）.

22. 马天禄.推动成渝金融一体化合作发展.中国金融，2020（11）.

23. 庄冠蓉.成渝地区双城经济圈迎来黄金时代.中国经济时报，2022 – 3 – 11.

24. 张闲语.走出一条科技创新的四川发展之路.川观新闻，https://cbgc.scol.com.cn/news/1521470，2021 – 6 – 15.

25. 王斌来，刘新吾，常碧罗.把技术优势转化为产品优势、效益优势——重庆大力推动科技创新（稳健前行开新局）.人民日报，2022 – 2 – 14.

26. 西部（重庆）科学城管委会.西部（重庆）科学城：加速打造具有国际影响力的科学城.人民日报，2022 – 3 – 3.

27. 王国平.兴隆湖进化简史：从滞洪洼地到先行示范地.四川日报，2021 – 11 – 3.

28. 程文雯.创新策源＋产业共兴　四川天府新区、新津区、成都产业集团共建西部（成都）科学城——天府先进智造产业基地.四川在线，https：//sichuan. scol. com. cn/ggxw/202111/58346215. html，2021－11－21.

29. 张亦筑，夏元，韩毅等.成渝签署 5 个合作协议推进"双核"发展能级提升.重庆日报，2021－12－19.

30. 雍黎.9 个方面 22 项合作，川渝共谋有影响力的科创中心.科技日报，2021－5－10.

31. 赵鹏.加大科技"输出"　两江协同创新区加快建成科技创新重要策源地.两江新区官网，http：//www. liangjiang. gov. cn/Content/2021－10/13/content_10244512. htm，2021－10－13.

32. 严薇.两江新区加快构建八大产业创新联合体.腾讯新闻，https：//new. qq. com/omn/20210618/20210618A0AX4C00. html，2021－6－18.

33. 钟源.多地争创科创中心　国家区域协同创新提速.经济参考报，2022－3－11.

34. 石青川.成渝如何打造国际消费中心城市，走农村包围城市路线？.中国经济周刊，2022（2）.

35. 俞芳，刘宇凡.探索系列独创性做法　重庆奏响国际消费中心城市新乐章.国际商报，2022－3－1.

36. 欣然.深入实施扩大内需战略　成都：新消费之城崛起.国际商报，2021－12－28.

37. 黄光红.共建文化旅游走廊　提升消费集聚辐射力　川渝将推九大行动展现国际时尚范巴蜀新生活.重庆日报，2021－10－27.

38. 韩毅.创新合作机制　共建巴蜀文化旅游走廊.重庆日报，2021－10－29.

39. 宋杨.成渝携手，推进城市群生态环境协同管理创新.中国环境报，2022－3－29.

40. 栗园园.川渝签订的 3 份生态环境保护文件里说了啥.重庆日报，2020－

4－2.

41. 汪茂盛.联合执法共建川渝"绿色经济圈".当代党员，2022（3）.

42. 龙丹梅.守护一江清水向东流——写在重庆全面推行河长制五周年之际.重庆日报，2021－12－27.

43. 陈维灯.按照"环境质量只能变好，不能变差"原则推进联防联治 川渝共治跨界河流"一江水".重庆日报，2021－6－11.

44. 陈越.川渝协同立法共护嘉陵江——嘉陵江保护立法"五部曲".公民导刊，2021（12）.

45. 王倩.川渝联合"治水"新动向：42项水生态环境保护项目将打造琼江流域美丽河湖.网易新闻，https://www.163.com/dy/article/G75P4HB7053469M5.html，2021－4－9.

46. 余常海，程竹青.川渝携手共护碧水蓝天.中国环境报，2022－3－24.

47. 杜江茜，谢燃岸.好空气不能"等风来" 成渝将建联动机制携手治雾霾.华西都市报，2016－4－14.

48. 刘婕.四方面发力 四川积极推进成渝地区双城经济圈"无废城市"共建，四川经济网，https://www.scjjrb.com/2022/03/28/99314056.html，2022－3－28.

49. 涂斯璇，刘定春.明月山绿色发展示范带：打造践行"绿水青山就是金山银山"的新样板.广安日报，2022－1－11.

50. 夏元.成渝地区双城经济圈经济增速领跑西部.重庆日报，2022－4－1.

51. 陈钧.重庆内陆开放高地建设"加速跑".重庆日报，2019－4－16.

52. 韩钧.双核引领 携手共建 加快建设成渝世界级机场群.中国民航报，2022－3－15.

53. 邹悦.即将迎来挂牌五周年 川渝自贸试验区开展了哪些协同创新？.成都商报，2022－3－30.

54. 李欣忆.潮涌成渝 民营经济逐浪成势.四川日报，2021－9－9.

55. 李勇，惠小勇，张桂林等.川渝的这项深水区改革试验意义重大.瞭望，2022（3）．

56. 汪仁洪，曹钰．揭秘战略前沿川渝高竹新区的"改革密码"．封面新闻，https：//www.thecover.cn/news/8996423，2022－4－12．

57. 申晓佳．重庆探索经济区与行政区适度分离成效初显．重庆日报，2021－12－4．

58. 刘洋，龙希成．营商环境重点转向民生软环境．民生周刊，2021（17）．

59. 蔡如鹏，王哲，汤雁．探索经济区与行政区适度分离的四川实践　大成都寻路同城化．中国新闻周刊，http：//www.inewsweek.cn/2021－01－29/11712.shtml，2021－1－19．

60. 四川日报评论员．强化成渝地区公共服务共建共享——论认真贯彻落实《成渝地区双城经济圈建设规划纲要》．四川日报，2021－11－4．

61. 匡丽娜．成渝地区双城经济圈教育协同发展十大行动计划公布．重庆日报，2021－11－8．

62. 冯雅可．共谱教育协同发展"一首曲"．当代党员，2022（6）．

63. 石小宏．川渝携手　跑出中医药合作"加速度"．四川日报，2021－6－30．

64. 任鸿．携手加强灾害防治与应急救援合作　川渝将共建应急联动响应机制．四川日报，2020－5－28．

65. 陈波．潼南遂宁牵手　推动应急管理一体化发展．重庆日报，2020－4－11．

66. 周序．川渝两地电信再合力　助推成渝地区双城经济圈建设．通信信息报，2021－3－23．

67. 蔡承彬．为建设制造强国提供有力支撑　推动传统制造业向服务型制造转型（新知新觉）．人民日报，2021－12－14．

68. 韩璐．重庆高新区发布40条"金凤凰"政策　为西部（重庆）科学城引智引才．中新网，https：//www.chinanews.com.cn/cj/2021/03－05/9425233.shtml，2021－3－5．

69. 田俊杰，刘艳婷．执法同标　监管同步　服务同优　打造税收征管服务一体化"川渝样本"．中国税务报，2022－3－28．

70. 佘振芳. 组 CP、搭平台……成渝协同创新"乘风而起". 华龙网, http://cq. cqnews. net/html/2022 – 01/06/content_928235974412644352. html, 2022 – 1 – 6.

71. 刘春华, 江芸涵, 石小宏. 强化公共服务共建共享　增强群众获得感. 四川日报, 2021 – 11 – 28.

72. 文铭权, 秦勇. 川南渝西融合发展试验区规划建设启动. 四川日报, 2021 – 1 – 3.

73. 唐子晴. 推动成渝地区双城经济圈建设　攀枝花与重庆多地开展合作. 四川日报, 2020 – 10 – 2.

74. 张明海. 全国首个跨省域国家级网络安全产业园区落地成渝. 四川日报, 2022 – 5 – 18.

75. 刘洋. 先进计算驱动中国数字经济高质量发展. 电子科学技术, 2022 （1）.

图书在版编目（CIP）数据

成渝地区双城经济圈建设研究报告. 2022：共筑中
国经济第四增长极 /《成渝地区双城经济圈建设研究报
告（2022）》编委会编著. -- 北京：社会科学文献出版
社，2022.9

ISBN 978 - 7 - 5228 - 0498 - 9

Ⅰ.①成… Ⅱ.①成… Ⅲ.①区域经济发展 - 研究报
告 - 成都②区域经济发展 - 研究报告 - 重庆 Ⅳ.
①F127.711②F127.719

中国版本图书馆 CIP 数据核字（2022）第 139487 号

成渝地区双城经济圈建设研究报告（2022）：共筑中国经济第四增长极

编 著／《成渝地区双城经济圈建设研究报告（2022）》编委会

出 版 人／王利民
责任编辑／陈凤玲
责任印制／王京美

出 版／社会科学文献出版社·经济与管理分社（010）59367226
地址：北京市北三环中路甲 29 号院华龙大厦 邮编：100029
网址：www. ssap. com. cn
发 行／社会科学文献出版社（010）59367028
印 装／三河市东方印刷有限公司

规 格／开 本：787mm × 1092mm 1/16
印 张：18.25 插 页：1 字 数：260 千字
版 次／2022 年 9 月第 1 版 2022 年 9 月第 1 次印刷
书 号／ISBN 978 - 7 - 5228 - 0498 - 9
定 价／88.00 元

读者服务电话：4008918866